秋山祐徳太子
アーティスト
>>p.7

首くくり栲象
アクショニスト
>>p.25

鈴木惇子
スナック・ママ
>>p.41

美濃瓢吾
画家
>>p.55

One CUP
OZEKI
JUMBO
Post-it

21-0110
MARLEY

水原和美　輸入用品雑貨店経営 >>p.81

岡田茉莉子
熱愛者
ハイシー

2L×6

田村修司
本宮映画劇場館主
>> p.107

戸谷誠
画家
>>p.139

エミチ堂薬局

反原発
ゼロ次元
加藤好弘展

ダダカン
アーティスト／ハプナー
>> p.159

荻野ユキ子
早稲田松竹映画劇場
お掃除担当
>>p.187

新太郎
流し
>>p.207

礒村遜彦
舶来居酒屋いそむら・主人
>>p.229

川崎ゆきお
漫画家
››p.259

プッチャリン
道化師
>>p.299

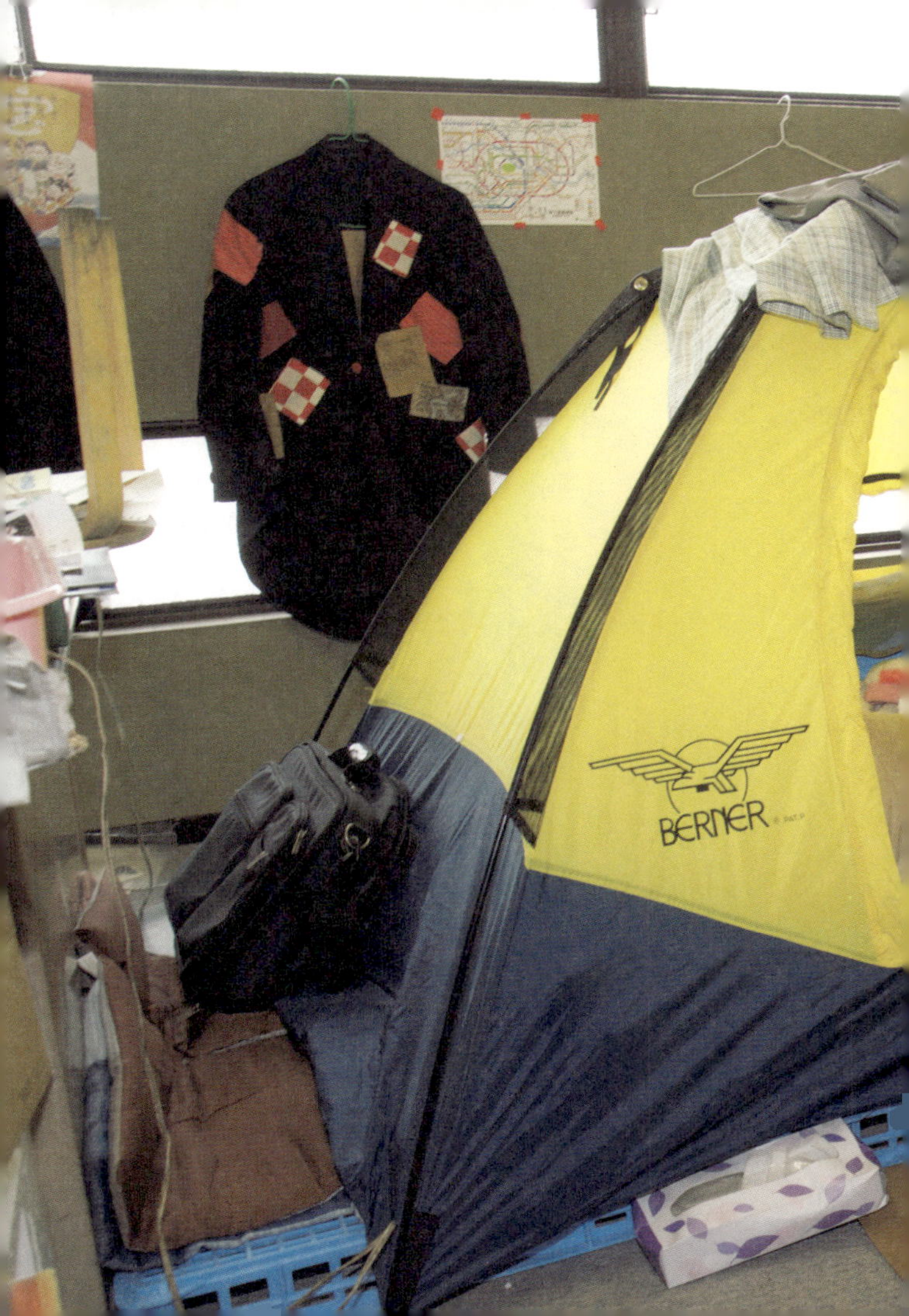
BERNER

坂東三奈鶴
日本舞踊家
››p.331

三代目長谷川栄八郎
津軽三味線奏者／民謡歌手
›› p.355

川上四郎
日曜画家
>> p.377

ちくま文庫

独居老人スタイル

都築響一

筑摩書房

まえがき

いま、世の中でいちばん情けない種族は「独居老人」ということになっている。いっしょに住んでくれる家族もなく、伴侶もなく、近所づきあいもなく、食事は3食コンビニ弁当、最後は孤独死したまま気づかれず、残った部屋はゴミ屋敷……みたいな。でも、独居老人って、そんなに憐れむべき存在だろうか。統計によれば高齢者の自殺率で、いちばん多いのが三世代同居、いちばん低いのがひとり暮らしだという。ひとりで生きることの寂しさやつらさより、家族関係のもつれのような、ひととひとのごちゃごちゃのほうが、はるかにひとのこころを壊すのだ。

これまでずいぶんひとり暮らしの、ものすごく元気な老人たちに出会ってきた。世の中的には「独居老人」とひとくくりにされる、そういうおじいさんやおばあさんは、だれもたいして裕福ではなかったけれど、小さな部屋で、若いときからずーっと好きだったものに埋もれて（それが本だろうがレコードだろうが、猫だろうがエロビデオだろうが）、仕事のストレスもなく、煩わしい人間関係もなく、もちろん将来への不安もなく——ようするに毎日をものすごく楽しそうに暮らしてる、年齢だけちょっと多めの元気な若者なのだった。

「独居老人」を英語に訳すのは不可能だ。「single-living elderly people」とか直訳しても、ぜんぜんニュアンスは伝わらない。なぜなら「独居」が哀れなもの、という思想そのものが、欧米にはないのだから。「アジアはちがう」と言われそうだが、日本だってずーっと昔は老いたら家を捨て、山に入って庵を結んだりするのが理想だったし、ちょっと昔は「長屋のご隠居さん」になったりした。いったいいつごろから、歳とってのひとり暮らし＝情けない晩年、と決めつけられるようになったのだろう。

自分もこのままいけば確実に、それも近々独居老人になる。だからというわけではないが、世にはびこる独居老人への誤解と偏見をぶち壊したくて、僕はこの取材を始めた。おじいちゃん！　おばあちゃん！　と慕ってくれる優しい孫や、孝行者の息子や娘に囲まれて、幸せな大家族の一員でいられるなら、それはそれでけっこう。でも厄介者扱いされたり、自分が死んだあとの家族の遺産争いなんか心配しながら、居心地悪く大きな家に住むくらいなら、カネなんかなくても、家族なんかなくても、好きな場所で好きなように暮らせばいいじゃないか。どこのだれにも気兼ねなく。

あえて独居老人でいること。そして、あえて空気を読まないこと。それは縮みゆく、老いていくこの国で生きのびるための、きわめて有効な生存のスタイルかもしれないのだ。

まえがき 2

片付けるってのは、消極的なことですよ。
秋山祐徳太子 アーティスト 7

早く壁にぶち当たりたいんです。
首くり椅象 アクショニスト 25

タバコ屋と寿司屋と焼肉屋があれば、どこでもいいの！
鈴木惇子 スナック・ママ 41

絵描きになるには毎日、家に居ればいいんだ。
美濃瓢吾 画家 55

同年代の友達なんて、つまんないからひとりもいない！
水原和美 輸入用品雑貨店経営 81

手伝ってくれるひとなんて、だれもいないんだよ。
田村修司 本宮映画劇場館主 107

絵は病気なんですよ、
つい飲んでしまうように、つい描いてしまう。
戸谷誠　画家　139

なんにもしないでいられたら、
それでいいんです。
ダダカン　アーティスト／ハプナー　159

退屈しないよ、
頭の中が休んでるヒマないからね。
荻野ユキ子　早稲田松竹映画劇場お掃除担当　187

やめちゃうのは学があるからだよ、
学問がないから続いてるの、それだけ。
新太郎　流し　207

24時間ぜんぶ、
自分のために使えるんやもん。
礒村遜彦　舶来居酒屋いそむら・主人　229

電子書籍は野菜を直販するようなもんや、
きたないけど売ってるんや。
川崎ゆきお　漫画家　259

歩くって、止まるのが少ないって
書くんです。
プッチャリン　道化師　299

彼氏はいるわよ、飲み友達ね。 坂東三奈鶴 日本舞踊家 331
台本なんかいらねえ、ぶっつけ本番でやっちゃうもん。 三代目長谷川栄八郎 津軽三味線奏者／民謡歌手 355
ようするに好きなんだね、女性が。 川上四郎 日曜画家 377
あとがき 396
文庫版へのあとがき 406

片付けるってのは、
消極的なことですよ。

秋山祐徳太子

アーティスト

グリコマンの恰好をしてパフォーマンスを繰り広げたり（のちに「ダリコ」に変更）、都知事選に出馬したり、はたまたブリキ彫刻家として現代美術館で展覧会を……アーティストという肩書が窮屈すぎるエネルギーのカタマリ、それが秋山祐徳太子《あきやまゆうとくたいし》（本名・秋山祐徳）である。

秋山さんは1935（昭和10）年生まれ、武蔵野美術学校（現・武蔵野美術大学）彫刻科を卒業後、東芝オーディオ工業にインダストリアル・デザイナーとして就職するが、在職中からポップ・ハプニングと称したパフォーマンス活動を展開して、当然ながらまもなく退職。大阪万博前年の1969年には、「万博破壊共闘派」の一員として、会期中の会場への全裸突入を目指して京都大学などで全裸パフォーマンスを展開し、公然わいせつ罪で逮捕・勾留されたりしている。

1975年と79年には「政治のポップアート化」を掲げ、二度にわたって東京都知事選に立候補。90年代からは各地の現代美術館で大規模な展覧会が開かれるなど再評価が進み、著書も立て続けに刊行、テレビ番組にも多数出演と、衰えるどころか右肩上がりの活動量で、僕らを唖然とさせ続けているのである。2010年に東京・渋谷で開かれた個展『高貴《コウキ》骨走《コッソウ》』に、秋山さんはこんなコメントを寄せていた――

〝人生は高速ダリコ・マン〟

今朝も私は元気なリズム感でどこかに飛び出そうとしている。まてよ、この三月でついに七十五歳になった。「高貴高齢波高し、とうとう骨董品になってしまったのか？」

ところがこの老人極めて元気が良すぎるのである。養殖老人といわれている今日、自ら逆境をつくり出しそれをエネルギーにしている。下町の皇帝・ブリキの円空・夜の都知事など命名されていたが、今や天然老人と言われつつ走りまわっている。

(AISHO MIURA ARTS, 2010)

秋山祐徳太子は生後1歳でお父さんとお兄さんを結核で亡くし、以後ずっとお母さんとふたりで暮らしてきた。お母さんである秋山千代さんは、小林カツ代との共著『カツ代が聞く、九十一歳現役台所』でも知られる料理の達人。1997（平成9）年に最愛のお母さんを亡くしてからは、ふたりで長く暮らした高輪台の都営住宅にひとり住まいつつ、自由気ままな制作の日々を送っている。

港区高輪の高台にそびえる、14階建てのモダンな都営住宅。隣接するのは高松宮邸

リビングルーム全景。
左奥に見えるのが台所。
寝るのはベッド……の
上の書類の上

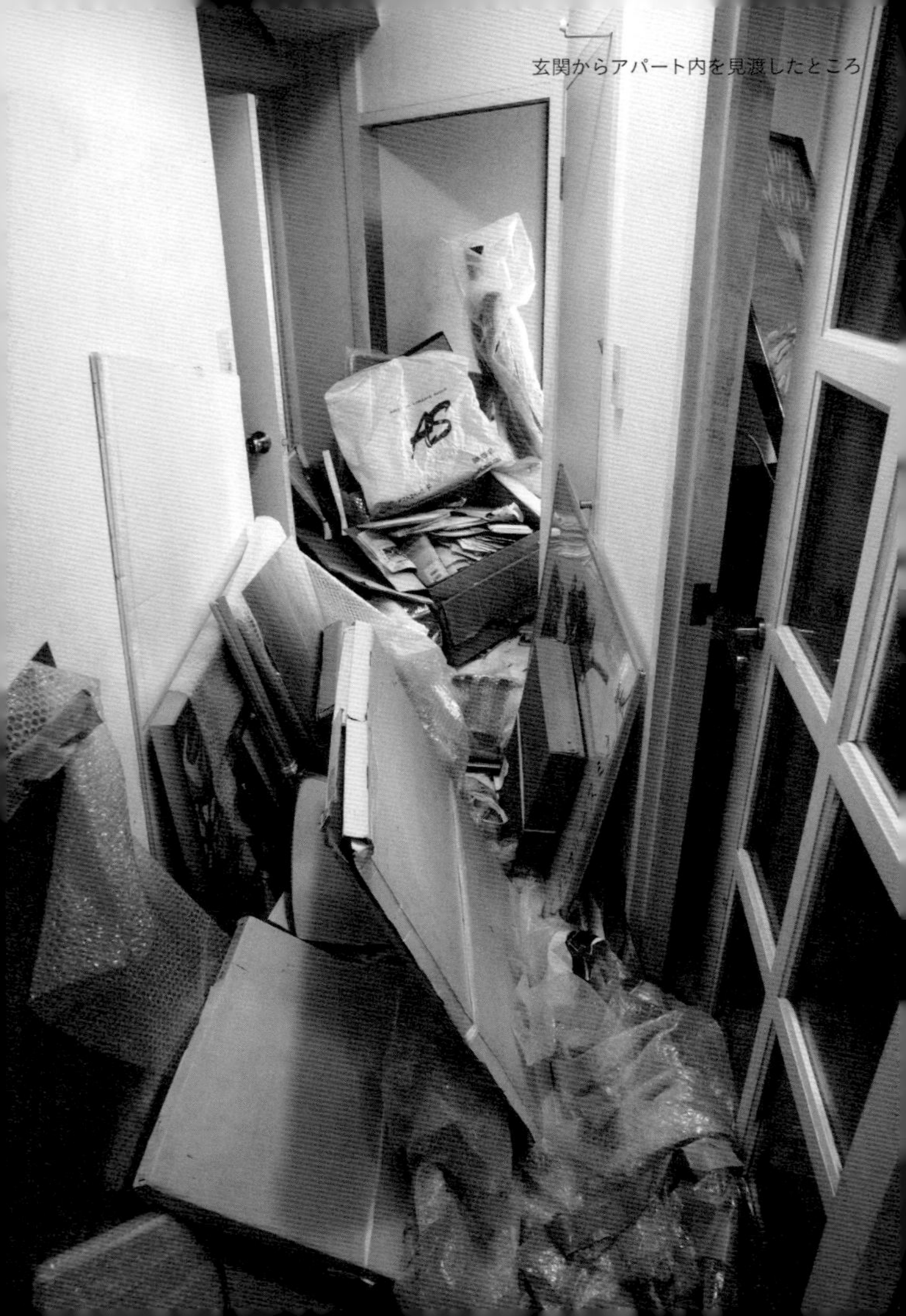

玄関からアパート内を見渡したところ

窓に向かっての眺め

同じ場所を、2008年に撮影したもの。まだ、かろうじて床（の一部）が見えている

（もとは大石内蔵助ら16人が切腹した肥後熊本藩下屋敷跡でもある）という好立地だ。久しぶりにお邪魔した３ＤＫの秋山邸は……以前にも増して熟成が進み、恐るべき混沌のなかにブリキ彫刻が林立する、それ自体がインスタレーションであるようなリビングアート空間と化していた。

――秋山さんのお母さんは、もともと築地の新富町でお汁粉屋さんをやってたんですよね。

僕は日暮里で生まれたんですよ。それで4つくらいのときに新富町に移ってきて。それで昭和25年かな、おばあちゃんが都営アパートに当たったんですよ。で、ひとりで当たってもしょうがないんで、しょうがないから来ちゃおうってんで、来ちゃったの。高校1年のときでした。それからずーーっとね。大変なんですよ、所得制限がいろいろあって、稼ぐと出なくちゃなんないしね、じゃあ稼がないでいいかっていうと、そういうわけでもないし。うまくこう、なんとかやってんだけどね。

――そうすると、ここが建て替わる前からということですよね。

そうそう、古いアパートがまたよかったんですよ。風呂もなくて、僕に適してたんだよね。それが建て替えで新しくなったんで、94年にまた入ったの。

――じゃあ作品も、古いほうの都営アパートでずっと作ってらしたんですか。

畳の上で作ったりね。そのころに美濃（瓢吾＝55ページ）くんっていう友達が泊りに来るわけよ。ふとんがないっておふくろが言うと、「僕、あの、ブリキでいいです」って。富士山の型どりして穴が開いてるブリキを、かぶって寝てるわけよ。わざとやってんの（笑）。と、おふくろが「変わりモンだねえ〜……」って。「ブリキだよ。寒くないかい、祐徳？」って言うから、しょうがないじゃねえか、ふとんねえんだからって（笑）。

――本を読むと（『天然老人――こんなに楽しい独居生活』アスキー新書）、いつもお母さまがとても部屋をきれいにしていて、秋山さんの部屋だけがすごいことになっていてっていうことが書いてありましたけど（笑）。

おふくろが、死んでも死にきれねえって（笑）。「なんとかなんないの？」ってこぼすんだけど、とぼけちゃうんだよ。でも、おっかないからさ。まあ、この部屋（居間）でごはん食べられたんだから。おでんの会とか、やってね。

――お母さんと一緒に住んでらしたころは、秋山さんがどん

玄関脇には当時のヘルメットが大切に保存してあった

どん置いていくものをお母さんがどんどん片づけていく感じだったんですか。

そう、気がつくと段ボールに入っちゃってるのよ。オレね、いちどだけ言ったの、「お母さん段ボールに入れちゃうから、わからなくなっちゃうんだよ」って。さすがにムカッときたらしいんだ。いや、喧嘩しちゃまずいんで、すぐに「お母さんごめんごめん！　言い過ぎちゃったよ」って。生粋の江戸っ子ですからね、うるせんだ。

——そういうすがすがしい環境で住まわれていたのが、だんだんこうなってきちゃって、不便とかそういうことはないんですか。

……ま、いろいろありますけどね（笑）。こないだ、明治学院大学の山下裕二さんのゼミの卒業生たちが来て、この台所だけで6袋、捨ててくれたのよ。もう、なんで捨てちゃうのっていうのまで捨てる袋に入れてくれちゃったけど、まあ、それはもう、よきにはからえっていうことで。ここ（台所）だけでも、きれいにしないと。だけど、ものを片付けるのは苦痛なんだけれど、ものを作ったりするのは……片づけるっていうのは消極的なことでしょ。消去するわけだから。ものを作るっていうのは、僕にとっては生産的なことだと思うんですよ。

——前にうかがったときには、ところどころ床が見える状態でしたけど、徐々に標高が上がってきた感がありますよね。

標高はね（笑）。どうしようか、富士山みたいになっちゃったら。いや、今年あたりにはカタをつけたいと思ってるの。

――だってここ、そうとう広いですよね。しかも角部屋だし。本来すばらしいお宅というか……。

本来！　言葉静かに……いろいろ言うね（笑）。60平米、ベランダが入るともっと大きい。でも、去年の大震災のときもぜんぜん大丈夫だったね。だって隣が高松宮邸ですから。で、泉岳寺もあるでしょ。皇室があるところは地盤が固いっていうのは、有名なんですよ。ぐわーっと来ましたけどね、崩れたりは、全然（笑）。

――（居間を指して）このあたりは？

や、それはもともと崩れてるんだから（笑）。崩れようがねえっつんだよ。

――ちなみに執筆は、どこでするんですか。

ひざの上で（笑）。

――寝るのは？

書類の上に寝ちゃうの。カラダが、なんかいいんだよ。

――暑かったり寒かったりの調整は？

それはもう、テレビ会社のひとが電気毛布くれたりね。みんなやさしくしてくれる

台所にて。電子レンジの上がギャラリー

大型作品に囲まれるトイレ・タイム

浴室部分を見る

の！

——だけど、電気はあぶなくないですか。

だからあんまり使わない。毛布を1枚、冬は2枚かけるぐらいだな。エアコンがあるから、けっこうあったかいんだよ。

——洋服は、この中から発掘するんですか。

洋服は、まあ、こんなかからごちょごちょと。

——書類と……電話も埋もれてる（笑）。

電話は（鳴るから）探せるのよ。

——いちおう、ゴミ出しはするんですよね。

やりますよ！　ちゃんと仕分けして、それだけは。いちばん怖いのは食中毒だから、それだけは気にしてきれいにして。いちどもなったことないですから。

——写真を見たらみんなびっくりすると思うんですが、それにしてもお元気ですよねえ。77歳というお年が信じられない……。

いや、元気ですよ。こーーーんのやろーーーってなもんですよ！　とにかく寝るのね。ぐいぐい寝ちゃう。すぐ、ごろごろ、にゃおーんと寝ちゃうから。

——ごはんも自炊で、気を遣ってらっしゃるし。

そうよ、自炊の男よ。朝は、いっかい目が覚めるのが4時なんです、かならず。それからまたグーグー寝て。1日8時間は絶対寝る。それは守ってるんですよ、どんなことがあっても。寝るの楽しいんですよね（笑）。そのまんま起きなかったらどうしようと、考えることもあるけど、最近もうどうでもいいやーなあんてね（笑）。

で、朝ご飯はですね、状況によってですけど、夜中に目が覚めたときに、もう炊いちゃうの。前は1時間置いてから炊いたんだけど、おっくうになって、すぐに炊いちゃうの。そうするとね、ごはんが煮えるまで、1時間くらいかかるんですよ。で、コメの選び方が難しい。水で研がないやつはダメだね、あの無洗米。まずくはないけど、合理化すると人間がおっくうになる。ぎゅっぎゅやんないとね。これが大事なんですよ。それで炊けるとね、音がするんです、ぴっぽっぴ〜とか（笑）。で、またぷらぷらして、また寝るとか。とにかく自由ですね、つねに。オレこんなに自由でいいのかな〜って、ときどき思うけどね。こんなに楽しくて、自由で……みんな、どんなに苦労してるかわかんないのに。

あとは野菜スープね！　これがなかったら死んでますよ。宗教みたいなのはイヤなんですけど。これを必ず飲むんですよ、1日3杯（と言いながら、ぐびぐびと飲む）。ぐびんぐびんですよね、すべてが。ぐあーーーーっと！

台所の眺め。使い込まれた風格

大鍋で大根、人参、ゴボウ、干し椎茸を1時間ほど煮込む自家製野菜スープを、3日にいちどは作っている。冷蔵庫右下に冷やしてあるのが、それだ

実はね、飲尿療法ってのを1年間やってたのよ。トイレにコップを置いておいたのよ。おふくろは勘がいいでしょ、「祐徳、ちょっと」って言うから、ヤバいなと思ったら「これ、おしっこだろ?」って。ぎゃぎゃぎゃぎゃと思ったら、「おしっこでしょっ!!……もう、おまえとは縁切る」って言うんだよ。「どうもおかしいおかしいと思ってた、なんか音がして」って。それでやめたの。

よくわかんないけど、とにかく僕は病気しないの。芸大受験の最中に盲腸をやったんですよ。それでもがんばりぬいて、3次試験まで行ったのに落としやがったから、芸大は大っ嫌い。ま、それはどうでもいいんだけど、それ以来57年間、入院したことないですよ、ほんと。

――すごいなあ、お酒も飲まれますもんね。

飲みますよ、朝まで飲んじゃうこともあるもんね。

――そういえば原稿書くのも競輪場で、とか書かれてましたよね。

いまでも行ってますよ。(有料の指定席は)豊かな感じでいいんです。集中すると、音が聞こえなくなってくるし。大穴を買っておくのね、100円か200円だけ。それが、ときどき入ることあるんです。でも、欲を通り抜けてるからね。

――さっき見てたら、テレビのそばにずいぶんAVがありますねえ。

アダルト？　ああ、けっこうあります。飽きたら、どんどん捨てちゃうの。買いに行くんです、神保町まで。もっと言えば、たまにソープランドに行くんです。千葉の栄町。これがまた、さびれてきてるんですが、いいのが1、2軒あるのね。いくら安いったって、2万円でしょ。行きつけじゃないけど、たまにね。いちおうこう、アレがいたんだけど……。

――お気に入りの子が？

最近ちょっと……電話したら、まだ出てませんって。で、また電話したら、辞めましたって。いやあ、僕はああいう女のひとに会ったことないです、いちども。サービス満点で。昔から素人女性って怖いんですよ、なんか恐怖症があって。玄人はいいけど。

で、またそういうところに行けない人間、隠す人間って嫌いなんです。それで一緒に行く相棒がいて、千葉まで往復グリーン車で行くわけ。そしたらグリーン車のアテンダントさんに覚えられて、「またお会いしましたね！」なんて言われちゃって（笑）。昔は西川口も、オ

DVDコーナー。AV女優では北島玲がお好きとのこと

ートレースで勝ったら帰りによく寄ってたけど、なくなっちゃったからね。

――ご苦労もあるでしょうけれど、そういうストレスを感じない生きかたが、健康の秘訣なんでしょうかね。

僕はあんまりストレスないですから。あとどれくらい生きるのかって考えることもあるけど、とにかくころっと寝ちゃう。みんな、薬飲まないと眠れないとか言うでしょう、バカかこいつらって。医者がときどき精神安定剤の、いちばん軽いのくれることあるんですよ。ふたつ飲むとびゅーっと寝ちゃう、で、すきっとする。基本的に必要ないけど、なんかこう、深い眠りが欲しいときにね。

前にいちど平和島（競艇）で儲かっちゃってさ。連れと、どうしようかってなって、北品川にちょこっと飲みに行こうと。行ったらおばあちゃんがいて、「なに、競艇なんかやって」って、江戸っ子調のお小言を聞きながら飲むのが最高なんだよね。あすこは昔は女郎もいた宿場町で、『幕末太陽伝』の世界ですから、そら楽しいですよ。

そういうのもおもしろいから書けって（出版社から）言われてるけど、めんどくさくて書いてない。めんどくせえ、なんか食えりゃいいって。人間さ、食えてれば強いんだよね。あと、貯金がちょっとあれば。借金したり、金がないって愚痴ったりしたら、絶対だめですよ。

早く壁に
ぶち当たりたいんです。

首くくり栲象

アクショニスト

駅を出るなり、息苦しいほど完璧に整備された並木道が続く国立《くにたち》の大学通り。楽器を抱えた音大生や、ケーキの箱をカゴに入れて自転車を漕ぐ若奥様を横目で見ながら、並木道を歩くこと約20分。左に折れる脇道の奥、いかにも地上げ途中に見える、だだっ広い駐車場の端っこに、こんもりと雑木雑草に囲まれた一角があった。

緑のあいだから、ちらちらと覗く平屋の屋根と、塀代わり（？）のブルーシート。家屋の脇に回り込み、雑草をかき分けてシートをめくり中に入ると、そこには崩れそうな陋屋と小さな庭があった。ここが首くくり栲象《たくぞう》さんの「庭劇場」だ。

夜8時、周囲が真っ暗になるころ、庭劇場はスタートする。庭の片隅のベンチに座って、風の音や駐車場の音や蚊の音に囲まれながら待っていると、突然「オーッ」という一声とともに、栲象さんが母屋から登場、ゆっくり庭に降り、ゆっくり歩み出す。スロービデオのように庭を徘徊しながら、栲象さんは徐々に庭の奥にある一本の大木に近づいていく。その枝には深紅の縄がかかっている。下には地面を掘り下げた穴、穴の脇には錆びついた金床。

ようやく大木のもとにたどり着いた栲象さん、ゆっくりと枝を見上げると、金床に上り、赤い縄を首（顎）にかけ……ふっと虚空に足を踏み出した。

僕の前にはいま、ひとりの男が赤い縄で首をつられて、脱力状態のままゆらゆらと

揺れている。よくよく見れば、それは首ではなく顎で体重を支えているのだとわかっても、目の前でぶら下がっているからだを、こころ穏やかに眺めることはとうていできない。

たぶん数分だろうか、しかしとてつもなく長い時間に感じられた首つりの状態から、ゆっくりと腕を上げると椅象さんは縄をつかみ、からだをひきあげ、反動をつけて穴の外に着地した。そして、姿を現したときのように、またゆっくりと庭を一周すると、母屋に消えていき、またすぐに姿を現し、庭の徘徊と首つりを繰り返す。それが4回、計1時間ほど。それから「どうもありがとうございました」と、僕らは椅象さんの声を初めて聞き、今夜の庭劇場は、始まりと同じように唐突な終わりを迎えた。

大野《おおの》一雄《かずお》、土方巽《ひじかたたつみ》、ギリヤーク尼ヶ崎《あまがさき》……暗黒舞踏から特殊大道芸まで、僕もずいぶんいろんな「身体表現」を見てきたが、これほど暗黒で、これほど異端で、これほどミニマルな、もはや舞踏とも舞踊とも言いがたい身体表現は見たことがない。

首くくり椅象さんは、庭劇場での首くくりアクション（とご本人は言う）をすでに10数年、そしてほとんど首くくりだけの演劇人生を、もう40年以上送ってきた。

首くくり椅象さんは1947（昭和22）年、群馬県安中市に生まれた。

「わたしは、生まれた日にちがはっきりしないんですね。家族がいい加減だったっていうか。戸籍は昭和23年1月1日になっているんです。しかし、お前は12月26日から29日の間に生まれたと。ですからそうなると、ひとの誕生日をまず覚えない。自分の誕生日は、ない。ということで、いつ誕生日したらいいかわかんないから、そういうことに非常に無関心になります。ですからもう、実家のことは忘れたし、風景を覚えているだけで充分だと思っているから、口にしませんね」

高校卒業後、演劇を目指して栲象さんは上京、いきなり都市という舞台上に放り上げられる。

「東京に出てきたのが18歳くらい。世の中が騒然としている時代ですからね、とにかく表現から始まるわけです。稽古なんかない、いきなり都会という表現から始まっていますからね。ですから、犬も歩けば棒にあたるというので、毎日棒に当たりながら（笑）。気がついたらここ

緑に埋もれた庭劇場

にいて、首つってるっていうことですよ。
60年安保が終わったころですから、学生運動はやっていません。御茶ノ水の『ナル』っていうジャズ喫茶から出てきたときに、駅前に電気屋さんがあったんですが、黒山の人だかり。それで中曾根（康弘）防衛庁長官がしゃべってたのが三島事件だったり。そういう時代ですよね。
こっちに来て、演劇はすぐにやめました。美術系のパフォーマンスというか、ハップナー、またはイベンターって言ってましたね。そういうものがあったんですけれど、私は突然、とにかく昼間、路上でいわゆる『痙攣のアクション』って言って、突っ立って痙攣しているだけ。そういうのをやり始めたんです。
なぜそんなことをやったかっていうことも、

もうこれはわかんない。きっと動機があるんですが……。もしかしたら当時、上野公園の公園口で待ち合わせをしていたんだけれど、文化会館前に人だかりがすごいので、見てみたらそこに一本、欅の木があるんですね。そこに不思議な猿回しがいて。

中折れ帽子をかぶってうずくまったようにしていて、もぞもぞ……動くようなものがいて。そしたら、ちっちゃな猿が出てきて。で、猿がなにをやるかっていうと、欅の木にのぼって、枝を歩くんです。で、ぽんと落ちるんですよ。そうすると、中折れの薄汚い男が、出てきて、猿を抱えるんです。そうすると、またそっから出て行って、もうひとつ高いところまで登って、またぽんと落ちるんですね。それで、観客がぞろぞろ集まってくると、彼は帽子を持ってお客の間を回ってお金を集める……。それがきっかけかはわかりませんが、とにかく路上で痙攣して、それからすぐ、首つりのアクションというのを……」

使い込まれた首くくり縄が壁に掛かっていた

パフォーマンスが終わったあとは、こたつに入って観客と一緒に焼酎を酌み交わす

栲象さんのリビングスペース。こたつは勉強机にも、寝台にもなる

リビングから水場を眺めたところ

読書は、栲象さんの日常で重要な時間になっている。
広辞苑はかっこうの肘掛けにもなっているようだ

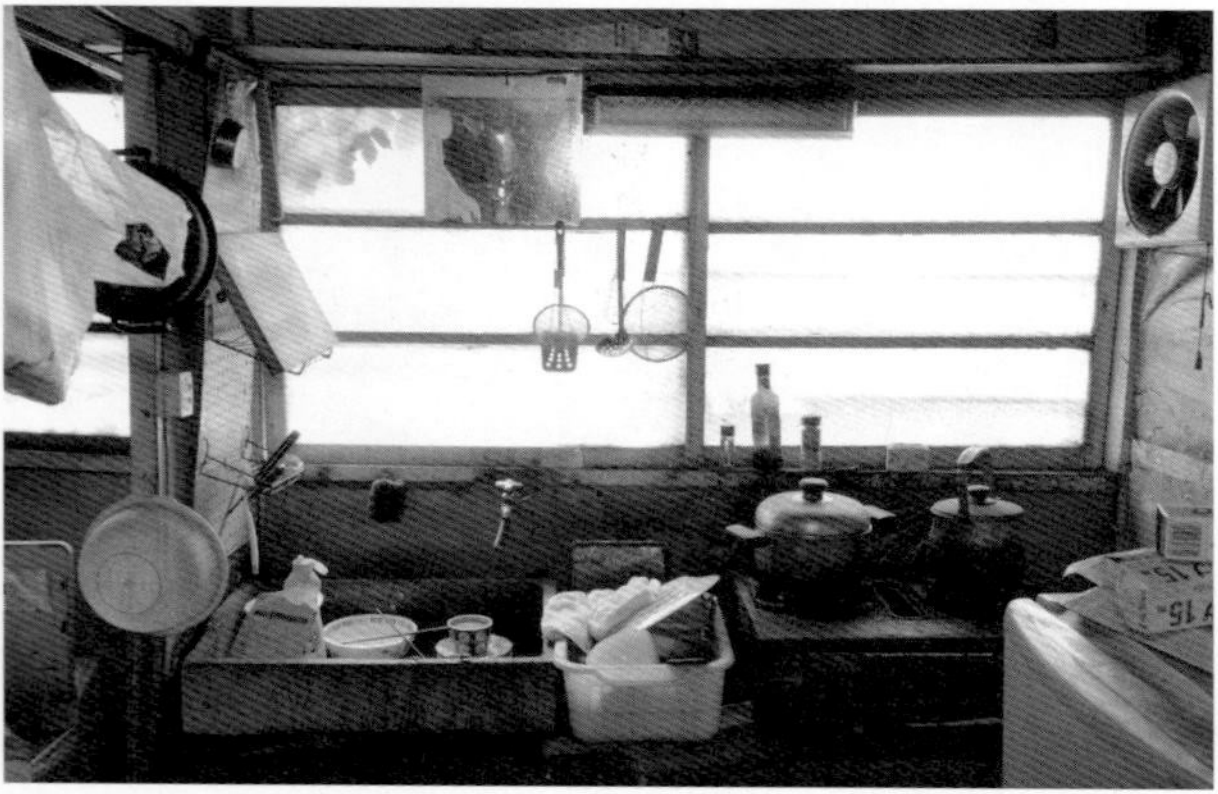

台所。自炊の日々である

当時、栲象さんはまだ20歳そこそこ。いま64歳だから、もう40年以上前に「首つり」という、自分だけの表現に出会っていたことになる。

「たとえば舞踏は、土方さんが新しい日本語っていうんですか、これだったら踊れるっていうこの言葉を生んで、みんなその言葉を聞いて、踊り始めたわけです。小さいときから育んできたもんじゃなくて、いきなり都会という舞台に、跳躍というか登場したわけですね。

だからみな、そういった意味では独学で。私はひとりでこういうふうになってしまったけれども、それは仲間たちと丁々発止という討論が不得意であったからかもしれないし、能力がなかったのかもしれない。そういうことで、おのずと吹きだまったようなところに行ったのかもしれません。

生活は、それはもうみんな同じ、フリーターですよね、昔から。私だっていまもときどき、やってますから。でも、だんだん少なくしてます。30代でこちらに引っ越してから、公演が近づくと訓練のために（首つりを）やって、終わるとやめていたんですが、49歳のときに、ここで毎日やっていけるものはなにかと思ったときに、首つりだったら毎日やっていけると。ですから、それからずっと、毎日です。これ以外やってないですから。

日課はこうなんです。4時に目覚ましかけて、起きる。で、庭に出る。足袋が4足あるんですね。1回の首つりで1足使う。で、1日に4回やるわけです。1回終わったら、コーヒー飲んだり本を読んだり眠ったり、というので最低2時間半くらい。それを午前中、もういちどやるとなったら、もういちどやって。午後もやって、夜もやって、それで導眠剤か、あまり飲みませんけれども焼酎飲んで眠って、という毎日です。首つりの頻度が高くなってきますとね、首つりってやっぱり負担がかかりますから、眠たくなるんですよ。最中ではなく、終わると。だからこたつに潜り込んで、寝てしまう」

毎月、庭劇場は数日間開催されるが、そのほかの日々も、栲象さんはひとり黙々と首をつるのが日課となって久しい。

「その一回一回が、なぜやるのかっていうことを問われながらやるわけですよ。ですからね、早く壁にぶち当たりたいんです。壁にぶち当たれば次に進める……。私の動きは1ミリ、2ミリの動きですよね。7、8年かけて、やっと動いたって気がするんです。とにかくひとりでやっていると、ある意味煮こごってしまうところがあるので、早く壁にぶち当たって、そしたら壁に穴を開けよう、通り越して、どうにかして迂回しようというね、それはそうなるとまた課題が出ますよね。日々その課題に向かって、庭に出ていくんです。

いまは、だいたい月のうち4、5日を公演にしています。以前は1週間とか10日とか12日とかやりましたけど、そうしますと、だいたい6割はだれも来ないんです。来なくてもやりますが、連続して6日間来なかったときがありまして、そうするとちょっと……。お好み焼きをつくって、いつも終了後に出していたんですね。それを毎日毎日自分がたくさん食わなくちゃならないのはキツイと……（笑）。ただし、もちろん首つりは毎日やってますから。逆に、いちばん（首つりを）やる頻度が少ないのが公演のとき。日々のほうが、やる頻度が高いんです」

日課として首つりという究極の「からだいじめ」を自己に課しながら、およそ国立らしからぬこの陋屋で、首くくり栲象さんはもう長いあいだ独居を貫いてきた。

「朝4時に起きるでしょ。そうするとね、ここ、ガラスでしょ。光がね、さーっと差し込んでくるわけですよ。さーっと。そうすると、木漏れ日がぐーんと。まあなんとも、空気になったような気持ちですね。

ただ、冬はこたつがないと死にますよね（笑）。もぐるんですよ、私。夜、ふとん敷きませんので、一年中ここですから。こたつで、目出し帽かぶって寝てます。でも、いろいろ手助けしてくれるひとたちもいますし。食べ物とか着物とかね。クリスチャンのひとたちが来てくれて、いろいろ置いていってくれたり（笑）。からだが丈夫なので助かってますが、ただ、歯はどんどん抜けていきますね。やっぱり顎に負担がかかるわけですから、そうなるとこっち（上あご）が浮くんですね、たぶん。

けっきょく、毎日毎日よくって言われるけど、僕には毎日しかないわけで。それを思い知ったのは、たとえば今日首つりを1分やったから、明日も1分できるとはかぎらない。よく、芸能やっているひとたちは、昨日うまくやったから昨日のを踏襲すれば、今日もできると思ったら、だいたいダメになってるっていうでしょ。それと同じことで、昨日の内容っていうのが、今日も当てはまるとは限らないというのが、庭の首つりを通じて骨身にしみてるんで。

だから私がやってることなんて、そんな特殊なもんじゃないと思います。おおげさなもんでも、大それたもんでもないです。私はこういうふうにやって、やっとやる気が起こってきてるだけの話であって。私が人間として生まれてきて、こうやって都会に来て、こうやってきて、やっと私なりにたどりついた地点であるという。それだったら汗ながせよ、と思っているだけのことなんです。

実際とにかくまだまだというか、この64、5歳から毎日毎日を……。いつ死ぬか、そんなことは全然考えてません。とにかくこの日々の中で、青春がなかったのを恨むかのごとく、いま青春をやっているわけですよ（笑）」

5、6人も入ればいっぱいになってしまう庭の「劇場」で、栲象さんはこうやって首つりという「小さな死」を演じ、地面に飛び降りるたびに重力への郷愁をかみしめながら、きょうも飄々と生き、ぶらさがっている。

劇場が観客であふれるときもあるが、ときにはだれも来ない夜もある。ぶらさがった足の下を、猫が歩きすぎるだけという夜も。

「冬は特に風が強いでしょ。がさっと音がして『来たかな?』って出ていくと、だれもいないという、よくそんなのがあります。人と枯葉の音とかは、判断つきにくいですからね。そうやって待っていて、8時に私は出るわけですけれど、そこで（お客が）いるかどうか、ライトをつけて……それまでわからないですし。そうやって、ひとりでいるわけです。夜道を歩いてきてくれる方を待って」

●首くくり栲象　ウェブサイト
http://ranrantsushin.com/kubikukuri/index-1.htm

タバコ屋と寿司屋と焼肉屋があれば、
どこでもいいの！

鈴木惇子

スナック・ママ

新宿3丁目、伊勢丹や丸井や画材の世界堂や焼肉長春館のあるあたり。ビルの2階に小さなスナックがある。『香夢』と書いて「かぼう」と読ませる、カウンターのみ10席ほどの可愛らしい店だ。

ママをつとめる鈴木《すずき》惇子《あつこ》さんは、2年前の春までお隣の新宿2丁目で『銀』というお店を開いていた。なのでいまも通称「銀ママ」。その『銀』で僕はよく遊ばせてもらっていて、3年ほど前には『天国は水割りの味がする——東京スナック魅酒乱』という、東京各地のスナック50軒を飲み歩き、ママやマスターにロングインタビューした本にも登場してもらった。まずはそのときの、銀ママの紹介文を読んでいただきたい——。

一説によればゲイ・バー&クラブの数が約400軒、世界最大のゲイ・タウンである新宿2丁目の入口に、一説によれば「2丁目唯一のストレートなスナック」という『銀』がある。ジャズのライブで有名なピットイン新宿の向かいにある雑居ビルの2階、階段を上がった廊下のいちばん奥にあるドアを押すには少々勇気がいるが、一歩店内に足を踏み入れたとたんに迎えてくれる惇子ママの笑顔と、元気な「いらっしゃいませ〜!」にホッと緊張感がゆるむはず。

コンパクトながら居心地抜群の『香夢』店内

重厚な油絵が並ぶアプローチ（すべてママの作品）、きっちり着物で固めたママのいでたちと、スナックというより高級クラブ風の贅沢なインテリアに、ついついお会計が心配になるけれど、料金システムは焼酎飲み放題におつまみがついて5000円。新宿の一等地にしては、すばらしくリーズナブルだ。

長野県に生まれ高校卒業後、好きな絵の勉強に東京へ出てきたのはいいけれど、ロカビリー全盛時代に若い血が騒ぎ、寝る間も惜しんで遊びほうだい。いちどは就職したが、給料の低さに呆れて退社、いきなり宮崎日南海岸に移住して、喫茶店とクラブを開業する。

在りし日の『銀』店内

30歳になったのを機に東京に戻って、宮崎時代に貯めたお金で銀座にお店を出すものの、都庁が新宿に移るのにあわせて、お店も新宿・歌舞伎町に移動。20数年営業したあと、ビルの老朽化に伴って新宿3丁目、そして現在の2丁目に移ってきたという、ママは新宿の水商売の生き字引のようなお方であります。

「いまでも実家のほうでは、私は絵をやってることになってるから、水商売のほうは知らないと思いますよ」と笑うが、その豊富な経験に引かれて、2丁目のゲイ・バーで働くオカマさんたちも、しばしば人生相談にやってくる。「なかには深刻な相談もけっこうあってねー、生死に関わる悩みとか、聞いてるうちに自分の中にストレスを

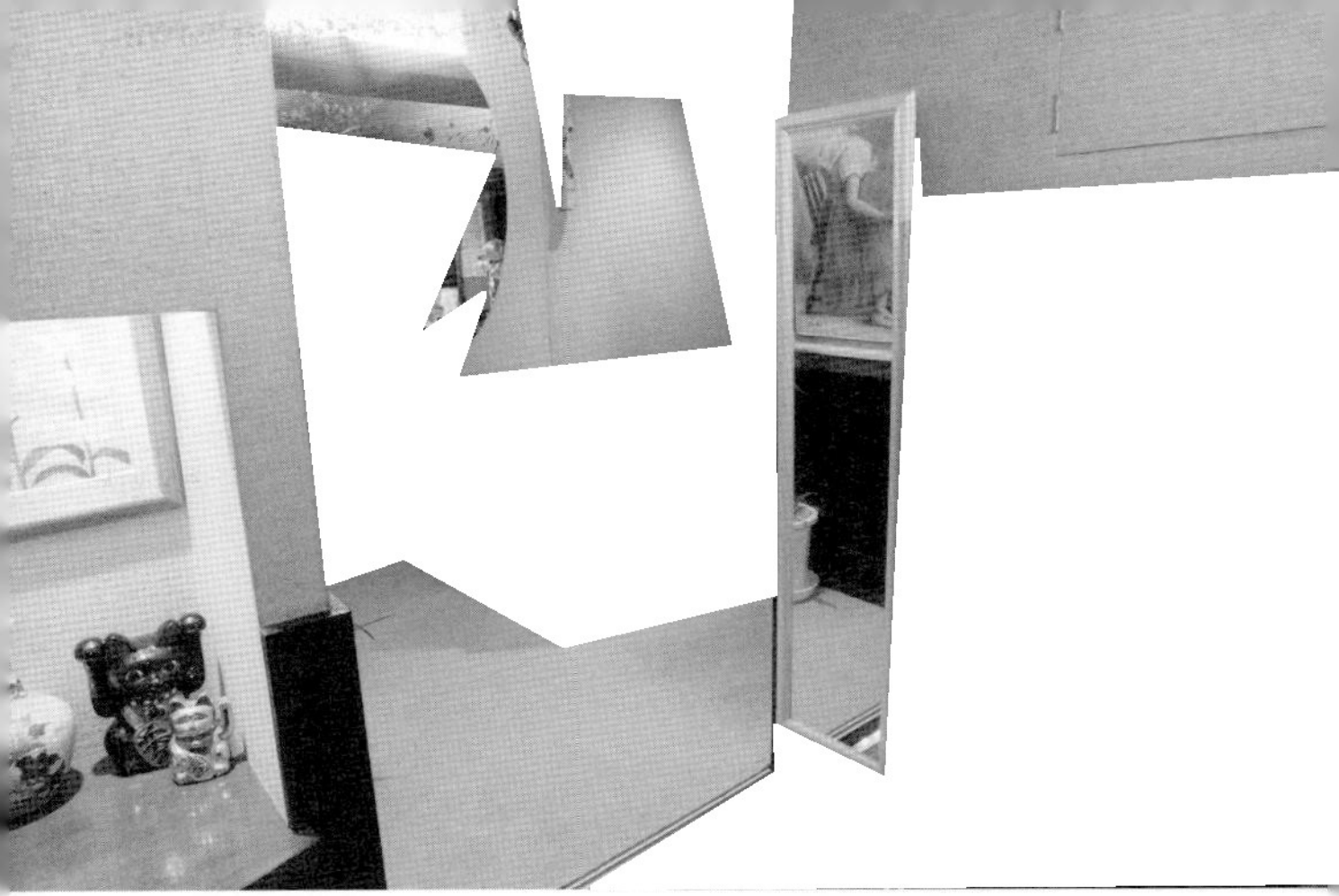

入口からいきなり油絵が出迎えてくれた

溜め込んじゃうんだけど、そういうときは寝ないで山に行って深呼吸するの、パワーをもらえるからね」という惇子ママ。

休みの日はリュックに弁当を詰めてスケッチ行に野山を歩き回り、「まだ小さいときに、突然ピカッて閃光が走って、啓示だったのね、夏休みにお寺に修行に行きたいって言い出して、両親に怒られたりしたの」というスピリチュアルな一面も持つ。「特に決まった宗教を信仰してるわけじゃないけど、スケッチに行って、お地蔵さんがいればかならず拝んでくるし、お客さんにも、ママと握手したあとにいいことがあった、っていう人が多いのよ」というから、相当なパワーの持主。「お店じゃいつも飲んでるわ、きのうも初めて来たふたり組と気が合って、ウイスキー1本に焼酎1本空けちゃって、さすがに朝はアタマ痛かったの」と、肝臓のほうも相当なパワーです。
「前にここやってた人たちが、すごくお金かけたみたいで」という店内は、カラオケがすごくうまく聞こえる、抜群のサウンド・システム。タンバリンやマラカスはもちろん、ソンブレロから任侠演歌用の三度笠にオモチャの刀まで揃えて、小道具も万全。しかも店名に「家庭料理」と名がつくだけあって、おつまみはすべてママのお手製。「冬は鍋もやるし、朝まで飲んでたら味噌汁も出すし、言ってくれればなんでも作るわよ、1次会と2次会を兼ねて、ここでやっちゃうひとたちもいるし」と、飲むとお腹すいちゃうひとたちにも頼もしい。会社関係にも「家庭料理」と領収書に書いてあれば、経理に通りやすいというワケもあるようで、さすがに気配りの年季がちがいます。

あれから3年、銀ママは68歳になって（「吉永小百合や十朱幸代と同世代よ！」）、お店も『銀』を閉めて引退かと思いきや、3丁目の定食屋さんを夜だけ借りてスナック営業という変則的な仮店舗を経て、去年から新店舗『香夢』で再スタート、この6月で1周年を迎えたばかりだ。

銀ママには息子さんと娘さん、それに孫がもう5人もいるのだが、あいかわらず休みなしのスナック営業に、ときにはそのあと朝まで2丁目で飲んだり踊ったり、それでいて趣味の油絵にもますます熱心と、信じられないエネルギーの持主だ。しかも息子の家も、娘の家もあるのに、店から徒歩数分の新宿御苑に面したマンションを借りて、いまもひとり住まいを続けている。きょうはその活力の秘訣をうかがいに、出勤前のママのお部屋にお邪魔した。

「わたしね、2丁目の店（『銀』）を閉めたあと、食事の店を夜だけ借りてやってたでしょ。そこが大変だったのよ！　なんせ昼間やってた女将さんが酒乱で（笑）、夜まで一升瓶抱えて飲んで騒ぐし、お酉さまの日（花園神社酉の市）にね、政党関係のお客さんが来てさ、そのひとにダンスしようって言われて、わたしを持ち上げたままよろけて、カラオケの機械にダーッて突っ込んじゃって。それでこっちが画面に衝突して、額を割っちゃって、血だらけ！　そこで救急車をすぐ呼べばよかったんだけど、お客さんもいるでしょ、テープたくさん貼って血を止めてさ、それで病院にも行かずに、タオルで傷を押さえながらみんなで酉の市にも行って、家に帰って着物を脱いだら、もう動けなくなっちゃったの。顔だけじゃなくて、全身打撲で。

ベッドにもなるソファのあるリビングが、ママのアトリエでもある。カーテンの向こうのベランダには緑がいっぱいだった

それで、年末だったから自分で傷は消毒だけしといて、年が明けてお医者さんに行ったら驚かれてね、ＣＴスキャンとか全部撮られて、３カ月間絶対安静だって。でも、そんなわけにもいかないから、新しい店の物件探しに歩き回ってたの。そしたら（３月11日の）地震が来て！　ほら、ここ10階でしょ、帰ってきたら部屋もぐちゃぐちゃで、とんでもないことになってたんだけど、なんとかひとりで片づけたわよ。

ほんとはね、２丁目の店を閉めた時点で、それまで長く住んでた荻窪に家でも買って、息子家族とのんびり絵でも描きながら暮らそうかとも思ってたんだけど、やっぱりたくさんで暮らすといろいろあるでしょ。それにあっちは夫婦共働きで、子供も昼間はいないから、けっきょくわたしひとりで洗濯とか料理とかしてるだけじゃない。それじゃつまんないし。

だからね、ここは学生時代に借りてた部屋より狭いけどさ、近くて便利だし、ちょうどいいのよ。店でお客さんといないときは、静かなところにいるのが好きなんで。わたし長野の駒ヶ根出身でしょ、それから宮崎にもいたし。とにかく自然が大好きだから、ここなら道を渡れば新宿御苑でしょ。スケッチするにも便利だし、いろんな小鳥がたくさんベランダに来るのよ。画材が必要なら、世界堂まで歩いて２分だからね（笑）。

いつもはね、朝7時ごろには起きて朝食。8時ごろから韓流ドラマ観るでしょ（笑）。それで洗濯したり買い物したりして、昼過ぎに1時間ぐらいちょっと休んで、4時ごろから支度かな。それで5時には店に出てます。6時前に来ちゃう、年配のお客さんもけっこういるから。

で、店を閉めるのは早くて午前2時か3時ごろ。遅ければ5時、6時までやってますよ。それで、お客さんに誘われたり、電話かかってきたりして、2丁目に移動して飲んだり、ゲイ・ディスコで踊ったりね、着物で！（笑）。若いひとたちと遊んでたら楽しいし、（あっちも飲みに来てくれるから）義理もあるからね。

だから睡眠時間は、いつも3～4時間。でも、昔からずーっとそれくらいなんで、苦にならないの。宮崎時代はクラブをやってたでしょ、夜中に帰ってちょっと寝て、朝は子供たちを起こして弁当も作って、それから喫茶店の仕込みをして、昼間は化粧品のセールスに飛び回ってたし。

まあ、寝るヒマないっていうか、寝てるのもったいないないじゃない！　一回しかない人生なんだから、やりたいことどんどんやらないと。どうしても眠いときは、お店のカウンターに突っ伏して、お客さんがいないときにちょこっと寝ちゃうの。そこにお客さんが入ってきて、びっくりしたこともあるけど、『ママ、大丈夫？』なんて。

ママの宮崎～銀座～歌舞伎町時代写真館

血の池地獄大

絵はいつ描くって？　それは店から帰ってきてからですよ。夜中なんだけど、この部屋をちょこちょこっと片づけて、道具出して。描きはじめると集中しちゃって、寝ないで描いちゃうの。子供のころからずーっとそうかな。『おやすみなさい』って部屋の電気消したあと、街灯の明かりで描いてたりしたからね。

絵を描き出すと寝ないね……それくらい集中してやんないと。だからこの部屋も、箪笥のあいだから戸棚の上から、キャンバスだらけですよ。押し入れ開けて荷物ずらして、100号とかも描いてたからね、ここで。前の店は広かったからいろいろ飾れたけど、いまの店は狭いでしょ、大きな絵を飾れないのが悔しいわね。

けっきょくわたしは、絵を描ければ住む場所なんてどこでもいいのかも。集中しちゃえば、どこでも同じだから。タバコよく吸うでしょ（1日3箱！）。だから住むところは、タバコ屋と寿司屋と焼肉屋が近いところ！　それさえあれば、あとはいいわね」

※現在、お店は閉店されました

絵描きになるには毎日、
家に居ればいいんだ。

美濃瓢吾

画家

数年前に初めて会った美濃瓢吾《みのひょうご》さんは年齢不詳、正体不明のミステリアスな画家だった。その容姿は僕より若いかもと思わせたし、その作風はもしかしたら明治大正のひとかもと思わせた。

アナクロニズムとポップな色彩感覚が混じり合って、あきらかに現代美術ではないけれど、あきらかに年代物でもない、曖昧模糊とした時代感覚が画面から漂い出る。そして画中に描かれる人物も、感情があるんだかないんだかわからない、これまた曖昧模糊とした表情をしていて、とりわけその群像図などは「浅草のブリューゲル」と呼びたい、かわいらしさと不気味さの化合物だった。

美濃瓢吾さんは『浅草木馬館日記』（筑摩書房）と『逐電日記』（右文書院）という2冊の著書でも知られている。その2冊ともが自伝とも言える内容なので、ようするにこのひとは描かれた作品だけではなく、生きざまを記したらそれがそのまま文章作品になってしまうような、「生きるゲイジュツ」（師匠である平賀敬ふうに言えば）の主人公でもある。

美濃瓢吾（本名・美濃省吾）さんは1953（昭和28）年、大分県別府市亀川に生まれた。出生後すぐ、県南の佐伯市に引っ越し、高校までの日々を過ごした。

「僕は生まれは別府なんだけど、佐伯市に18歳までずっといたんだよね。うちはもともと親父のおじいちゃんの代に、ものすごくでかいポンプ会社の社長だったのね。で、子供がいなかったんで、とり婿、とり嫁で、生まれたのがうちの親父。だから（曾祖父とは）血のつながりはない。おじいちゃんは博打好きで、漁師相手に博打をやってぜんぶすっちゃって、メカケ作って出てっちゃったから。だからうちの親父は、じいちゃんのことは一切言わなかったね。

親父は真面目なひとで、戦争から帰ってきてから佐伯市で自動車部品のパーツ屋さんをやってたのね。子供のころは……絵に興味なんてない、ただのわんぱく少年だったよ。そのころは町に映画館が5、6軒あったんで、学校サボっちゃ映画館に入り浸ってた。『卒業』とか『真夜中のカーボーイ』とかの時代ですよ」

母と

地元の高校を卒業後、美濃さんは上京、立教大学経営学科に進む。

「僕が通ってた大分県立佐伯鶴城高校っていうのはスポーツ、特に水泳では有名な学校で、高橋栄子とかオリンピック選手も出してるぐらい。僕も中学は陸上部で駅伝ランナー、高校は水泳部だったんで、大学でも体育会に入ろうかなと迷ったんだけど、そこでなぜか美術クラブに入っちゃったんだよね！（笑）。絵を描くより、麻雀してる時間のほうが長かったけど。

それで大学を卒業して、一時は大分に帰って家業の手伝いをしてた時期もあったのね。妹はサラリーマンと結婚してたから、こっちが継がなければ、あとはないでしょ。でも、親父は自分が始めた商売だから、別に傾いていたわけじゃないんだけど、僕が継がないとわかったら、潔くさっと閉めちゃったよ、60歳になったときに。90歳で死んだんだけど、30年間は年金生活。あのとき（家業を）継いでたら、いまごろは田舎町の若旦那って感じだったかもしれないねえ」


家業を継ぐ人生に見切りをつけ、20代なかごろにしてふたたび東京に戻った美濃さんは、牧野出版という精神医学や民芸関係の書籍を作っていた出版社に入社。そこで画家への道を開いてくれた師匠・平賀敬と出会うことになる。

立教大学の先輩でもあり、長いパリ生活でフランス映画にも出演したりと国際的な活躍をしながら、芸術家より絵師と呼ばれることを好み、戯画をよくし、画壇きっての飲み助としても名を馳せた稀代のアーティストとの邂逅《かいこう》が、迷える青年の運命を一変させたのだった。

「当時は出版社だと年齢制限なくて、新卒じゃなくても採用してたから入れたのね。それが牧野出版っていう会社で、そこに4年ぐらいいたときに、ちょうどパリで10年か15年ぐらい生活して、帰ってきた平賀さんと会って。詳しいことは本（『逐電日記』）に書いたけど、パリから帰ってきたころは羽振りよかったんだ。パリ時代は絵が売れたし、映画にも出てたし。三船敏郎と仲良かったから。『グラン・プリ』っていう映画にも出てたし、フランスのギャング映画にいっぱい出てるんだよね。チャイニーズマフィアの殺され役で。ジャン・ギャバンとかみんな友達。ピカソと二人展やったこともあるし。

それでもまた、風体が絵描きさんという感じじゃなかった。ほんとによくお酒飲む人で、顔が広くていろんな人と付き合いがあって。すごいお屋敷を借りてて、そこにみんながサロンみたいに集まってきて。そこで、すぐ隣に住んでた種村季弘さんとも知りあったし。ふたりは仲良くて、よく池袋で飲んでたからね。

そのあたりが牧野出版を辞めるころで、28歳かな。それまで鎌倉の長谷に住んでたんだけど、立ち退かなくちゃいけなくなって、困ってたところに敬さんが、『それならうちの離れに住んで、会社に通えばいいじゃないか』って言ってくれたの。でも毎晩、帰ってきたら宴会じゃない。こっちもふらふらになっちゃって。それでもう、辞めたんだよね。そしたら敬さんが、おまえ、絵、やらんかと」

それまで、大学時代に美術クラブには属していたものの、自分が絵で身を立てるなどとは想像もしていなかった美濃さんだが、師匠と仰ぐ平賀敬さんのひと言によって、「それなら」と人生の大転換を、いとも軽々と決めてしまう。

平賀邸に寄宿すること2年間。そのあと美濃さんは小田原の一軒家と、浅草木馬館の部屋住まいという、まったく異なる環境を週に半分ずつ行ったり来たりしながら、絵を描いたり、木馬館の売店でビールやお菓子を売ったりという生活に入る。それも、浅草は「特に大衆演劇には興味なかったけど、誘われてなんとなく……住み込みだし」。小田原根府川《ねぶかわ》は「すごい斜面に建ってる変な家だったんだけど、家賃3万円でいいっていうし……僕、家賃が3万円以上のところには住んだことないから」というぐあい。

このひとの行動原理には、そういう「流され癖」みたいなものがあるのだろう。その軽《かろ》みが素晴らしい。ずいぶん前に参加したグループ展のカタログのために、美濃さん自身が書いた『これまでのことを手短に話せば』という「絵と住まいの遍歴解説」があるので、ちょっと長いけれど、これ以上僕が説明するよりも、それを読んでいただこう――。

大磯の平賀敬を訪ね、出会った時期。のちに主要なテーマとなる「フクスケ」の、最初の作品

『畳の上の福助』 1981年

鎌倉長谷時代。家賃2万8000円の一軒家。出版社を12月に辞める4カ月前の夏（写真上）。もう、このころからノラが立ち寄るようになっていた（下）

私はこの年齢になってもきちんとした仕事部屋を持つことがなくいまでも日常生活と同居を余儀なくされている。このモノクロの写真は静岡市郊外、藁科川《わらしながわ》流域の吉津という場所にある現在の私の住居で、移り住んでから十年目になる。
夏などは縁側に寝転び開け放つと、裏山や茶畑から吹き抜けてくる風が心地よい。典型的な日本家屋で板戸や障子で仕切られる部屋は大画面を自在に並べるこ

とができ、アトリエとしては申し分がない。しかし、やはりここに七年間暮らす飼い猫（コネ）が病気になり内猫の身となってからは、門戸を閉ざし互いに励まし合い労り合いながらの侘住まいの感もあり、十年、そろそろ腰を上げ家移《やうつ》りかとふと思ったりもする。

絵を描き始めた頃のことをあらまし話そうと思うが、なぜか転々と居住してきた場所や家屋の記憶が絵と相俟《ま》って甦る。しかもその家屋の構造がどれも風変わりなのだ。この『畳の上の福助』は作品らしい作品になった第一号で、当時、私は出版社の勤めを辞して、大磯の平賀敬アトリエの離れに間借りしていた。

ここは途轍もない別世界で純和風の母屋が道路から斜面に建ち、石段で谷へ降りていく場所に小さな川が流れ、谷底の離れは川に寄り沿うように建っていた。川の向こうは竹林で最晩年の石川達三が暮らしていた。私の離れには大きな檜風呂があり、川に張り出すような格好に竹で組んだ流し場が据えられていた。いっさい外界とは隔離された場所をのそのそ歩く石川達三を偶然間近に見かけたこともある。我々が毎日熱心にワイワイガヤガヤやる光景をこの老作家は見て見ぬふりをしていたのか、風呂場の借景となる竹林の下草を庭師を呼んでそっと刈り取らせたり、なんとも粋なことをする人だった。

根府川時代。初個展に向けて、わけのわからない絵を描いていたころ。撮影は、夏になるとよく遊びに来ていた石内都さん

そのワイワイガヤガヤが休息し、時には敬さんと二人きりで飲むこともある。まだ先のことが何ひとつ見えない日々が続いていたある晩、「俺のような絵描き商売も悪くない」とぽつり敬さんの口から漏れたことをいまでもはっきり覚えている。ただ私はどうすれば絵描きになれるのかなどと他愛ない質問をした。すると敬さんは「毎日」家に居ればいいんだと。そして、畳の目をひとつひとつしつこく描いてみろと一声かけてくれたり、古いジンボトルのラベルをしつこく写してみろとか、とにかくへたでもいいからしつこくやれと。そうしてやがてそこに祈りのようなものが出てきたら、それでいいんだと。

　じつは、私は大磯に来る前に鎌倉長谷の山間の小さな一つ家で一年足らずの間暮らしていた。そこで勤めの片手間に学生の頃美術サークルで描いていたことを思い出し、また描き始めていた。しかし、木の根っことかなんとも形にならないものばかりで手応えがない。それだけに敬さんの真夜中のレクチャーは明快だった。以後、敬さんが絵のことであーだこーだいうことはなかった。おそらく私の性格や作画態度は、敬さんにすでに見抜かれていた。いまでも「祈りのようなもの」は見えてこないが、「しつこく」ということにはまったく異議はない。言い換えれば「過剰に」ということで、このへんをいまだに行ったり来たりしている私にしてみれば、まことに理にかなう心得だと勝手に思い込んでいる節もある。

いまにして思えば、この長谷の一つ家も変てこりんな家だった。板間と畳部屋の奥に渡り廊下のようなものをつけたその先に風呂場があった。しかしその風呂場全体が山の斜面に掘られた防空壕らしき穴の中へ突っ込んだつくりで気味が悪いのだ。ここだけ後に付け足したにちがいない。洞窟風呂と言えば聞こえは良いがこの穴の中の風呂場には恐怖さえ感じた。それに板間がなければ絵を描いてい

浅草木馬館に住み込み始めたころ、館主・根岸京子さんと

種村邸にて、平賀敬さんと３人で

木馬亭の舞台にて制作中

たかどうか。確かに建造物には不思議な相乗効果がある。

大磯時代に私は招き猫、福助、大入額などいまの私の題材のほとんどに出会っている。詳細は省くがたとえ行き掛かりでも、この大磯での「通過儀礼」は私の絵描きとしての原初風景であることに変わりない。七年後の初個展の時、敬さんは『瓢吾の大入』という短い文章を添えてくれた——昼飯はたいてい瓢吾と大磯の「よしだ」の素朴なラーメンを喰っていた。瓢吾はその店の唯一の飾り物の古ぼけた「大入」看板を、店の父娘をたぶらかして手に入れた。その「大入」が瓢吾のゲイジュツの原点である。——この「たぶらかす」という言葉がなんとも軽妙だ。大入額はいまでも静岡の私の部屋に在る。

二年間ほど大磯に居た後、私は根府川（小田原）という蜜柑畑と相模湾を見晴るかす場所へと移り、それとほぼ同じ頃に浅草木馬館での住込み生活が始まる。根府川の住居はやはり岩にくっつくようなかたちで斜面にあり、一階は炊事場と風呂場、そして外の石段を上がると二間続きの二階部屋が縁側で囲まれ三階には便所だけが設置された変則的な家屋だった。有田焼の金隠しをいまでも思い出す。木馬館は文字通り旅役者や芸人や浪曲師たちの小屋で、私のあてがわれた部屋は、窓のない畳を三つ四つ縦に並べた極端に細長い部屋だった。看板描きなどに使う部屋なのかもしれない。壁越しに彼らの声が毎日聞こえてきた。

私の三十歳代はひたすら迷走する修業時代で、絵だけに専念していたわけではないが敬さんはじめ様々な人たちや浅草の人たちとの交流が始まり、一方では、根府川のような無窮の時間と場所が与えられ、メランコリーな日常を四、五日ごとに代わる代わるくり返していた。さらに根府川の付近には熱海、湯河原、箱根と温泉場があり、夕暮れ時の共同浴場へしげしげと通った。この温泉療法と絵画生活とのバランスが抜群だった。

四十歳を過ぎて描いた『浅草木馬館よるの景』は、それまでの私の描いてきた絵のひとつの結論みたいな作品で、この頃私は根府川を引き払い、根津（東京）の商店長屋の二階に転居していた。といっても屋根裏部屋というべきか。ここで五年間を過ごし、その間に浅草との最後のダメ押しのような生活が続いた。

以後、静岡市郊外へ転居し、予想外にもアナクロニズムを糧《かて》に現在に至っているといっても過言ではない。

小田原、浅草時代から根津を経て、いま美濃瓢吾さんは静岡市郊外の地に暮らして、14年目になる。この場所を見つけたのは、「向かいの家の窯元の奥さんが句会仲間で、うちの前の家が空いてるわよって言われて、見に来たのね。そのとき、3年ぐらい後に名古屋で展覧会やることになってたんで、それまで籠もって絵を描ける場所を探してたから、静岡なら名古屋と東京の中間点でちょうどいいやって」と、すごく適当（もちろん、いい意味で）。

裏はすぐ、竹林に蔽われた山。目の前には用水路が通っていて、脇には茶畑、という場所に建つ家は、築80年。便所は外だし、風呂はもともと薪で焚かなくてはならなかったし、雨漏りが激しいので、いまではほぼひと部屋しか使えない。3匹いる猫のおかげで、そこらじゅう猫の毛だらけだし。

でも、そんなこと、美濃さんにとってはどうでもいいのだろう。家賃は「もともと3万円だったけど、いまはもっと安くて……いらないって言うから、気持ちだけあげ

種村季弘の『迷信博覧会』（ちくま文庫）の表紙となった作品と

千駄木のギャラリーで10日間、住み込みで展覧会を開いたとき。コネ（愛猫）も連れていく。どこに行っても同じスタイル

てる」という気楽さだし、水道は湧き水でタダ、携帯も持ってないし、愛車（自転車）でスーパーまで買い出しにも行ける。

これだけ豊かな自然に囲まれているのだから、「美濃さん、畑で野菜育てるとか、しないいんですか?」と、帰り際に訊いてみた。そうしたら美濃さんは、壁際に積んである「レタス」とか「ナシ」とかラベルのついた段ボール箱の山を指さしながら、「そんなのやらないよ、これが僕の畑だもん」と笑ってみせた。

でも、ほんとは段ボール箱じゃなくて、部屋いっぱいに広げて、それだけでは収まらないから、壁に張った洗濯ヒモに吊り下げた作品の数々のことを、美濃さんは言いたかったのだろう。この作品が、自分の作物なんだと。あまりにシャイで優しい人柄が、そんなふうにはっきりとは言わせなかったのだろう。なんとも都会的なメンタリティ。こんな山里の陋屋で、その心遣いがよけいに沁みた。

『浅草木馬館よるの景』　1996年　51.5×36.4cm

玄関から奥を見る。3つ並んだ猫トイレ

タイルがなんとも美しい風呂場。かつては薪で焚いていた

台所まわり。雨漏りがひどくなったので、ブルーシートを敷いている（写真右上）
「これが生命線！」という、真新しい冷蔵庫がそびえる（右下）
天井部分を見れば、家屋の造りの立派さが一目瞭然。
「こないだはハクビシンがいついちゃって、大変だったんですよ」（上）
障子を開けて入ると、冷風機が。冷気を逃がさないため、エアキャップを垂らしている。右側に見えるのは蚊帳！　夜はこれを吊って寝る（左）

仕事場兼居間兼寝室となっているひと間。以前はほかの部屋も使えていたが、
いまは「雨漏りがひどくなって、ここしか使えないんだよね」

いま取り組んでいる「妖怪シリーズ」のカラーコピーを貼りこんだ障子

携帯も持たない美濃さん。びっしり
書き込まれた手帳に、すべてがある

音楽とかかわりの深い美濃さん。高田渡
のジャケットを手がけたこともあるし、
元セメントミキサーズの鈴木常吉には
『ミノ君』という歌まである

同年代の友達なんて、
つまんないからひとりもいない！

水原和美

輸入用品雑貨店経営

鳥取県鳥取市……人口20万人弱、全国の県庁所在地のなかで、山口市に次いで人口の少ない市だという。同じ鳥取でも、おとなり島根に隣接する境港は水木しげるキャラで全国的な人気だし、島根県側に入れば水の都・松江に宍道湖、出雲大社と観光名所にことかかない。しかし鳥取市の観光名所といえば……砂丘。市内を歩いてもシャッター商店街ばかりが目立ち、寂寥感が漂っている。

そんな鳥取市街中心部の通りに面して、一軒だけ極端に異彩を放つ店がある。『ラスタ』——その名のとおりレゲエやエスニック・テイストの洋品雑貨を扱って今年で18年目という老舗店だ。そして今年（2012年）78歳になる店主・水原和美《みずはらかずみ》さんは、鳥取のアンダーグラウンド・シーンに君臨するラスタファリ・クイーンでもある。

水原さんのことは、長年の友人である娘さんからよく聞いていた——「うちのお母さんは50歳ぐらい年下の男の子たちを従えて、海外旅行には行っちゃうし、店も手伝わせるし、運転もさせるし、すごいの」「お母さんと話したい子たちが自然と店に集まってきて、でも初心者は立ってなくちゃいけなくて、ベテランになれないと椅子に座れないから、うちの店でお母さんの横に座るのが、鳥取のやんちゃな子たちの憧れなの」等々……。

もともとご主人の実家が経営していた薬局を畳んで、水原和美さんが『ラスタ』を開業したのは1994（平成6）年のことだった。

「『ラスタ』っていう店にしたのは、半分はレゲエ系を扱うからだけど、ラスタにはヒンドゥー語で『道』という意味もあって、それならアジア系も扱えるかなと思ったんですよ。

わたしはずっと高級婦人服をオーダーで仕立てる仕事をしてたんで、もともとファッションの原点というのがすごく気になってたんです。それで東南アジアから中近東、アフリカ、中南米とか、洋服の原点を探しにずーっと旅をしてきて。ゆくゆくはそれを本にまとめたいと思ってたんだけど、途中でダンナが病気で倒れちゃって。

それまでダンナは薬局、わたしは仕立てをやってたんだけど、それも無理になったので、『ラスタ』を始めたんですよ。エスニックの店だから、最初は近所のオバサンしか来ないと思ってたんだけど、い

寂れた商店街で、きょうも元気に営業中の『ラスタ』

ざフタを開けてみたら若い子ばっかり来るようになって。それまでこんな店は鳥取にひとつもなかったしね。ま、似たようなほかの店も、みんな『うちが最初だ』って言ってるけど（笑）。

ジャマイカ、メキシコ、ペルー、タイ、ネパール、インド、ラオス、ケニア、タンザニア、エチオピア……うちにはほんと、いろんな国の商品があるけど、土産物屋で売ってるような安物はありません。仕入れは、まず現地に行く。それで、いい取引先と出会うことが大事。長くお付き合いをしていくわけ。たとえばアフリカから（商品を積んだ）船が大阪に着いたって聞くでしょ。そしたらすぐ南港までクルマ飛ばして買いつけに行って、持ってきたものを全部買い取っちゃうとか。

だからお客さんもいろんなところから来ますよ。関西から来るひとや、観光で来て通りがかりに見つけてくれるひとも多いし。ほんと言うとね、わたしは県外のひとに来てほしいの。県外のひとは質を見てくれるけど、鳥取のひとは『なんでこんな高いんだ?』とか言うから、嫌いで。値段だけで、質を見ないのね。こっちはずっと1着数十万円の高級オーダー服の世界にいたから、服は質で見てくれないと」

そんな強気の姿勢を貫く水原さんだが、開店当初は接客にも気苦労が絶えなかった

水原さんを取り巻く数脚の椅子が、憧れのVIPシートだ！

という。

「わたし、もともとやりたくて始めた店じゃないし、接客っていうのが嫌いだし、鳥取の、知らないひとが入ってくるのも大っ嫌いだったんで、最初の1年は『どうかだれも来ませんように』って、毎日祈ってましたね（笑）。

だからいまでもね、気に入らない客だと追い出しちゃう。ちゃんと会話できない子、こっちがしゃべってるのに聞いてない子、そういうのはダメ。出入り禁止にしますから。そういう子はまた来ても、戸が開いた瞬間から『いらっしゃい』じゃなくて、『なに買いに来た！』って怒鳴っちゃうし。ま、たま～に出禁から復活する子もいるけ

入口から中を覗いては、「こんにちわ～」と、若い子たちが集まってくる。
Tシャツはなにげにジミヘン！

ど（笑）。

こういう店でしょ、田舎だし。一時、ここで大麻を売ってるんじゃないかって噂が立ったことあってな。それであるとき刑事が3人で、突然入ってきて。ちょっと調べさせてくださいって。

それでこっちは最初、『はあ～～？ わかんない～～』ってお婆さんのふりしてトボケてて。もちろん何にも出なかったから、あっちが『どうも』って帰ろうとした瞬間に『ちょっと待ったぁ～！』って（笑）。『あんたら、勝手によその店に入ってきて、いろいろ引っかき回して、なにも買わずに出ていくんか』って問い詰めたら、『お金持ってきてないんです』とか言うから、『3人合わせりゃ買えるだろう』って、お香買わせて帰したわよ。

真冬の夜に、ひとりで店にいたときに、流れのヤクザがふたり入ってきたこともあったね。なんか選んでたと思ったら『なんぼじゃ、負からんかい！』とか言われたんで、とっさに『倍だしゃ、ぬくなるが！（倍のお金を出せば、もっとあったかくなるよ）』って言い返したら、『どこの姐さんですか？』って聞かれて、『そのへんで聞いてみな』って怒鳴ったら帰っちゃった。だって、なんでも思ったことは言うべきでしょ。仮にそれで刺されて殺されても、悪いのは相手なんだから、いつ死んでもいいんじゃないの、っていう気持ちだし。

前はここら、ヤンキーもすごく多かったんだけど、あいつらひとりだと弱虫なのに、3人ぐらいで店に来て、商品をぐちゃぐちゃにとっちらかすのよ。それで、まずドアにカギかけて、『バカモン、なにやってんの！』って怒ったら、『なんかオバチャンが怒りよるで』とかコソコソ言ってるんで、『きれいに片づけい！』って片づけさせて、帰ろうとするから『なんも買って帰らんの

店内のあちこちには含蓄にあふれたお言葉が……

レゲエにかぎらずエスニック全般の衣料雑貨が揃う。洋服類はほとんどが一点ものなので、売れたら終わり。ときには争奪戦が

か!』ってさらに怒って、Tシャツ1枚買わせて、『じゃあ帰れ』ってカギ開けてやったりね(笑)」

そうやって水原さんに怒られたことがきっかけで、実の母親のように水原さんを慕って通いつめるようになった若い子たちが、鳥取にはずいぶんいる。それも、おもに男の子たちが。説教されて、ときには鉄拳制裁を受けながら、毎日店に顔を出して、少しずつ店を手伝うようになった子もいるし、水原さんの選ぶ洋服のセンスが大好きになって、バイトに励んでは少しずつ買いためているうちに、すっかり着こなしが「ラスタふう」になってしまった子は、もっとたくさんいる。

20代で『ラスタ』に「感染」して、通いつめていたのが、そのうち結婚して、子供ができたり仕事が忙しくなると、だんだん来れなくなって『ラスタ』を「卒業」。そうして次の世代が育っていく。卒業生だってほんとは店に通いたいのだが、「入り浸っちゃうので奥さんがヤキモチ焼くから来れないの」。着るものもほしくてしょうがないけれど、「これは『ラスタ』のだって奥さんにわかって怒られちゃうから、着れないのね(笑)」。

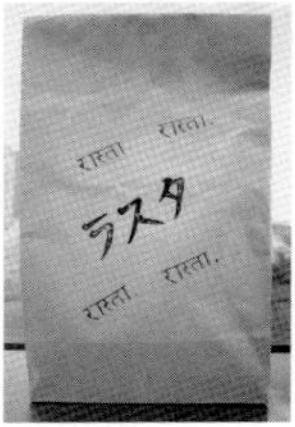

ものすごくシンプルなショップバッグが、逆におしゃれ

「ここに来る前はふつうだったんですけど、数カ月ですっかり『ラスタ』になっちゃいました」という常連さんの「使用前」（写真上）と「使用後」（下）

これほどまでのカリスマと、夜回り先生のような情熱と、「同年代の友達なんてひとりもいないから！」と言い切る若さを合わせ持つショップ・オーナーが、原宿でも代官山でもなく、鳥取のシャッター商店街のはじっこにいるという、その素晴らしさ。その唯一無二のキャラクターは、どうやって生まれ、育まれてきたのだろう。

水原和美さんは１９３４（昭和９）年、京都に生まれた。

「鳥取のひとはみんな、買い物っていうと関西に行っちゃう。こっちでも売ってるのに。だけど『東京出身』っていうとびっくりされるから、いつもは『東京生まれ』って言ってるのね。でもほんとは京都です（笑）。

うちはおじいさんが国鉄で機関車の運転手してて、お父さんはサラリーマンだったんだけど、おばあちゃんの家系が裕福だったらしくて。2歳のころからオーダーで革靴を作ってもらってて、スーツのお父さんと着物のお母さんに手を引かれて歩くでしょ、そうするとキュッキュッて音がするのがうれしかった記憶があるね。

うちはしつけもぜんぜん厳しくなくて。カトリック系の幼稚園に行ったんだけど、当時からやんちゃな子だったみたいで……（笑）。年少組のときかな、お漏らししてスカートを汚すと、ブルマーを穿かせられるの、幼稚園のマーク入りの。わたしはそれが穿いてみたくて、わざとお漏らしして、先生に洗ってもらったパンティをるんるん振り回しながら、歩いて帰ったりしてたから。

それで中学校に上がるころに、父親の関係で京都から鳥取に来たの。もちろん、イヤでイヤでしょうがなかったですよ。もう、虫が多くて！　友達は別に、いなくなっても平気なの、またすぐできるから。わたしね、いつも知らん顔してても、うしろからみんな、ぞろぞろついてくるの。生まれてからいままで、寂しいと思ったことはいちどもないからねえ。

それで中学から地元の高校に入ったんだけど、1年が終わらないうちに中退しちゃいました。それは、中学のころからだったんだけど、学校ではスポーツばっかりしてて、帰りに図書館に寄って、夜10時に閉まるまで勉強して、それから家に帰るっていう毎日だったんですよ。

うちの家系には教員が多くて、でも教師って視野が狭いでしょ、それが大っ嫌いで！　それで、このままだと大学行って教師にさせられちゃうと思って。わたしは自由人でいたいんだから、自分で自分の勉強しようと。それで、図書館に通ってたことは親にも言わなかったの。

で、10時半ごろに帰ると『こんな時間までなにしてたの?』って聞かれるでしょ。でも勉強してたっていうと教員にさせられちゃうと思って、勉強だなんて言わずにいたの。そしたらお母さんが『あんた不良じゃないの』って言うから、『そうだよ』って言い返したら、『それもいいんじゃない』って（笑）。

だってわたしは小学校ごろから『自由人でいたい』って、ず～っと思ってきたんだから。恰好だって派手なのが大好き、『わたしを見なさい！』みたいな。ひとが着てないものを着たかったのね。母親の着物をほどいて、自分で勝手に洋服にしちゃったり。習ってもないのに、はたから見ればおかしかったかもしれないけれど、周りの目なんてまったく気にならなかったから。その血を引いたんでしょう、娘も小学校６年生のときに、『お母さん、オトナになったら東京に行ってヒッピーになるけど、いい?』って言うから、『いいよ』って言ってやったし。

当時、鳥取の大丸でデパートガールを募集してたんですよ。『ステッキガール』って言葉どおり、成績とかじゃなくて、かわいい子だけを採用してたのね。それで『応募しようよ』って学校の友達を誘って4、5人で学校を辞めちゃったのね。退学届に勝手に父親の名前書いて、ハンコ押して出しちゃって。そのときだけは怒られたけど(笑)。でも、わたしはひとに使われるのが大嫌いだったから、自分だけは(大丸に)行かなかったの、みんなを誘ったのにね(笑)」

16歳でいきなり「自由人」になった水原さん。母親に「不良」と言われたことが頭に残っていて、「じゃあ不良になってやろうじゃないか」と、なにが不良かわからないまま、不良の道をまっしぐらに進みはじめた。

「そのころは友達の家に泊まって帰らなければ、それが不良だって思ってたから(笑)。そこで昼間、なんにもわからないまま、好き勝手に洋服を作ってたんですよ、自分が着るために。それを見てた母親が、服飾学院を紹介してもらって、入ることにしたん

水原和美さん
若き日のファッション・スナップ集

です。

　わたしはずーっとお洒落に興味があったし、映画も洋画しか見なかったの。それもストーリーには興味なくて、女優さんのきれいな洋服だけをじーっと見て、あとは映画音楽を聴くだけ。どういうふうに作ったら、ああいうふうにかっこよく見えるんだろうかとか、どういうふうにしたらあんなふうに胸が大きく見えるのかとか、そんなことばかり考えながらね。

　ひとのために服を作ろうなんて気は、まったくなかったですよ。みんなとちがうものを作って、着たかっただけ。たとえば先生が『みんなでワンピースを作りましょう』って言うでしょ。そしたらわたしは『先生、チャイナ服を作りたい』と。難しくてできませんって先生が言うと、じゃあ一緒に勉強して作ろうって言って。

　そうやって作った洋服を着て遊んでいるうちに、友達から『それどこで買ったの？それいいから、私にも作って』って、学校に行ってる途中から仕事が入ってくるようになったのね。客がどんどん増えてきて、やだなーと思ったんだけど、しょうがないから作ってあげるでしょ。それで、ひとが喜ぶ顔を見だしたら、自分のことはほっといて、ひとが喜ぶことをしてあげようかって思いはじめたんですよ」

不良の自由人だったはずが、思わぬ展開で在学中から多忙な毎日になってしまった水原さん。仕事がどんどん舞い込むようになって、ハタチになるころには5人もひとを使っていたという。

「ずっとスポーツやってたから男友達はいくらでもいたんだけど、恋愛感情にはぜんぜんならなかったのね。優しくって、スタイルがよくって、頭が切れる、そういうのじゃないと好きになれなくて。ひとつでも欠けるとイヤ！ってなっちゃってたから（笑）。仕事も忙しかったし。

だから当時は結婚なんて、考えたこともなかったんだけど、中学時代からいっしょに遊んでいた男友達のひとりが、まあ、あのひとはわたしのストーカーだったんでしょうねえ（笑）、毎晩、わたしが帰るのを電柱の陰とかでずーっと、1時間でも2時間でも待ってて、『お帰り～』って声かけるようになったんですよ！

そのひとの家は薬局なんだけど元・武士の出とかで。こっちはよそから来た人間だからダメだって、家で言われてたらしいの。それでわたしから遠ざけようって、東京の日大に進学させて、そこでバスケットボールやってたんだけど、毎日3通手紙が来るのよ。4年間ずっと！　全部、読まずにボール箱にポイしてたけど（笑）。だって、どうせそんなにちがうこと書けるわけないでしょ、毎日。そしたら大学終わって鳥取に帰ってきてしばらくして、突然、そのひとが荷物持って、うちに来たのよ、駆け落ちしようって。

えーっ、そんなのイヤだって思って。だって恋愛感情ないから、こっちは。それで、あちらの実家に『おたくの息子が荷物を持って、駆け落ちしようってうちに来たけど、迷惑だから、引き取りに来てくれ』って言いに行ったら、あちらの親もびっくりしてね、『それじゃあ頼むから結婚してくれ』って。それで、まぁしゃあない、それなら結婚しましょうかと（笑）」

「しゃあないから」結婚したのが、水原和美さん23歳のとき。しかしほんとうの波瀾万丈はその先に待っていた。

「娘が生まれて3歳になる直前ごろだったんだけど、あっちのおじいさんから急に『気に入らんから出てってくれ』って言われたんですよ。謝っても許してくれなくて。それで娘を連れて実家に帰ったら、またダンナがついてきちゃって（笑）。しょうがないから家を借りて、ダンナはあちらの薬局を手伝って、こっちはオーダーの仕立てで稼ぐようになりました。でも籍を抜くまでいかなかったから、あちらのおじいさん・おばあさんが倒れたときは、下の世話からなにからぜんぶ面倒を見ましたよ。自分のつとめだと思ったからね。それでわたしを追い出した舅さんも、亡くなる寸前に虫の息で『悪かった』って謝ってくれて」

ご主人は薬局を営みながら店で寝泊まり、水原さんは子供ふたりを育てながら自宅の2階を仕事場にして仕立て業、さらにあちらのご両親の介護。変則的な別居生活のまま「毎日3時間しか寝られない」苛酷な日々が続いたが、ご両親が亡くなってひと段落と思いきや、今度はご主人のほうが病気で倒れてしまう。

「ダンナが病気になっちゃって、手術したら寝たきりになっちゃったんですよ。自分ではなんにもできなくなっちゃって。それで医者から、もう復帰不可能と宣告されたから、『あっそう』ってさっそく薬屋を片づけて、たった1カ月で店を立ち上げましたね」

重なる不運・不幸を乗り越えて、1994年に『ラスタ』開店。しかしそこに、さらに大きな落とし穴が待っていた。

「いざ店をオープンしてみたら、主人が友達の借金の肩代わりをしてるのがわかって。数えてみたら約1億円！　とんでもない借金が発覚したのよ。薬局はすごくうまくいってたんで、遊びのカネがほしい友達のかわりに、あちこちの銀行から借りてあげてたのね。それがダンナが倒れてみたら、みんな知らん顔で。

そのときは『ラスタ』の立ち上げの借金もあったし、2日間ぐらいは死ぬ人間の気持ちがしみじみわかったねえ……。でも、そんなふうにバックレるやつらには、『いつかはバチが当たる！』って思うの。どうせ、言っても返せないような人間だから。それで病院で寝てるダンナに『あんた、わたしは7年間で借金を返してやる、だから7年間、呼吸してな』って言ってやったね。なんで7だったのかは、いまでもわからないんだけど（笑）。

けっきょくね、なにがあっても自分に対しての挑戦だと思えば、ひとは強くなれるのよ。他人に対してじゃなくて。まわりのせいにしたって、かえってくるのは自分だから。それがいちばん大切だって思うの。だからそのときが、わたしのチカラ試しのときだと思ったのね。『ラスタ』の売り上げなんてたいしてないから、店から夜に帰ってからオーダー仕立ての仕事をして、必死に働いて。『このやろー、こんちくしょう！』って。それでちょうど7年で借金をきれいに返したんですよ。そしたらそのとたんに、ダンナの息が止まったの！」

あまりにもドラマチックな半生を経て、いま水原和美さんは若者たちに囲まれながら平穏……じゃなくて、あいかわらず怒ったり笑ったりの毎日を送っている。子供のころから家にいるのがきらい、いつもどっかにでかけてないと気がすまないから、いまも家でゴロゴロなんてぜったいしない。「テレビなんて時間がもったいないだけ」と、あっちこっちと飛び回る生活だ。

お酒はもう飲まないけれど、野菜も魚もきらいの「肉食よ！」。「タバコがわたしの栄養だから」「ニコチンで肺を固めてるから、ガンにならないの！」と、毎日1箱半のタバコも欠かさない。5年ほど前には、警察に「よく死ななかったね」と言われるほどの交通事故に遭うが、「車同士が目の前で衝突して、片方が自分に向かってきて、飛ばされたのね。で、倒れてたら通りがかったひとが『アー・ユー・OK？』だって。派手だから外人と間違われたの！」と、それも笑い話のネタにしてしまう豪快さ。

このごろ『ラスタ』のシャッターが開くのは午前11時ごろ。でもお客さんが増えて

水原さんの寝室を覗かせてもらった。78歳女子のエスニック・ベッドルーム！　歴代の「お世話係」が、ベッドの脇に布団を敷いて寝るのが慣例だとか！　みんな鳥取市内に家があるのに、水原さんちに泊まるのが憧れらしい

くるのは夕方からだ。前は店の前に「なにがあったの」というぐらいずらっとクルマやバイクが並ぶこともよくあったそうで、夜は10時、11時まで開いているのがあたりまえ。いちばん遅かったときは「朝5時まで！」。そのあいだ、お客さんたちはずっと店にいて、水原「ママ」と語り合うわけだが、「買い物しないとしゃべらせん」。買い物しないでしゃべりに来るひとには、「買い物してからしゃべりな」と説教。そうでなければ自動的に出入り禁止。

店内中央には数脚、椅子が置いてあるが、その椅子に座るには「暗黙の順位」があるという。まず、店内各所に立って聞いたり話す時期があり、そう

して常連になるに従って、椅子が近づいていく。タバコが吸えるのも、椅子に座ったものだけ。そこまで来るにはかなりの実績が必要なので、「早くここに座れるようになりたいって、みんな憧れて通いつめるんです！」と、いま水原さんの公私にわたって寄り添う「音吉」くんも言っていた。

お店が終わったあとは、クルマで来た子たちとドライブしたりで、真っ直ぐ家になんか帰らない。「わたしから誘ったことなんてないわよ！」と言うが、子供たちはみんな水原さんがどっか行きたいのをちゃんと察して、「ドライブ

50歳ちがいの仲良し、水原さんと音吉くん――「レゲエのイベントやるんで、フライヤー置かせてもらおうと店に来たら、いきなり4時間半話し込んじゃったのがきっかけで……。ときには殴る蹴るで、指導は厳しいんですけど……『ラスタ』の服をもっと買いたくて、バイトをふたつ掛け持ちしながら、ヒマを見ては店に寄るんです。もちろん毎日です！」

行きましょか」と言葉をかける。夜だし、遊びに行けるような店もないでしょうと聞いたら、「パトカーや消防車を追いかけたりするんよ！」。ピーポーと音がすると、「どっかで火事だ、探そう！」と走り回るのが楽しいらしい。パトカーに追いかけられるんじゃなくて、追いかけるほうなのだ、このひとは。

日曜は店が休みだけれど、ほかの予定でやっぱり忙しい。男の子たちが家まで誘いに来て（来ていい子と、ダメな子がいるそう）、みんなで温泉に出かけたり、家でご飯食べたり、ちょっと飲んだり。50歳以上年の離れた、そういう取り巻きがつねにふたりぐらいはいる。

同年代のお友達はいないんですか、と聞いたら、「ひとりもいないわよ、大っ嫌いだから！」と明快なお答え。近所のゴシップだとか病気の話とか、くだらない話ばかりで聞いていられないし、近所づきあいもずーっとなし。つきあってるのは、いつも若者だけだ。

「別にこっちから若い子を誘ってるんじゃなくて、勝手についてくるんだから。ほんとはうざいんよ！」と笑うが、「わたしはこっちのが楽しいからやってるだけで、だれにどう思われたって、別にどうってことないんだけど、ほかのひとを見るとちがうでしょ、そっちにびっくりしちゃう」と、真顔で話してくれた。

水原さんは、別に若い子たちを甘やかしてるわけじゃない。はたで見ていても、むしろすごく怖いオバサンだ。「でもね」と彼女は言う――。「いまの若い子って、親も怒らないでしょ。怒ってもただ、ダメです、いけません、で、なんでダメなのか意味を教えないのね。わたしはすごく怒るし、そのときはなんでそんなに怒られるのか、わからないかもしれない。でも将来、なにかにぶち当たったときに、『ああ、あのときオバチャンはこういうこと言ってたんだなあ』と思ってくれれば、それでいいの」

今夜もまた『ラスタ』には、水原さんを「ママ」や「オバチャン」や「和美さん」と呼んで慕う若い子たちが、そろそろ集まるころだろう。ちゃんと話を聞かなかったら思いっきり怒られて、無理して商品を買おうとすれば「そんなにいっぺんに買わんでいいの！」と説教されて、洋服を並べた棚やラックのそばに閉店まで何時間でも立ちっぱなしで、それでもみんな帰らない。

いつまでたっても、ものすごくきれいだったりスタイルよかったり、ものすごいお金持ちと結婚したり、有名だったり……女の人生の「勝ち組」にもいろいろあるのだろう。でも、これだけ年の離れた若い子たちにこれだけ慕われて、毎日ワイワイやっていて、気がついたらまた次の日になっている――これ以上の勝ち方って人生にあるのだろうかと、僕は思ってしまう。

水原和美の「ファッションの源流を訪ねる旅」写真館

水原さんは、実は長年にわたって熱心に写真に取り組んでいる。「ちょっと見てくれる……？」と案内された部屋は、プリントやアルバム、ネガファイルがいっぱい。プロ・カメラマンの仕事場みたいだった。

仕入れも兼ねて世界中を巡りながら撮影した作品を見せてもらっていると、彼女が「ただ派手なのが好きなオバサン」なんじゃなくて、人間の「装い」をしっかり見つめてきて、そのフィールドワークの結果が自分の着こなしや、店の商品構成に活かされているのだとわかってくる。ここでは膨大なコレクションの、ほんの一部をお見せしよう。

手伝ってくれるひとなんて、
だれもいないんだよ。

田村修司

本宮映画劇場館主

東西にのびた長方形の福島県は、太平洋岸から縦に浜通り、中通り、会津の3地域圏にわかれている。阿武隈高地と奥羽山脈という2つの山間部で仕切られた3つの地域は、それぞれキャラクターがちがうようで、他県人にはわからない微妙な力関係があるようだ。

中通りの中心である郡山市からJR東北本線で、ほんの15分ばかり。本宮駅を中心に広がる本宮市は、2007年に本宮町と白沢村が合併して誕生した。人口3万人ほど、福島県内で最も小さい市である。

東北自動車道の本宮インターから町まではすぐだが、東北新幹線は停まらないし、町にこれといった観光名所や旧跡があるわけでもない（いちばん有名な本宮出身者は児玉誉士夫《よしお》……）。猪苗代町に生まれた野口英世が上京を決意、1896（明治29）年というからいまから116年も前に「志を得ざれば　再び此地を踏まず」と決意を柱に刻んだのち、40キロの道のりを歩いて上野への鉄道に乗車したのが本宮駅でもある。しかしその駅前にいま降り立っても、目の前に広がるのは10分かそこらで歩き回れてしまう、長く長く眠り続けているように静かな街並みだけだ。

そんな街並みの奥に分け入っていくと、いきなりあらわれる、褪せたピンク色の巨大木造建造物。これが1963（昭和38）年に閉館してもうすぐ50年でありながら、閉館当時の姿をそのまま残している「本宮映画劇場」だ。そしてそれは館主・田村《たむら》修司《しゅうじ》さんの半世紀にわたる、孤独な闘いがもたらした奇跡の戦果でもある。なにしろ49年前の閉館以来、館主だった田村さんはまったく再開の見込みもないまま、旧式な映写機をメンテナンスしつづけ、館内を掃き清めつづけ、たったひとり、いつでも映画を映せる状態に劇場を保ちつづけてきたのだから。想像に難くない、町民からの無関心や嘲笑揶揄に耐えながら。

本宮の町が映画館というものを失ってずいぶんたつ。ひとびとは郊外のシネコンに通うようになり、映画の上映方式もデジタルが主流になり、1936（昭和11）年生まれの田村さんも75歳になって、再開の見込みがたたなくなった現在でも、田村さんは映写機に火を入れ、油をくれ、館内を掃除して回ることを止めようとしない。

4年前の平成20年、45年ぶりに町のひとびとに奇跡的に「発見」され、上映会が開かれたものの、それからもこの劇場にひとが集まるのは年に何度もない。それでも田村さんは映写機を撫でてはうれしそうに微笑んでいるし、家でもヒマさえあればフィルムをつぎはぎして、自分だけのミックス・テープならぬミックス・プログラムを編集している。

映画好きは世の中にいっぱいいるけれど、「映画館好き」というひとが、そして田

路地の奥にそびえる本宮映画劇場全景（写真上）。
木造の構造がよくわかる脇のようす（下）

村修司さんぐらい映画館を好きなひとが、この世の中にはどれくらいいるのだろうか。
田村修司さんは１９３６年、本宮町に生まれた。お父さんの寅吉さんは町の商店街、通称・本宮銀座で商売を営みながら映画館も経営。修司さんも子供のころから、映画館の跡継ぎになるのを当然と思い、お父さんを手伝っていたという。

「この劇場はもともと大正３（１９１４）年に、町の有志が34人集まって、お金を出し合って、公民館のかわりに作った建物だったの。『株式会社本宮座』という組織にして」

土地のひとびとの集会場、また旅一座の公演会場としても使われた本宮座は、「定舞台《じょうぶでい》」という通称で親しまれた。２階、３階席まで４００人近くの観客で満員になった当時の写真には、演芸劇場時代の華やかな雰囲気がモノクロの画面から匂い立ってくる。

昭和の初めごろから本宮座は映画の上映にも使われるようになった。当初は町の人間ふたりが１週間を３日と４日にわけて借り、経営していたが、昭和18年に片方が経営から退き、その権利を引き継ぐことになったのが修司さんのお父さんの、田村寅吉さんである。

戦中から終戦直後は劇団公演が主だったそうだが、戦後の昭和22年ごろには寅吉さんがひとりで劇場を引き受けることになって、本宮座を「本宮映画劇場」と改称。映画上映をメインに、歌謡ショーや浪曲、大衆演劇の公演など、さかんに行われるようになって、本宮映画劇場は町の娯楽の中心になっていく。修司少年は、そういう時代に劇場といっしょに育っていったのだった。


「うちがここをやってたんだから、ここで親と遊んでたんだからね。お母さんだのお姉さんだのが切符売り場をやって。学校に上がる前から映画観てたし、ここがうちみたいなもんだったね。

それで私が小学校5年生のときだね、父親が跡を継がせるために、(私に)映写機の操作を教えたんだから。まだ背が低くて映写機に届かないんで、台に上がってやってたね。兄弟のうちで、私が男ではいちばん上なんで、継ぐのがあたりまえだったでしょ。昭和11年生まれだけど、美空ひばりが昭和12年なの。ちょうどひばりが小学校5年生ぐらいで映画に出てたとき、私も年が同じぐらいだし、映画館はものすごくひとが入るし、興奮したのをいまでも覚えてるよ。ひばりが中学生になったころには、ひばりの映画っていうと、いつでも大入り満員だったから。すごかったねえ」

本宮座時代にわかれたもう一人の経営者によって昭和25年に、町内に「本宮中央館」というふたつ目の映画館が誕生。田村家の本宮映画劇場は松竹と新東宝、中央館

田村修司さんのお父さん、寅吉さん（写真上）
本宮銀座通りに面していた田村家の商店（中）
映画劇場開館のころ（下）

は東映と日活というふうに配給元を分け合って、本宮町の映画館黄金時代を築いていく。それはまた日本映画の全盛時代でもあった。しかしそのまっただ中の昭和30年に、お父さんが急死。まだ20歳だった修司さんが、急遽経営を受け継ぐことになる。

「昔は人口が1万あれば、どんな町でも映画館はふたつあったのね。日本全国で映画館は1万軒あったんだから。それがいまでは3000軒ぐらいだし、昔からの映画館は1000軒も残ってないんじゃないの。

昭和25年までは、町に映画館はうち1軒しかなかったんだけど、私は中学校3年ごろにはもう、親父といっしょに映画の番組編成してたの。高校3年間は福島の福島商業に通ってたんだけど、それもうちの手伝いしながら。商業にいったのも、映画館を継ぐためだし。

そのころはもう、福島の映画館は顔パスになってたね。親父が福島の映画館ぜんぶ

『青い山脈』公開時には、地元の女子学生がセーラー服姿で自転車パレード

に私を連れ回って、『うちの息子が来たら、タダで見せてくれ』って。『お前は福島の映画館で勉強しろ』って言われたね。

それで高校を卒業したら、私は東京の松竹あたりで興行の現場を勉強するとか、外に出てみようと思ったんだけど、親父がよそにやらなかった。かわいい子には旅させなかったの（笑）。それで卒業してからすぐ、ハタチのときに親父が亡くなっちゃった。それで26か27歳かな、昭和38年に劇場を閉めるまで、私が経営者になってやってたのね。従業員は7、8人いたんだけど、最後にはひとりしか残ってなかったねえ」

劇場の宣伝カー

昭和30年代になると、日本映画の主流は松竹から東映や日活に移っていって、田村さんの劇場は対抗策として洋画も積極的に上映するなどしてきたが、日本映画が下降線に転じるのと歩調を合わせるように、しだいに経営悪化。昭和38年8月、お盆の上映会を最後に閉館を余儀なくされてしまう。

大通りから路地の奥に見える映画劇場への入口。
立っているのは修司さんの妹さんふたり

「もうひとつの映画館は東映と日活でしょ。吉永小百合だの裕ちゃんだの高倉健とかだから、かなわないよね。それでこっちもがんばったけど、だんだんフィルム代払うのも苦しくなって。そのころはピンク映画が始まりだした時代で、そればっかりやってると、今度は町の評判が悪くなるし、女のひとと子供が来なくなっちゃう……。それでやっぱり経営しきれなくなって。

　で、私のこと応援してくれてた福島の映画館の社長が、『福島もお客少なくなったし、映画の将来性はないから、映画やめてオレの知ってる自動車会社に行け』って。『紹介してやっから、トヨタに行け』っていうから、福島トヨペットの郡山営業所に行くことになったのね。ここから30分で行けるからね。それで40年間、通いましたよ。

　けっきょくね、昭和20年から40年ぐらいまでの約20年間は、ひとの集まるところは映画館しかなかったの。それが、昭和35年にカラーテレビが始まったでしょ。私は昭和39年から自動車会社に行ったけど、40年代になったら急に自動車が売れはじめて。前にパブリカっていう車があって、それがカローラになったんだけど、私のトヨタ系ではカローラとかコロナが急に売れるようになって。で、43年にはマークⅡだのスカイラインだの、一挙に売れはじめたのね。そのあたりから、映画館には徹底的にひとが入んなくなったんだね」

28歳でやむなく自動車販売に転身した田村修司さん。高度成長時代のただ中で、セールスマンとしての腕を存分に発揮しながら、こころの中では映画館再興の夢を捨てることはなかった。

「昭和39年にトヨペットに入って、平成12年か13年ごろ、定年までいたから。定年はふつう60歳だけど、会社が『いてもいい』っつうから、63歳までいたのね。

本宮映画劇場華やかなりしころの従業員たち

新婚時代の田村さんと奥様

給料は下がるんだけど（笑）。

同期で入社したのが40人ぐらいいたけど、10年経ったら2、3人しか残ってなかったね。でも車が売れた時代だったから。月給が1万5000円だったときに、1台売ると報奨金が3万円ぐらいもらえたからね。だからその給料がよかったおかげで、劇場を手放さずにすんだんだよ。

会社に入ったときにね、うちの母親は『あんたもふつうのサラリーマンになるんだから、劇場処分しろ』って言ったの。借金が残ってたから、劇場売って借金をゼロにしろって。でも私は、肚ン中では65歳になったら劇場を再開しようと思ってたから、全然手放す気はなかったの。それで車売ってもらったお金で、3年かかって劇場の借金をゼロにしたの。

ここは本宮駅にも近いでしょ。アパートにするから売ってくれだの、不動産屋が来るの。そういう誘惑が何度もあったし、こんな古い建物、火事になったら危なくてしようがないから、町のために壊したほうがいいっていう近所のひともいたの。からっぽだから、地震来たら倒れるだろうしって。こないだの震災でも倒れなかったけど（笑）。とにかく未練があったから、ひとになに言われたって、ひとりも応援してくれなくたって、持ちこたえて手放さなかったの」

敏腕セールスマンとしてバリバリ働きながら、田村さんはひそかに、着々と、定年後の映画館再開に向けて準備を積み重ねていった。１９６６（昭和41）年に結婚するが、会社が休みの日は映写機の整備や掃除で劇場に入り浸り。さらに時間を見つけては東京の映

劇場を入ったところ、ロビー・エリア。閉館当時のポスターや宣伝旗がそのままに残されている

名糖牛乳
マルハマ
百万弗パチンコ

50年近く、完璧な状態で保存されてきた映画館内部

機械室の内部。カーボン式映写機を駆動させるための整流器。
すべてが完全な状態で作動している

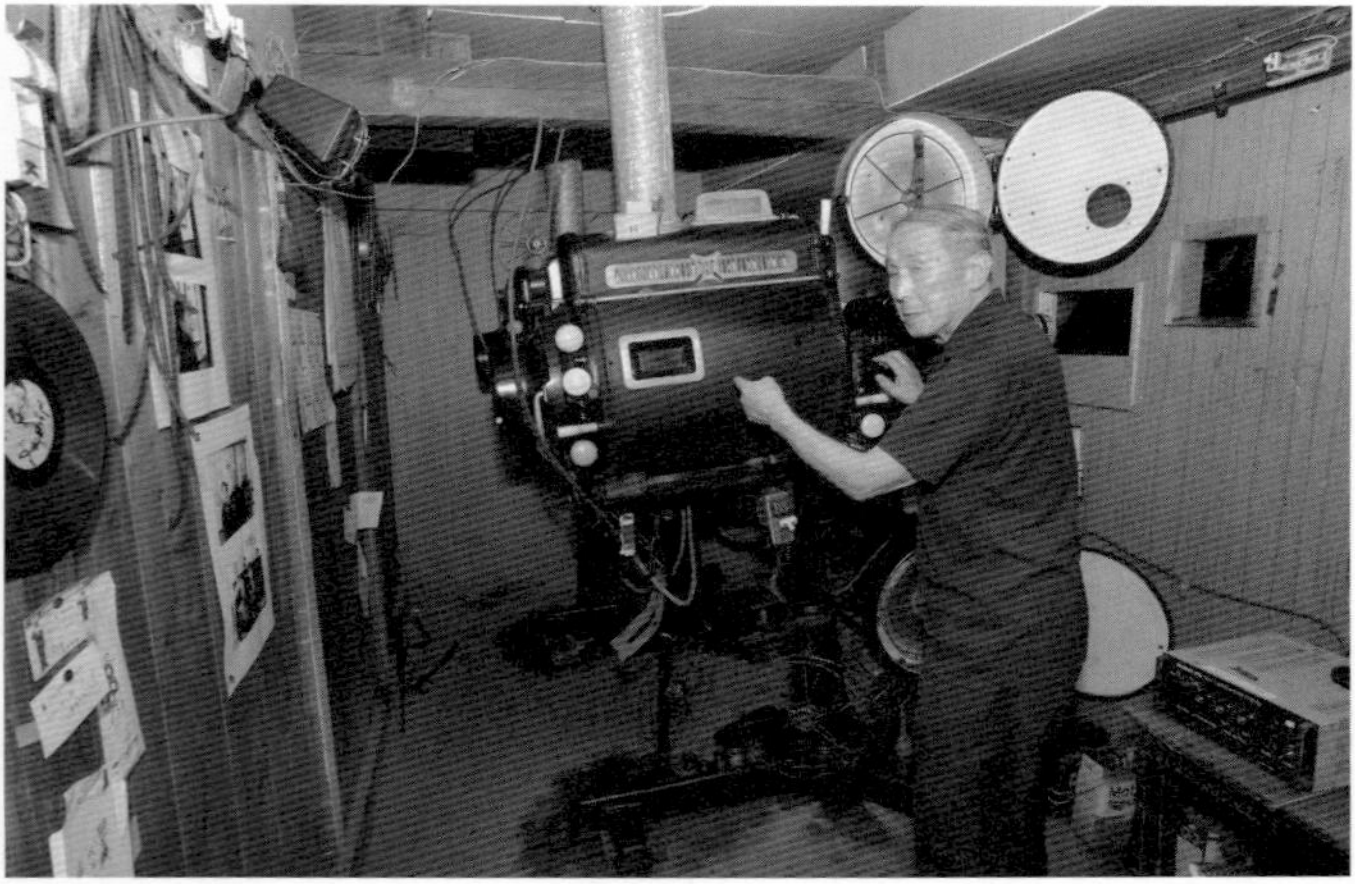

映写室で、カーボン式映写機のチェックに余念がない田村さん

画会社に通い、再開の日のために映画フィルムやポスター、予備の機材を買い溜める日々。閉館前に、懇意にしていた映画館の社長に引き取ってもらっていた本宮座の持ち株も、昭和48年には倍の金額を払って買い戻し。名実ともに本宮映画劇場のオーナーになるのだが、それは閉館してからすでに10年ののちのことなのだ……。

「私の子供たちは、映画館やめてから生まれてっから、いままで映画上映してるの見たことないよね。結婚したばっかりのとき、会社休みっていうと私は劇場に来て機械いじってっから、『アンタ、あたしと劇場、どっちが大事なの』なんて言われたから（笑）。休みだったら自宅にいろっていうわけよ。それを劇場ばっかりにいるから。映写機に油くれたり、掃除もぜんぶひとり。手伝ってくれるひとなんて、ひとりもいないよ。

（4年前に）上映会やるまでは、近所のひとはみんな、この中はからっぽで埃だらけの、ただの空き家だと思ってたのね。劇場の目の前に住んでるひとだってそうだよ。私が閉めたままだから。映写機があるなんて、だれも思わないから」

そうやって小さな町で、冷たい視線に毅然と対抗しながら、田村さんはたったひとりで、再開の見込みも立たない映画館のためにメンテナンスを続け、フィルムやポスターに私財を注ぎ込む生活を40年以上続けてきて、まったくブレることがなかった。そうしてある日、ほんとうにひょんなきっかけから、みんながただの廃墟だと思っていた映画館のドアがふたたび開き、銀幕に映画が甦る瞬間がやってくる。

「とにかくみんな、この劇場の建物をなんだかんだ悪口言うから、私もみんなに言わなかったの。建物古いから、壊したほうがいいなんていうほうが多いから。協力的じゃ全然ないの。劇場の中はぼろぼろで、ぶっ壊れてると思ってっから。だれも（直そうと）手を挙げるひと、いないんだ。だったらって、こっちも黙ってた。

それで私が目の病気に罹って、診てくれた池田先生っていう先生が、『あの映画館、田村さんとこ?』って訊くのよ。だれかに聞いたんだね。それで、『そうだよ先生、まだ映写機もみんなあるんだよ』って言ったの。そしたら先生が『映画会やるといいんじゃないの』って言うから、じゃあ先生と看護婦にだけ映して見せるからって。私の目を治してくれた恩返しに、先生と看護師さんにだけ映して見せっかなと思ったのね。そしたら噂になって、150人くらい集まった（笑）。その池田先生の招待席を劇場の中につくって、そのまわりをロープで囲んで。一般のひとはそっちで見てくださいと言ったの。

だから池田先生がいなかったら、（上映再開も）やんなかったかもしれない。私も70歳になったから、再開も無理だなと思って、70歳になったお正月に、（電気の）線切ろうかと思ってたの。60代までは、映画館再開を夢見てたの。で、70歳になっても（映画再興の）兆しがないから、もう線切るしかないなと思ってたの。そしたら眼科

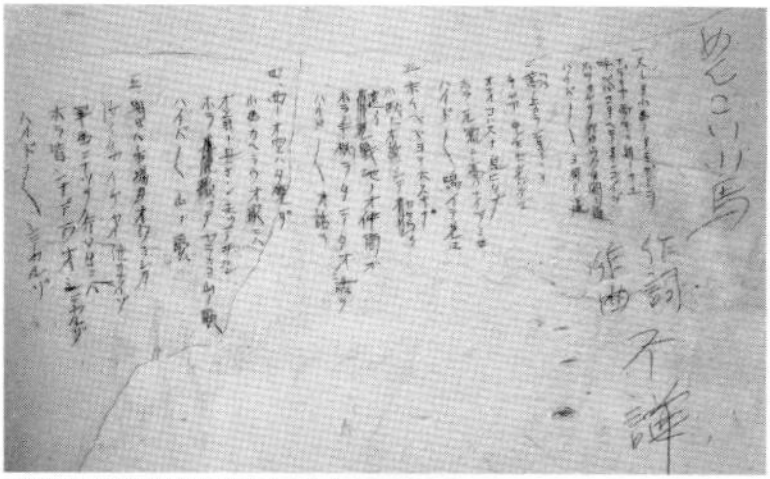

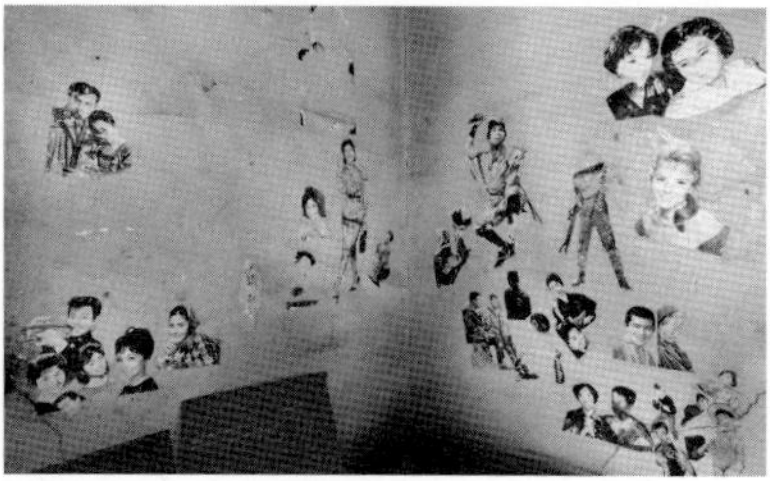

２階の両隅には貴賓室や、映写技師の休憩室が残されていた。
技師さんたちが残したという切り抜きコラージュや、流行歌の歌詞が目を引く

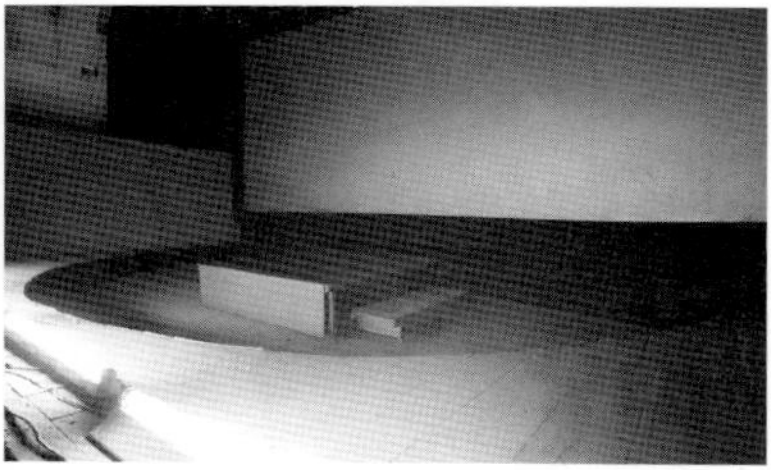

「定舞台」の名のもとになった回り舞台が、いまも残っている。「こないだの地震で、ちょっと沈んじゃったんだよね」

天井の造作も素晴らしい

お手製の編集機。ここで田村さんは、ひとりだけのリミックス・プログラムを作り続けている

に行ったときに先生が、私が看護婦さんにまつ毛抜いてもらってる枕元に来て『あの劇場、田村君の?』って訊くから。私は先生に治療してもらったおかげで、60歳過ぎても免許証が眼鏡かけなくてOKになったの。それで先生は命の恩人だと思って。その先生が私に言ったから、じゃあ上映会開いていいかな、と」

平成20年6月8日、閉館から実に45年ぶりに本宮映画劇場はドアを開き、「懐かしの映画予告編」と「ニュース映画集」の2本立てを昭和32年製のカーボン式映写機で上映、大反響を巻き起こす。地元の新聞などでも大きく取り上げられ、翌21年にも2度の上映会を開催。そして東日本大震災をも生きのびて、田村さんの映画館はあと2年で満100歳を迎える。

でも、なんでだろう。だれからも見放されたまま、半世紀にわたって映画館を守ってきた田村さんの執念は人並み外れたとしか言いようがないが、これほどの大発見にもかかわらず、本宮映画劇場は市や県あげてのリノベーションや再開計画が進行しているわけでもない。あいかわらず、映画館はいつもドアを閉めたまま、田村さんの気が向いたときだけ、気に入ったひとだけのために館内の明かりは灯される。これが東京だったら、という言い方は陳腐に過ぎるが、この温度差はいったいなんだろう。

かつて実家が商売を営んできた、大通りに面する家の1階に座って、いま、田村さんは向かいの路地の奥にある映画館をいつも眺めている。

「ここはもともとうちが商売やってたとこなんだけど、私が勤めに出てからスーパーに貸して、それが空いた昭和49年に自分で直して、たまに健康食品売りに来るひとたちのイベント会場に貸したり、あとは私が卓球やったりしてるの。近所の子供たちが遊びに来るしね。

それで奥の部屋に住んでるん

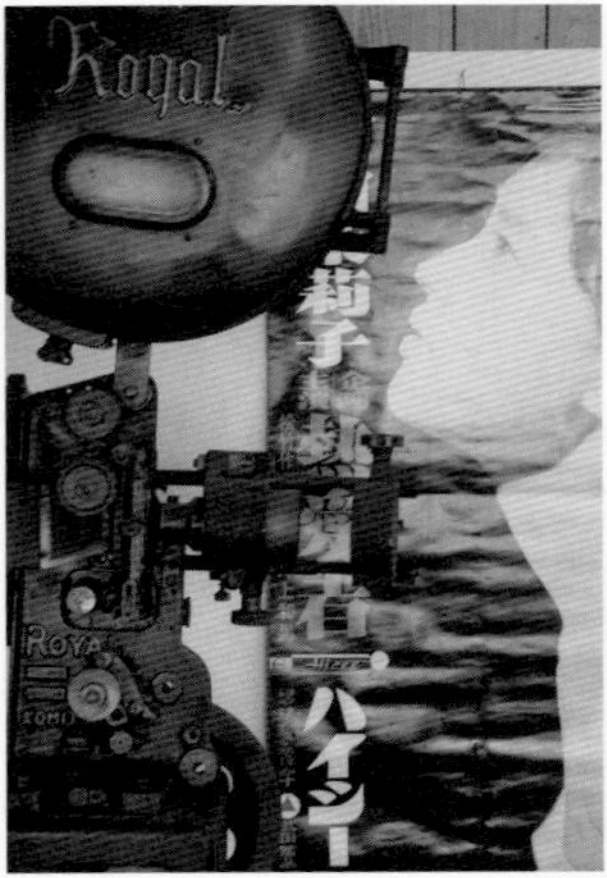

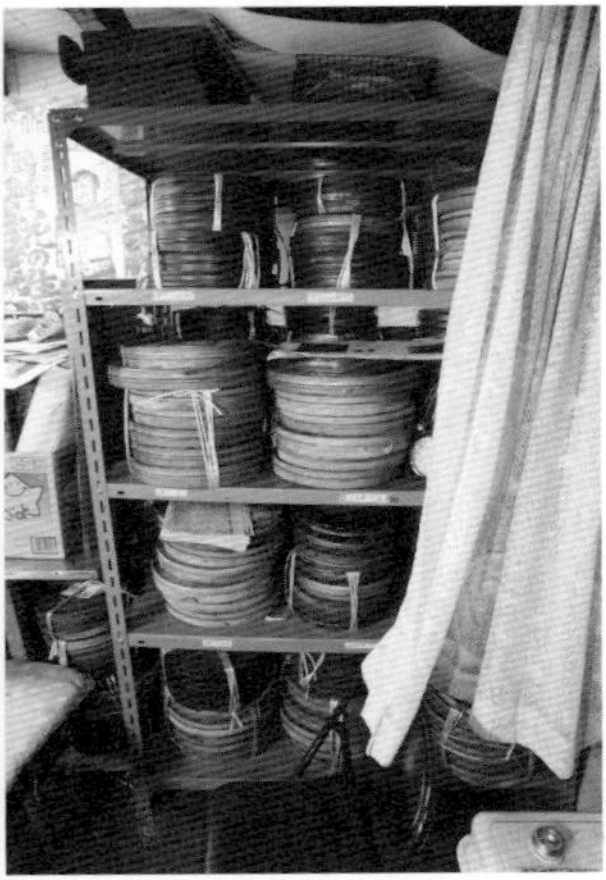

自動車のセールスをしながら、こつこつと買いためてきた映画フィルム。劇映画はもちろんだが、ニュース映画にも貴重なものがかなりある(写真右)。田村さんのことを新聞などで読み、「もう使わないけど捨てられないから」と、旧式の映写機を持ちこんでくる映画館経営者もいるとか(左)

だけど、昼間はここでフィルムの整理したり、あっち（映画館）に行って掃除したりだね。で、こっから劇場眺めてんだ（笑）。みんな写真撮ってくから。私が新聞に出るようになってから、かなり増えたの、写真撮るひとが。それまでは写真撮るひとなんて、だれもいなかったの。５年前までは。中には５、６回も来て、一生懸命撮ってるひともいるのに。暑いなかで。それで見に行って、どうしたの？　って聞いたら、よそから来たっていうの。中見るかいって言ったら、見るっていうから、そんで案内したの」

お酒もタバコもやらない田村修司さんの毎日は、いたって規則正しくシンプルだ。

「家内が亡くなって25年ぐらいだから。最初の4、5年は寂しかったけど、ひとりの生活に慣れちゃってるからね、優雅なもんですよ。朝5時ごろ、目、覚めるでしょ。6時半にはごはん食べちゃう。8時ごろからはここでゆっくり。9時の時計見て、株上がりそうなときはインターネット始める。ラジオ聞いて、今日はいいかなーと思うときだけだけど。ニューヨーク（の株式市場）が上がったなと思ったときね。サラリーマン時代から株やってんだ。いま、かなり損してるけど（笑）。結局ね、野田（佳

彦）内閣がぱっとしないから、株が上昇しないんだね。

それでインターネット終わったら、車で買い物に行くの。スーパー3軒くらいあるから。3軒歩くと、けっこう散歩になるんだよね（笑）。そいで10時すぎると値段が下がってっから、安いの買ってくる。11時ごろ戻ってきてここで一服して、それから裏の川べりを10分くらい散歩して。あとごはん食べたら、ここで1時間くらい休んで。気が向くとフィルム直したりして。そのあいまに劇場に行ってみたりして。たまにカラダ空いてるときは、自動車の洗車やるの。車洗うの、かなりの肉体労働だから。車洗ってワックスかけて磨くの。自動車会社で40年も車洗いやったから。そして、午後にまたもう1回買い物に行ったりするんだ。4時、5時になったらここでまた休んで。5時になったらまたニュース見るから。それで6時までにはごはん食べちゃう。そのあと3時間ぐらいテレビ見てぼんやりして、9時になったら寝ちゃう。

私は間食もしないしね。会社に通ってたころも、自分のパターンを決めて、それで40年過ごしたし、やっぱ規則正しい生活がいちばんだから。(同世代の友人は)みんな半分ぐらい入院してるし、私より若いひとも死んでるから。私は薬も飲んでないもん。毎朝、納豆と小魚と、おつゆ、それだけだから。肉は1カ月に1回か2回しか食べない。昼間はあっさりした食事なの。ごはん軽く食べたり、パン食べたり、バナナ食べたりしてんの。夜は魚一切れとおつゆと、漬物、それだけ。それか玉子1個、なんにも入れないでただ焼いただけで。粗食なんだ。下手なとんかつだの天ぷらだの、油ものも、全然食べてないし。まあ、70歳過ぎてからは、医者の言うこと聞くようにしてつけどね(笑)」

たっぷりお話をうかがって、映画館時代の家族アルバムや宣伝チラシを見せていただいていたら、「実はこんなのも持ってんだ」と、田村さんが奥から雑誌の合本の束を出してきてくれた。『成人映画』――かつてピンク映画館の窓口で販売されていた、いまではほとんど目にする機会のない、非常に貴重なバックナンバーだ。

「これね、新宿の地下で女のひとが編集してた雑誌なの。それでおもしろいと思ったから全部買って、取ってあるの。日本でこれだけそろえたのは、私ひとりだから！　いまのＤＶＤは安いだけでぜんぜんダメだけど、昔のピンク映画はなかなかおもしろいんだよ。音楽の入れ方もいいし、構成がいいの。新東宝は腕のいいの、いたんだからね。

それで昔のピンク映画は、ホテルに入るとカラーになるのよ、パートカラーだね（カラーフィルムが高価だったため）。それでそのカラーのところだけ私、編集したのよ、すごいでしょ。いいとこだけ編集してるんだ。当時の女優さん、なかなか芸がうまいんだ。迫真の芝居やるんだよ、顔で。それがまたいいんだよ。いまのＤＶＤなんか見れないんだ。たいしたもんだなあと思ってるの。

あと山本晋也監督の『女湯』シリーズとか、ぜんぶ編集してあるし。ポスターもぜ

雑誌『成人映画』

んぶ取ってある。上映禁止になった『黒い雪』、あるでしょ（1965年、武智鉄二監督、わいせつ図画公然陳列罪に問われた『黒い雪事件』として有名）。あれも私がいい場面だけ取っといたから。最後にアメリカの基地の中を裸で走る場面ね。武智監督が訴えられて、10年も裁判やってんだから、そのときに『これだ！』と思って、ポスターも買ってしまっておいたの。そうやっていい場面だけ（笑）取っておいて、それを編集して1本の映画を作るわけだ！」

ああ、こんなところに『ニュー・シネマ・パラダイス』の老映写技師アルフレードが実在していたとは。それもキスシーンじゃなくて、ピンク映画の「いい場面」コレクションだなんて！

最初から元気いっぱいだったけれど、ピンク映画の話になってさらにパワーアップした感のある、田村さんの笑いを交えた話しぶりに、こっちも驚いたり笑ったりしながらノートを取っていたけれど、実はそうしながら、僕の胸の中はウルウルだった。こんなにすごいひとが、こんな場所にいて、こんなふうにだれにも知られないまま映画館とフィルムの山と暮らしていて、75歳で自分だけのリミックスを作りつづけていて、それでだれひとり、その真価を認めようとしないとは。

いつの日か、でも一日も早く本宮映画劇場で、田村さんの操るカーボン式映写機で（それは僕が生まれた昭和31年の翌年に作られた機械だ）、「ピンク映画いい場面コレクション」上映会を開いてもらえたらと、こころから願う。

たぶん、ぜったいに、最初から最後まで、号泣してしまうのはわかっているけれど。

●本宮映画劇場　福島県本宮市本宮字中條9　公式ツイッター @motomiyaeigeki

本宮映画劇場チラシ・コレクション

インターネットがなかったころ、ひとびとのいちばんの情報源が新聞の折り込みチラシだった時代があった。田村さんの手元には、自分の館のほかに他館のものまで、映画館時代の大小さまざまなチラシがたくさん残っている。超大作から成人映画、さらには「特別ストリップショー」まで！　ちなみに広告がたくさん入っている大判のチラシは、「フィルム代が高いときは、広告をいっぱい入れた」のだそう。手書きデザイン時代の、珠玉のコレクションを堪能していただきたい。

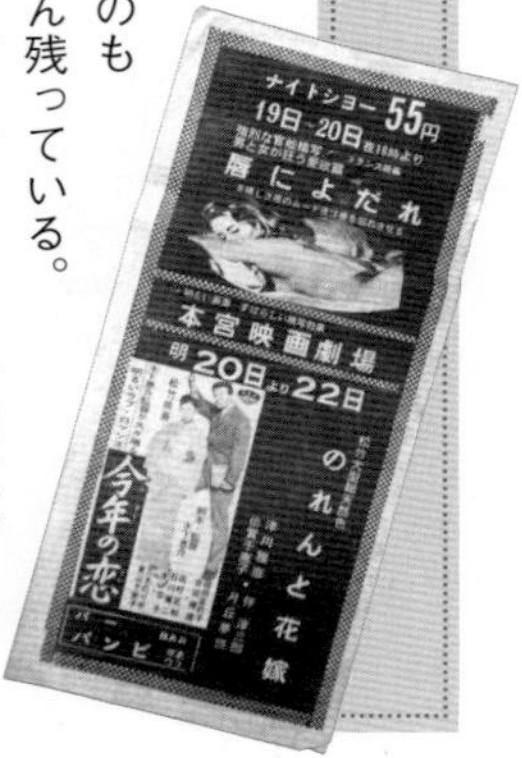

10日〜14日本宮映劇
日本一の娯楽版!!金四郎、鼠小僧が突っ走り御存知総出演
大暴れ東海道
高田浩吉
伴淳三郎
松竹映画
大学の合唱
新東宝スコープ
侠艶小判鮫
監督・中川信夫
18日より 戦場にかける橋
ミシン 編機 モーター 不使わない 電磁式井戸ポンプ
鈴木ミシン商会
TEL 344
昼の部1時より通し最終6時半より
新東宝スコープ
裸の谷間
21日より24日 本宮映劇
エロとスリルのアクションドラマ
黒い乳房
18日〜20日 話題作を続々放つ本宮映画劇場
戦場にかける橋
総天然色 シネマスコープ
ウイリアム・ホールデン
23日〜27日
家庭に!! 職場に!! 行楽に!!
東北の代表清酒
大天狗
首狩族
二等兵物語
¥100 ¥80 ¥40
山崎美容室
鈴木ミシン商会
川名呉服店 TEL 239
毛糸大安売
近江屋本店
文化の日は40円の映画と30円タムラの焼そばを
3日-7日 本宮映画劇場
大人 高校 中学 40円
小学生 30円
総天然色
抱いて頂戴
"ダイテチョウダイ"の一言が、言えぬばかりに怒ってみたり、トボケたり・・・!
監督・岩城其美夫
私は嘘は申しません
1日1回は タムラの 焼そば・天婦羅
性映画ナイトショウ
未成年者の観入お断り
内外スコープ
愛《あい》と死《し》と生殖《せいしょく》
春《はる》の悶《もだ》え
5日・6日 夜10時より 料金80円 本宮映劇

地獄
4日より6日
本宮映劇
花嫁吸血魔
20日より21日
本宮映劇
フランスで上映禁止になった2大作！
危険な関係
明日なき夜
大胆なペットシーン
燃えるような愛撫
愛欲の2大巨篇
一挙上映！
キングショウ
春の踊り！燃えるテーマとくりひろげられる この ヌードを
特別出演
川島久子
ダイヤ洋子
23日
夜7時半より
本宮映劇
17日より19日 本宮映劇の3本立
¥75
裸女と肉体性と本能秘夏週間
これが十代だ！爆発する衝撃！ 悶っぽい体臭
新鮮なタッチで抉る十代の感覚！！
狂った欲望
女体の神秘
接吻の谷間
根岸時計店
TEL 517
アメリカの裏窓
総天然色
1日より4日
本宮映劇
鉄十字軍
ナイトショー
28日より29日
夜10時より
本宮映画劇場
ヌード映画
総天然色
女のメケメケ
未成年者お断り
100
ヌードはめぐる
ある夜の秘密
めざめ
31日より2日
本宮映劇
処女の泉
去年の夏突然に
20日～21日
本宮映劇
大内写真館
ブラックジャック
本宮映画劇場
23日～24日
料金 75円
反撃の銃弾
総天然色
アダムとイヴ
25日～27日
お祭り映画
愛を誓いし君なれば
紀の國屋文左衛門
10日～12日 本宮映画劇場
誇りと情熱
ながれ者
総天然色シネマスコープ
クラーク・ゲイブル
エリナー・パーカー
16日より
¥100
わが愛☆愛の夢
時計とメガネ 根岸時計店
本宮中央 TEL 517

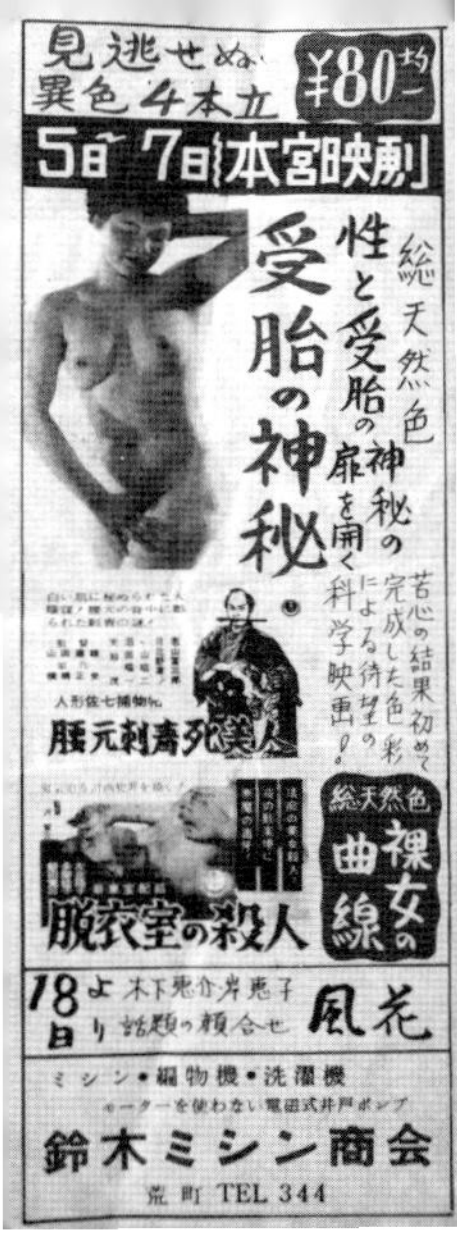

見逃せぬ異色4本立
¥80均一
5日〜7日 本宮映劇
総天然色
性と受胎
受胎の神秘
神秘の扉を開く科学映画
苦心の結果初めて完成した色彩による待望の科学映画！
人形佐七捕物帖
腰元刺青死美人
脱衣室の殺人
総天然色
裸女の曲線
18日より 木下恵介・岸恵子 話題の顔合せ 風花
ミシン・編物機・洗濯機
モーターを使わない電磁式井戸ポンプ
鈴木ミシン商会
荒町 TEL 344

本宮映画劇場
12日より 13日 夜10時より （55円）
本年初のナイトショウ
私を抱いて
12
あの波の果てまで 完結篇
15
千客万来

洋画ファンに贈る豪華番組
7日〜9日 ¥75 本宮映劇
CINEMASCOPE
総天然色
悪の花園
ゲイリイ・クーパー
スーザン・ヘイワード
リチャード・ウィドマーク
驚異のシネマスコープ・レンズがとらえた雄大なメキシコの大自然！タイム誌が絶賛したメキシコのロケーション！空前の大ロケが作り出した最高の西部活劇！！
二十世紀フォックス
モデルと写真家
ヌードはこうして写される！
タダ博士の媚薬
遂に10日より13日ロードショウ
総天然色 文部省特選に輝く
野ばら
「汚れなき悪戯」をしのぐ不朽の名作
広場の天使
特別入場料金 ¥100 ¥75 ¥55

異色の4本立！！
14日〜16日 本宮映劇
新二等兵物語
原始林の女裸族
今世紀最大の南米大冒険
相打つ女体
裸になった金髪娘
上映迫る！ 13階段への道 ¥100
奉仕の店必ず安い
小沢時計店 本宮町荒町

特別ナイトショウ
性とヌードのデラックス版
性の神秘と官能の女体美
貴男の真夏の夜の夢
ストリップ・メナメナ百態
イーストマン 総天然色
8月25日公開 本別座

4日〜5日
本宮映劇
50円均一
昼1時より通し 夜の部6時50分
芽ばえ
三月生れ
上映迫る
13階段への道
特別ロードショー ¥100
奉仕の店必ず安い
小沢時計店

総天然色 ストリップ映画
裸女の花園
3本立
楽しめるアクションとエロ
11日より13日
本宮映劇
桃色の太陽
若者は地獄へ行け
マリナ・ヴラディ主演
14日より
千両鴉
続こつまなんきん
タムラの氷水

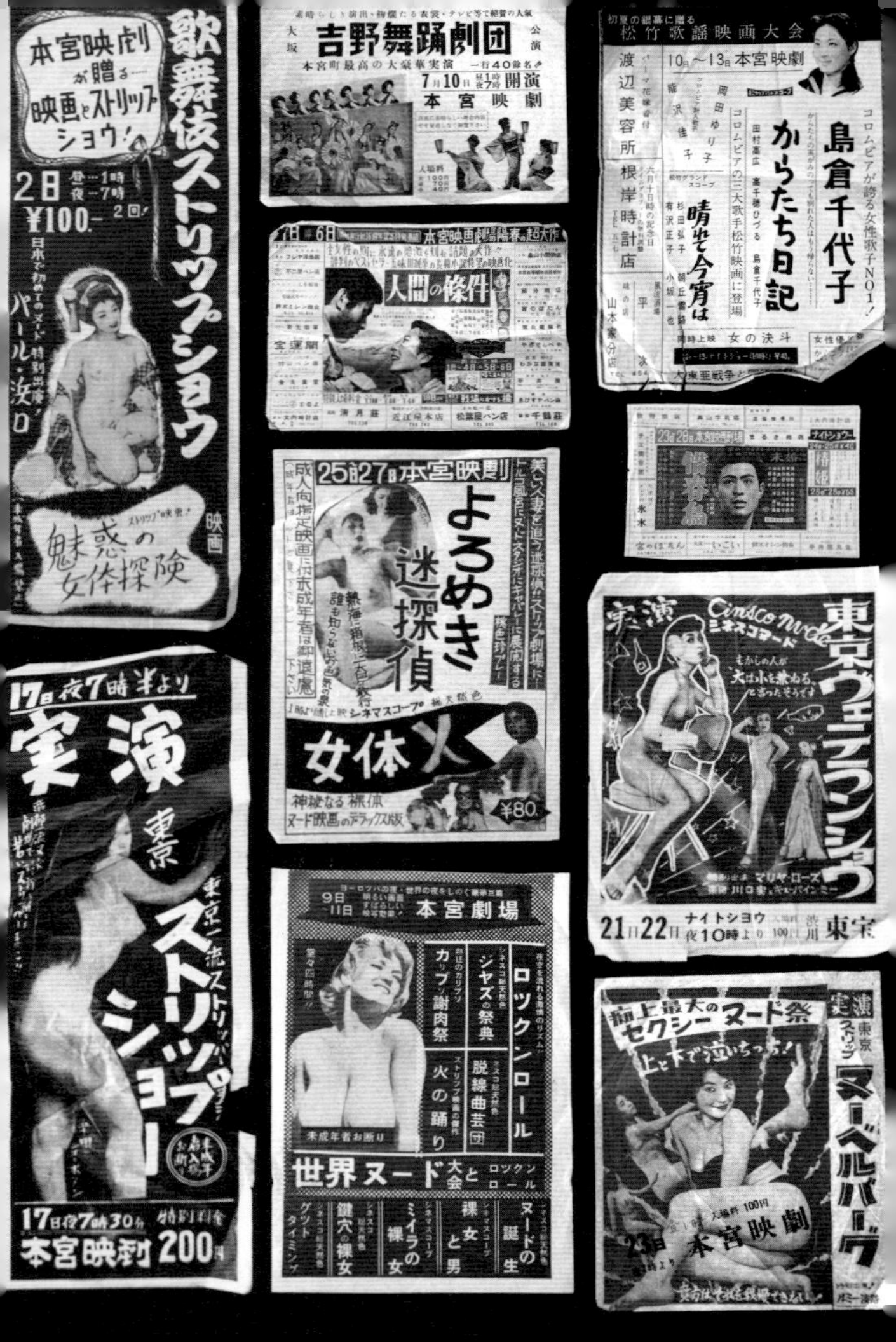
本宮映劇が贈る……映画とストリップショウ！
歌舞伎ストリップとショウ
2日 昼…1時 夜…7時 2回！
¥100.―
日本で初めてのヌード
パール・浜口 特別出演！
映画
魅惑の女体探険
大阪 吉野舞踊劇団 公演
本宮町最高の大豪華実演
一行40餘名
7月10日 昼1時 夜7時 開演
本宮映劇
本宮映画劇場陽春の超大作
人間の條件
25日～27日 本宮映劇
よろめき迷探偵
成人向指定映画につき未成年者は御遠慮下さい
シネマスコープ
女体X
神秘なる裸体
ヌード映画のデラックス版
¥80.
本宮劇場
9日～11日
ロックンロール
シャズの祭典
カリプソ謝肉祭
脱線曲芸団
火の踊り
未成年者お断り
世界ヌード大会とロックンロール
ヌードの誕生
裸女と男
ミイラの裸女
鍵穴の裸女
グットタイミング
初夏の銀幕に贈る
松竹歌謡映画大会
10日～13日 本宮映劇
コロムビアが誇る女性歌手NO1！
島倉千代子
からたち日記
晴れて今宵は
コロムビアの三大歌手松竹映画に登場
渡辺美容所
根岸時計店
同時上映 女の決斗
大東亜戦争と
23日～28日 本宮映画劇場
ナイトショウ
実演
Cinesco mode
シネスコモード
東京ヴェテランショウ
21日22日 ナイトショウ 夜10時より
東宝
17日 夜7時半より
実演
東京
東京一流ストリッパー
ストリップショー
17日夜7時30分 特別料金
本宮映劇 200円
史上最大のセクシーヌード祭
上と下で泣いちっち！
実演 東京ストリップ
ヌーベルバーグ
入場料 100円
23日
本宮映劇

絵は病気なんですよ、
つい飲んでしまうように、
つい描いてしまう。

戸谷誠

画家

ちょっと前までは下町の風情が色濃く残っていたけれど、いまでは高層マンションや複合施設のビルが立ち並ぶだけの、どこにでもある郊外になってしまった品川区西大井界隈。きょうの案内役を買って出てくれた「畸人研究学会」のメンバーとふたり、駅前から坂をだらだら下りていくと、「三間《さんげん》通り」と呼ばれる商店街に出た。

シャッターを閉めたままの店舗も目立つ通りのなかほどにあるのが、これも閉店してずいぶんそのままにちがいない「モミヂ堂」と書かれた薬局。閉ざされたシャッターの前にずらっと鉢植えが並ぶ、建物の脇に回って薄暗い店内に入り込むと、そこは薬局の造作をそのまま残す室内に、おびただしい数の絵画が広げられたアトリエになっている。

壁にも、調剤室の仕切りにもずらりと絵が並ぶ。かつては薬が積まれていたろうガラスケースには、美術関係の書籍が詰め込まれて……そうして店の中央で、描きかけの絵を前に静かに座っているのが戸谷誠《とやまこと》さんだった。

戸谷さんは1944（昭和19）年生まれ、今年（2012年）68歳の絵描きだ。でも、いまどきの現代美術作家ではないし、古典的な伝統絵画を描くわけでもない。自分だけの絵をもう50年近く描きつづけてきて、何年かにいちど小さな展覧会を画廊で開くだけ。

もちろんそれで生活はできないから、早朝から昼まではビル掃除の仕事で生活費を得て、午後に絵を描く。描く気にならなければ、三分の一ぐらい開けたシャッターから鉢植えの植物越しに、道行く女たちの尻や足を眺めたり、絵筆を握ったまま寝込んでしまったり。「なんで続けてんだか、自分でもわからないんですよ。特に楽しいとも思わないけど、これだけ続いたんだから、まあ楽しいんでしょうねえ……」と、ナマケモノぶりを強調しながら、でも毎日、絵の前にいる。

　周囲まで巻き込んでしまうようなバイタリティはないけれど、野心も、功名心もない。コンセプトを表現するために描くのでもなければ、怒りや悲しみをぶつけるために描くのでもない。どんなトレンドとも、流派ともまったくちがう自分だけの絵を、たったひとりで、ただ淡々と描きつづけ

車の通行量だけは多いが、ひっそりとした商店街に、閉店して久しいモミヂ堂薬局。店のまわりには鉢植えがずらりと並べられていた（写真右）。外に出していた薬局の回転看板も、このとおり（左）

て半世紀以上、倦むことのない人生。こんなふうに絵と寄り添いながら生きてきたひとを、僕はほとんど知らない。

昭和19年というから戦争が終わる1年前に、戸谷誠さんは生まれた。長野県松本市から裸一貫で出てきたというお父さんが開業した、モミヂ堂薬局の長男坊だった。

「この薬局は親が開いたんですけど、なんでこの場所にしたのかとか、ぜんぜん知らないんですよ。親の話は、聞いてもぜんぶ忘れるというか（笑）。昔はこの商店街も活気ありましたから、その時代の子供はみんな店を手伝わされますよね。特に暮れとかは忙しいんで、まあ昔の子供は疲れましたね。それで家業を継ぐのがすっかりイヤになって……」

地元で高校まで出た戸谷さんは、1965（昭和40）年、21歳で多摩美術大学に入学する。油絵科だった。

「特に絵描きになろうとか、そういうのはなかったし、ただ子供のころからイタズラ描きみたいのが好きだったぐらいで。高校2年生のときに進路相談があって、それで

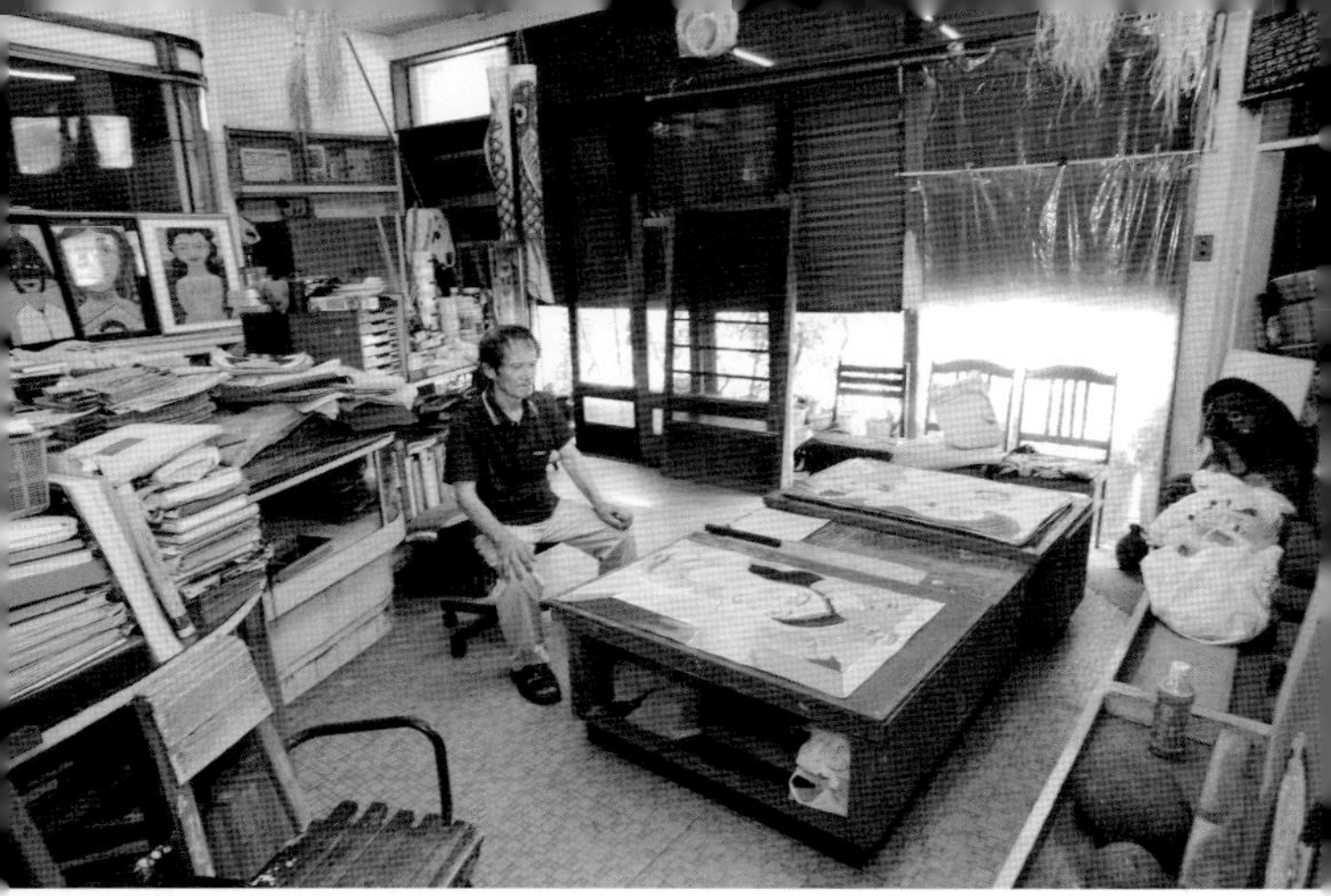

店内をそのまま使った戸谷誠さんのアトリエ

絵描きになろうってなったんですが、まあ薬局っていう家業から逃げたんでしょうねえ。もうちょっとほかに楽しいことがあるんじゃないかって」

1960年代後半の多摩美といえば、斎藤義重、杉全直《すぎまたただし》、東野《とうの》芳明《よしあき》、中原佑介などそうそうたる教授陣を揃えた、現代美術の一大勢力だった。しかしその熱気うずまく学内で、戸谷さんはひとり静かに自分の立ち位置を確認していたという。

「当時は多摩美の全盛期で、生徒を煽り立てる先生がいっぱいいたんですが、逆に僕は……（いわゆる現代美術的な）ああいう絵を描いていてはダメだろうなと思いまし

昔懐かしい調剤室の名残り

た。ああいうことをする作家は、ひとりいればいいわけで、自分の絵を描かないと意味がない、と。ああいう〝ふう〟な絵を描いても……まあ批評家たちにとっては、ちょっと毛色が変わればいいんでしょうけど……けっきょく彼らのテキストにしかならないわけですよね。そんな存在はイヤだなと」

25歳で多摩美を卒業した戸谷さんは、他の学生のように就職するわけでもなく、実家に戻って絵を描く生活に、するりと入っていった。

「当時は多摩美も上野毛にあったので、ここからけっこう近かったんです。それで帰りに自由が丘で降りて、８時ごろまで飲んで。もう、どうしようもないですよ。それで（卒業しても）絵描きって、あんまり楽しそうな職業に見えなかったんですね。たとえばなんか団体ってのに属して、中の政治的なこととかに対処しながら描いていく。それであとになって、描きたいように描けなかったって後悔しても遅いでしょう。やりたいようにやらなかった時間っていうのは、けっきょくぜんぶ無駄になりますから。もしそれで経済的に潤ったりでもしたら、それで満足してしまいかねない自分も恐いですし。

それに僕はどうせ、どんな団体にも入れなかったでしょう。イヤがられるから、グループに入っていくと。かきまわしたりとか、ひとのことを考えないから。思ったことを言っちゃうから」

高校卒業のころにお父さんを亡くした戸谷さんのモミヂ堂薬局は、薬剤師を雇って商売を続けていて、その店の２階で戸谷さんは絵を描いていた。

「でも、だいたい昼過ぎまで寝てて、酒飲んでるか、テレビ見ているかでしたから。そういうのも、けっこうキツイですよ（笑）。描くことは描いてたんですけどね。そのうち作品が溜まったら個展でもやろうかみたいなところで、ずるずるずるずる、30歳、40歳になっちゃって（笑）」

1970（昭和45）年、いまはなき京都・河原町の京都書院ギャラリーで26歳にして初個展を開いたのを皮切りに、30代から40歳ぐらいまで、東京の真木画廊、村松画

絵を描いているあいだは、だいたい音楽をかけているというスケッチブックを積んだ脇には、膨大なカセットコレクション。ほとんどがエアチェックされたという音源は、「どうよう」「みんよう」など、興味深い！

アトリエのディテール

廊といった、現代美術業界ではよく知られた画廊で、戸谷さんは1、2年ごとに個展やグループ展も開いてきた。そのあいだ、１９８０（昭和55）年には結婚もしている。

「まあその、先輩が『そういうところでやったほうがいいよ』って。『ふつうの画廊でやると、そういう絵描きふうに見られるから、ちゃんとしたところでやりなさい』って。それで『はい』つって（笑）。ただ……やっても別に反応ないから（笑）。見ておもしろいっていうひとはいても、批評家とかは、来ても『なにこれ？』っていう。みんなそうでしたから。だから展覧会も、あんまり自発的なもんじゃなくて、だいたいだれかに背中押されたとか、そういうときにやったぐらいのもんですね。

それで、薬剤師の嫁さんが来たんで、生活が変わりまして。下で働かせて、上で自分は絵を描いてるなんてわけにはいきません。そんなことしたら張り倒されてる（笑）。で、自分も店を手伝って。まあ自分で納得してそうしたんですけど、やっぱり女のひとって大変ですよねえ。20年ぐらいいっしょにいたんですけど、ある日、車に乗って出てった（笑）。だから商売もその時点で……」

50代半ばにして薬局を閉店し、初めての独居生活。突然の転換期を迎えた戸谷さんは、そこで絵を中心に据えた生活を始めることになる。

「(奥さんが出ていって)最初の2、3年はやっぱり落ち込んだんですが、まあしょうがない、絵を描こうと。それからが逆に、必死になって。いままでないくらい描きました。

なにしろ環境が変わって、ひとりになりましたから。絵を描く時間はたくさんある。ほかに楽しみはないですし。ん〜〜、まあ一見、自分でうまく絵を描ける状況に持ち込んだように見えますけれど、そうじゃないんです(笑)。もしかすると、そうだったのかもしれないけれど……」

2階に上がらせてもらうと、いきなりこんな壁が――
「自分で描いたんです」

それまで20年近く、ずっと途切れていた展覧会も、58歳になるころから再開。いまは平日の午前中、ビル掃除をしながら、絵に「しがみつく」日々だという。

「いまはおそうじおじさんで、ビルのお掃除のパートに行ってます。会社ですから、土日は休みですけれど。午前中なので時間はできますが、でもわれわれはもう、時間かけても進展がないですからね（笑）。2時間やって、休んで、あとそのまんま続けないこともあるし、また、ちょこちょこって……ま、時間かけて結果が出るもんでもないって、このごろ思い始めました。いい状態のときっていうのは、そうそうないですからね。

いつもは朝、いちおう目覚ましを4時にかけて、そっからぐーたらぐーたらして、1、2時間。そっから、ようやく5時半ごろのろのろのろと、うちを出てくんですよ。で、6時56分の電車に乗って。

それで昼で上がりですから、それから飯の支度したり、運がよければ……描けますか（笑）。でも実際に絵筆をとってこちょこちょやっているのは1、2時間くらいですかね。このごろはもう、見ていることが多くて。眺めているだけなんですよ、手を出せなくて。自分のほうにエネルギーが足りなかったりとか。

絵を描くのも、たまに10年ぐらい前の作品をまた引っ張り出して、とかもあるんです。ただそれは、絵を追い詰めていくと大変なので、ちょっとやっちゃ、パッてほっぽる、続かなくなるとすぐ、次の作品の前に行ってやりますから。ようするに10年間抱えているだけ。1枚をずっと……ということは、あり得ないですね。

絵を描けなくても、ここならひとも通りますし、車も通りますし、飽きないですからね。ときどき女のひとが通るから。ちょうどここから腰のあたりが見えるんで(笑)。ずうーーっと、いい眺めなんです。信号待ちをしているひとを、いろいろお尻を描いたりするから。顔は見えない(笑)。すごく幸せですね。この状態で(絵筆を持ったまま)1、2時間寝ちゃうこともありますし。本人寝ているつもりはないんですけれども、気がついたら寝てるという」


お話の合間に、戸谷さんは紙に手書きされた「履歴表」を見せてくれた。16歳・高校入学から始まって、A4判2枚の表は、2022(平成34)年、78歳で終わっている。3枚目はないんですかと聞いたら、「これを書いたころは、70ぐらいが寿命だと思ってたんです」という答えが返ってきた。

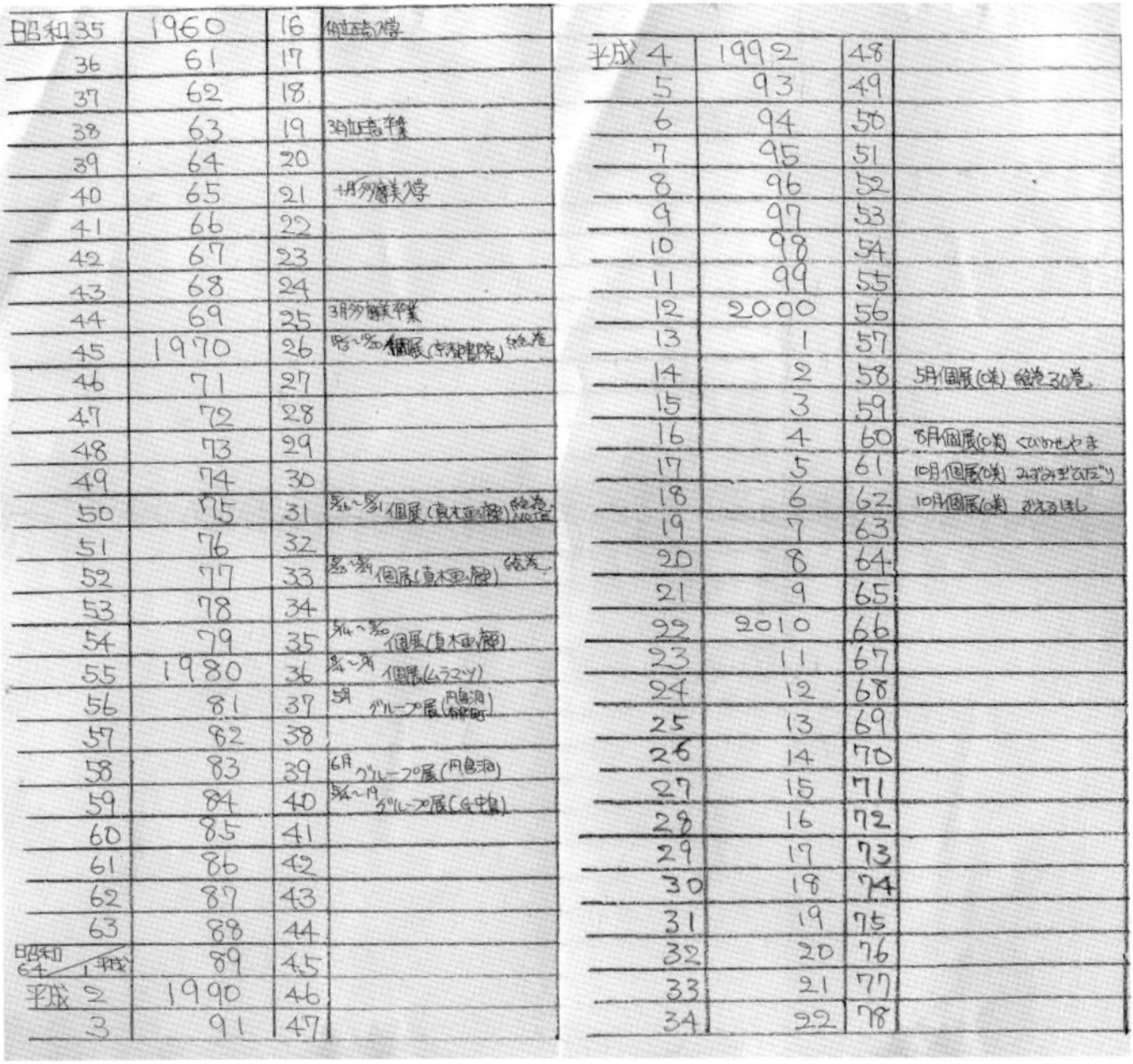

昭和35	1960	16	[illegible]高入学
36	61	17	
37	62	18	
38	63	19	3月[illegible]高卒業
39	64	20	
40	65	21	4月多摩美入学
41	66	22	
42	67	23	
43	68	24	
44	69	25	3月多摩美卒業
45	1970	26	5/13~5/20 個展(京都書院) 絵巻
46	71	27	
47	72	28	
48	73	29	
49	74	30	
50	75	31	5/26~5/31 個展(真木画廊) 絵巻 NOTE
51	76	32	
52	77	33	5/23~5/29 個展(真木画廊) 絵巻
53	78	34	
54	79	35	5/14~5/20 個展(真木画廊)
55	1980	36	5/4~5/9 個展(ムラマツ)
56	81	37	5月 グループ展(円鳥洞/[illegible])
57	82	38	
58	83	39	6月 グループ展(円鳥洞)
59	84	40	5/14~19 グループ展(G中島)
60	85	41	
61	86	42	
62	87	43	
63	88	44	
昭和64 / 1平成	89	45	
平成2	1990	46	
3	91	47	
平成4	1992	48	
5	93	49	
6	94	50	
7	95	51	
8	96	52	
9	97	53	
10	98	54	
11	99	55	
12	2000	56	
13	1	57	
14	2	58	5月個展(ロ美) 絵巻30巻。
15	3	59	
16	4	60	5月個展(ロ美) くびかせやま
17	5	61	10月個展(ロ美) みずみずひだり
18	6	62	10月個展(ロ美) かえるほし
19	7	63	
20	8	64	
21	9	65	
22	2010	66	
23	11	67	
24	12	68	
25	13	69	
26	14	70	
27	15	71	
28	16	72	
29	17	73	
30	18	74	
31	19	75	
32	20	76	
33	21	77	
34	22	78	

1960年から2022年までの、手書き履歴表

コレクションをびっしり並べた棚もあった

「このころは、それくらいでくたばるしかねえな、と思ってたんですね。まあ……お酒で死ぬっていう。最近はぜんぜん飲まないですけど、前は飲めないのに入れるから。それでカラダが、もうダメだよって言って。けっきょく、ひとのいるパーティみたいなところ行くと、手持無沙汰で、話しかけたり話しかけられたりっていうことができないんで、酒に手が伸びて、それでひっくり返ったり、なにかやらかして……そういうことが続いて、相手にされなくなって、ひとりで酒を飲むようになって、だんだんだんだん……。まあ、僕にとってはそのほうが都合よかったんですが。

自分はストレス抱え込むような、そういう神経細かかったりとか、そういう人間じゃないですから。実におおざっぱというか、ひとのことを考えないというか、自分のことだけですから（笑）。でも、酒飲んだりしてると、絵を描く時間やっぱり、なくなりますよね。飲んでるときはもちろんだし、飲んだあとは2、3日ダメだし。

ただね、お酒で絵がどうにかなるとは、思ってませんでしたね、若いときから。描けなくて、お酒を飲んでエイヤっていうことは、たぶんないだろうと思います。ダメなら、ダメなんですよ。酒飲まなくても、ダメなんです」

奥の画室は絵巻制作専用といったおもむき

ひとしきりお話を聞いて、部屋の写真も撮り終わったあたりで、戸谷さんが「2階もちょっと見ますか」と誘ってくれた。1階が画室と台所、2階が住居部分だが、小さい作品は2階でも描いているのだという。

かつては家族が暮らしていたのだから当然だが、いくつもある部屋を通って、いちばん奥の画室に入ると、机の脇に筒状のものが何本も並んでいる。その1本を無造作に取り上げると、戸谷さんはさっと机の上に広げた。

それは日本というより、メキシコあたりの幻想画を思わせるような大胆な色彩と、ユーモラスで不気味な登場人物が織りなす、長い長い絵巻物語だった。ベースとなっているのは巻き障子紙。幅28センチほど、長さはどれも20メートル以上あるだろう。

　こんな大長編の幻想絵巻を、戸谷さんはもう40年あまりにわたって、30本以上仕上げてきた。その1、2本を数回、展覧会に出したことがあるだけで、ほとんどだれにも知られることなく。本人も、だれに知らせようともしないまま……。

「もういいでしょう」と言うのを、「もう1本だけ」とせがんで見せてもらいながら、僕の頭の中には、いつか開かれるべき「戸谷誠・絵巻物展」のイメージが広がってい

紙に描いたスケッチに、障子紙を重ねて

透けたところをトレースしていく

そうしてできた線画に色をつけていく、
根気を要する制作方法だ

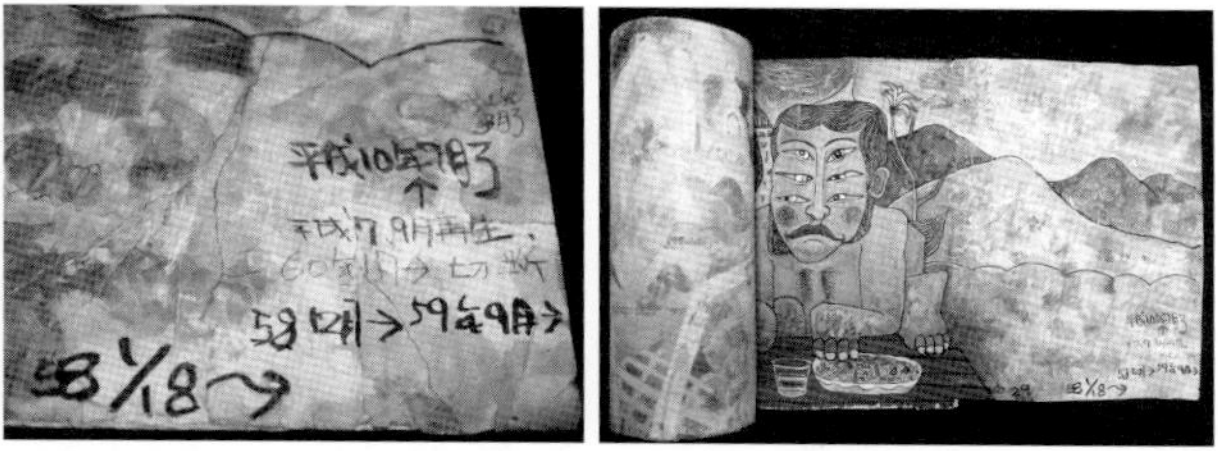

絵巻29巻目。導入部分のメモを見ると（写真左）、スタートしたのが1983（昭和58）年1月18日、それから同年12月、翌59年9月に手を加えたあと、60年1月に切断！　それから10年後の平成7年9月になって再生し、平成10年7月に完成した。丸15年かけた大作だ！

裏側には、たしかにビリビリに切断したあと、貼り合わせて再生した跡が生々しく残っている。いったい、どんな心境の推移があったのだろうか

た。美術館の大きな白壁に、少しずつ高さをずらしながら、帯状に延々と続いていく絵巻物のイメージ。座ってみるのではなく、歩きながら観る映画のように。その映像に僕らは、戸谷さんの脳内宇宙へとぐるぐるからめとられていくはずだ。

　寂れた商店街の奥で、冷房もない部屋で、作品に汗を垂らさないようにタオルで頭を縛りながら、陽に焼けた畳に正座して、目の前で少しずつ広げられ巻き取られていく絵巻物のイメージにおぼれるばかりの、真夏の昼下がり。訪れるものもないこの部屋で、このひとはもう何十年間もこうして、自分の頭の中にだけ展開する物語を障子紙の上に描き起こしてきたのだと思ったら、ふいに胸が詰まって言葉が出なくなった。そうだ、僕はこういうひとをもうひとりだけ知っている。シカゴのボロアパートの一室で、やっぱりだれにも知られないまま、美しく残酷な絵巻を描きつづけていた老人、ヘンリー・ダーガーだ。そういえば彼も、仕事は病院の清掃夫だった……。

売れないまま、あるいは売らないまま（戸谷さんは「絵巻は売れません」と言うし）、そして知られることもないまま、まがりなりにも半世紀にわたって絵を描きつづけた人生。その原動力はなんですかと最後にお聞きしたら、こんなふうに戸谷さんは教えてくれた——。

「それはまあ……惰性というか、あるいはたぶん〝病気〟でしょうね。つい、お酒を飲んでしまうのと同じように、つい絵を描いてしまう（笑）。テレビがあれば、ついスイッチを入れてしまう。でも、うちのテレビは（デジタル化で）映らなくなったから、切れたんです。うれしいことに、テレビとはもう切れたんです」

でも、絵とはまだ切れない。自分のやってることを「いたずら描きのエスカレートしたようなもんですから」と言うだけで、不満も望みもけっして口にしない戸谷誠さん。最近は毎日、少しずつちがうことをやるようにしてるんですと言うので、その訳を聞いてみたら、「おんなじ日が連続していくと、一年は束になってむこうへ行っちゃうから」と。それでどうちがうことをやってるのかといったら、「帰りに寄り道するとか、入ったことのないお店にちょっと寄るとか……衣料品ですか、シャツとか靴とか、そういうのをいままで自分で買ったことがなかったんです。ただ行ってどきどきするだけですけれど」。

ヘンリー・ダーガーは、老衰が進んでついにアパートから救貧院に移されるとき、アパートの大家に「自分の作品はすべて焼却してくれ」と頼んだという。その希望に大家があえて従わなかったからこそ、僕らはいま彼の作品を鑑賞できるわけだ。

だから、こんなふうに戸谷さんの静かな生活に踏み込んでいくのが、いいことかどうかは僕にもわからない。ダーガーとちがって、戸谷さんは展覧会も開く絵描きではあるけれど、これまで開かれた最後の展覧会は2006（平成18）年だから、もう6年も前のことだ。近々展覧会のご予定は？　と聞いても、「ふんぎりときっかけがあれば……」と微笑むだけで。

アーティストのゴールってどこにあるんだろう。絵が1枚1億円で売れること？

世界中に名前が知られること？　美術大学の教授になること？　それとも、自分の思うとおりの表現を完成させられること？　戸谷誠さんはたぶん、そのどれも目指していない。ただ淡々と、「病気のように、つい」絵筆を取って、紙の前に座ってしまう日々。

「誉められもせず、苦にもされず」という『雨ニモマケズ』のような絵描きがいるのだとしたら、それが戸谷誠さんなのかもしれない。

なんにもしないでいられたら、
それでいいんです。

ダダカン

アーティスト／ハプナー

仙台駅から南に向かってクルマでほんの15分かそこら、東北新幹線の高架が一直線に伸びるすぐ脇に、小さな平屋の家がある。すぐそばには広大な仮設住宅群と、これも真新しげな巨大パチンコ屋。完璧に無機質な郊外＝サバービア的なランドスケープが広がる中に、一軒だけポツンと残る年代物の木造住宅。それは「孤高」という言葉さえ重みにふさわしくない、まさしく生ける伝説。今年（2012年）92歳になる前衛芸術家・ダダカン＝糸井《いとい》貫二《かんじ》さんのお住まいに、いかにもふさわしく見えた。

1920（大正9）年に東京で生まれた糸井貫二さんは、太平洋戦争をからくも生きのび、30歳を超えてからアーティスト・ダダカンとしてデビュー。絵画や立体など、かたちある作品を残すことよりも、みずからの肉体を使って行動するダダイストの道を選び、それが「全裸で町を走り抜ける」というハプニングに結実。我が国、というかたぶん世界最強の「ハプナー」として一世を風靡したあと、

満州から帰国した建築家が設計したというダダカン宅。壁のひび割れも風格充分。震災の前からこうだったそう

1980年代からは雑誌などをペニス形に切り抜いて、手紙とともに送る「メールアート」に専念する生活を、すでに30年あまりも続けている。

ダダカンが東京オリンピックにあわせて、銀座4丁目交差点を全裸で走ったとき、僕はまだ小学生だったし、大阪万博で太陽の塔の下に全裸で出現したときは中学生だったから、その存在を知るよしもなかった。

オトナになって、戦後の日本前衛美術のメチャクチャさに興味が湧いたあたりで、ダダカンのことも知ったのだと思うが、その伝説的な存在がまさか現役でいるとは夢にも思わないままでいた……。それがいまから5年ほど前に竹熊健太郎さんの『篦棒《べらぼう》な人々』（必読書！）という著作でダダカンの近況を知り、翌2008年には銀座と東高円寺の2会場で『米寿88歳記念・ダダカン2008　糸井貫二・人と作品　鬼放展』が開かれるに及んで、伝説の現在形を再確認。これはいつかお会いしなければ……と思っているうちに、ダダカンを信奉する若い仙台人たちと知り合い、彼らに導かれて鬼放舎＝ダダカン宅を訪ねることができた。

もう長いあいだ、メディアとの接触を断ってきたというダダカンだが、招き入れてくれた理由のひとつは、「都築という名前が2番目の奥さんと同じなので、運命的なものを感じた」からだという……。この出会いに、まずは感謝しておきたい。

最初にダダカンの略歴をまとめておくと、以下のようになる——

1920（大正9）年、東京都新宿に生まれる。3歳で関東大震災に遭遇、25歳の時、鹿児島県伊作山中で敵戦車に体当たり自爆特攻訓練中に終敗戦を迎える。戦後は第一回国民体育大会や大分県民体育大会に参加するなど体操選手として活躍する。

1951年（31歳）第3回読売アンデパンダン展へ初出品。57年には銀座求龍堂で初個展を開催する（以降個展歴10回）。1958年、第10回読売アンデパンダン展に出品再開し、以降は毎年出品、同展常連出品者となる。

1962年（42歳）、第14回読売アンデパンダン展に出品するも全品出品拒否、撤去される。同年暮れには、九州派「英雄達の大集会」、続いて大阪市内と連続的にハプニングを行う。翌年にはアンデパンダン会場の東京都美術館前でアンビートの中島由夫らと展覧会抗議の裸体ハプニング、公園派出所に連行される。それ以降、室内外で過激なる裸体儀式（ハプニング）を数多く繰り広げる。

1964年、仙台アンデパンダン展にオブジェ出品とハプニング。同年10月には「東京五輪祝走・銀座ストリーキング」のため逮捕、練馬精神病院へ一年間の閉塞入院。また1970年（50歳）には「大阪万博・太陽の塔下ストリーキング」のため機動隊に取り押さえられ逮捕される。

1972年から宇治にて母の看護に専心。79年に母トヨ逝去（85歳）後、7年間

還暦祝いに肖像画家が描いたという父・辰八郎

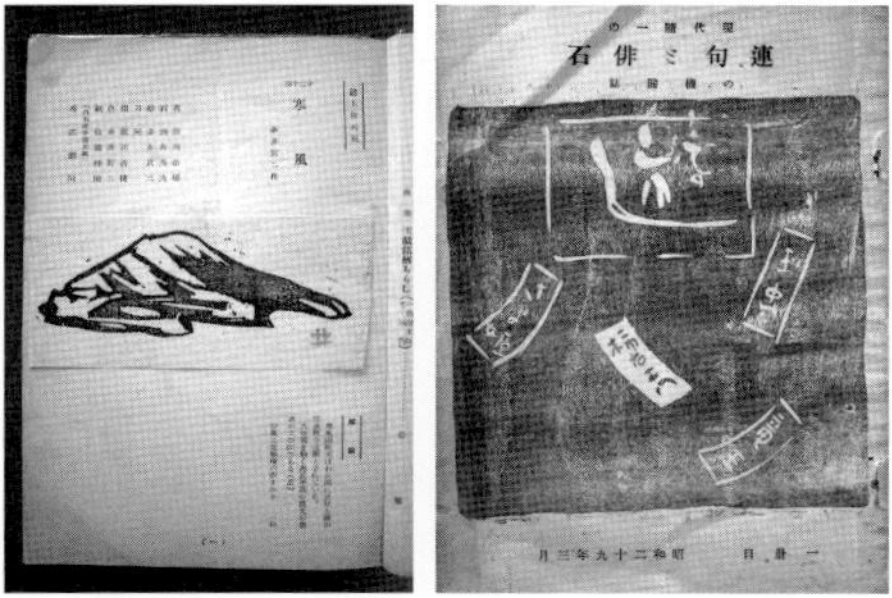

「現代随一の連句と俳石の機関誌」とうたわれた『遊』の表紙（仙台文学館蔵）。ちなみに俳石とは、拾ってきた石をなにかに見立てる遊び（写真右）。『遊』の1ページ目には糸井貫二による俳石版画があった。版画と「破戒」「寒風」などという言葉のマッチングの妙がおもしろい（左）

部屋の片隅にあったスケッチブックに残る、若い時代の作品。エレガントだ

の看護を終え仙台の自宅へ帰る。
1980年代から、現在2008年までは反戦平和、核廃絶を叫び、ペーパーペニスを駆使したメールアートで友人、社会と交信。また仙台自宅・鬼放舎にて訪問者に密やかなる裸儀を続けている。

（ダダカン2008 鬼放展カタログより）

ダダカンは父・糸井辰八郎、母・トヨの次男として、東京・新宿の淀橋《よどばし》町柏木に生まれた。西新宿の副都心から、青梅街道を隔てた北側。いま急速に高層ビル化が進む、北新宿のあたりである。

「あのへんは昔、ツツジの名所だったらしくてね。新宿からずっと長屋や、一軒ずつの家がずいぶんありましてね。うちの前を通って、もうすこし奥に歩いてったところに、大杉栄が住んでいたんです。私が3歳のときに関東大震災があるんですけれど、地震のときに外に出たら、なにしろもう目のぎょろっとしたひとが、きもの着ているんですよ。あとあと大杉栄の写真を見ると、あれがそうだったんじゃないかという。そのすぐあとですからね、甘粕（正彦）大尉に殺害されたのは」

室内のあちこちに、こんなディスプレイというか、「遺留品棚」がある（写真上）。卵はずっと、ダダカン作品に欠かせない重要なモチーフだ（中）。殻の中をよく見ると、ヌード写真コラージュが！（下）

玄関を入ってすぐのディスプレイ・コーナー。壊れた鏡は「ダダカン宅角のカーブミラーハプニング　2008.2.1」とある

お手洗いのサインもこのとおり

大分県出身の父は小学校の先生をしていたが、早い時期に実業界に転身。湯浅金物（現在のユアサ商事）社長に認められ秘書に抜擢、のちに仙台で工場を経営するようになった。母は家庭を切り盛りするいっぽう、「豊女」という俳号を持つ女流俳人でもあった。昭和29年から仙台で発行された俳誌『遊』には、糸井貫二名の版画とともに、母・豊女の作品も数編収められている。

「父親は全然そういうアレはないですけれど、母はちょっと俳句のほうに凝ってましたね。そのころは岡本かの子だとか、いろいろありましたから、女流で。それで書いて溜めてて、出そうと思っていたのを父に見つかって、焼き捨られたり（笑）」

貫二少年が8歳のときに一家は新宿から大森に転居。地元の尋常小学校から成城中学校に進み、器械体操部に入部。この成果が、のちに現れることになる。成城中学卒業後は東京高工学校（現・芝浦工大）に進むが、21歳で中退。本籍の大分県で徴兵検査を受けるが、痔のせいで乙種合格。運転免許を持っていたために戦車兵となるが、入隊は免れて、戦中はほとんど京都で会社員として過ごすことになった。

「私が子供のころは、進め進めの軍国少年でしたから、みんな。中学のときから、叩き込まれてましたねえ。成城中学校っていうのが軍人の学校みたいに、士官学校に行くのが多いんですよ。それで兵役検査っていう、20歳過ぎてからね。本籍地である大分県の中津でね、受けましたところが第一補充兵だと。現役の3年間の兵隊さんにはならなかったんです。

それで京都で勤めてるときに、西陣の織屋に入り婿に入って結婚しました。昭和19年ですかな。そこで長男も生まれまして……結局3年くらいで離婚しちゃいましたが。再婚したときも3年ぐらいですから、それからあきらめたんですよ、結婚は。だいたい3年ぐらいというか……（笑）。みんな、連れ合いは立派な方でしたけれど

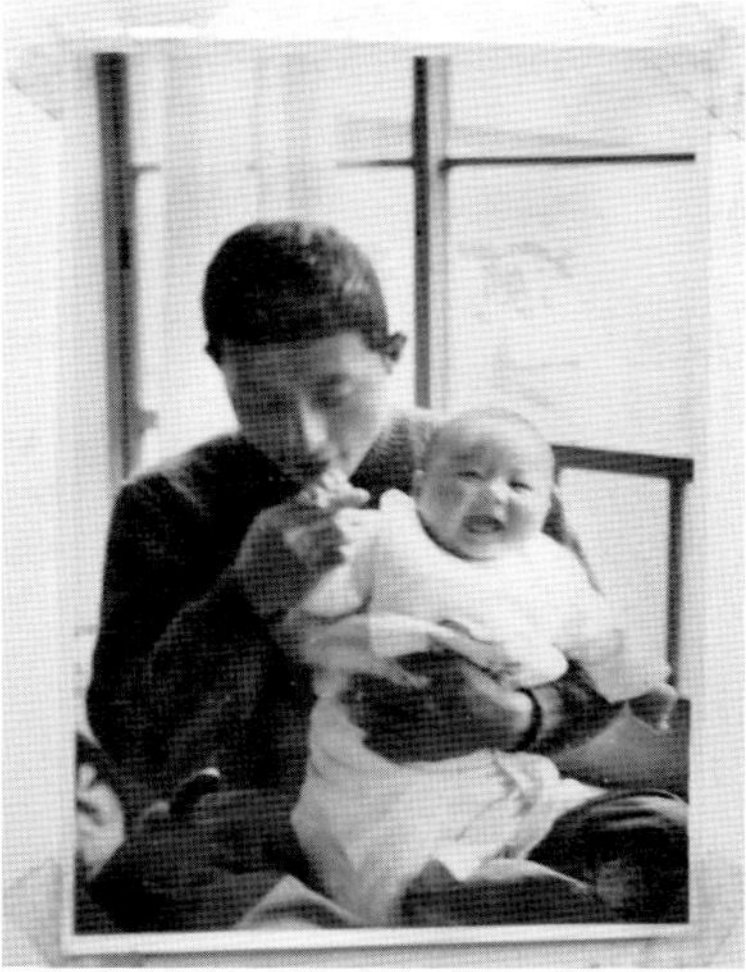
昭和30年代、大森で子育てにいそしんでいたころ

ねえ。私がだめだったんです」

終戦の年である1945（昭和20）年には、国民総動員令による徴用で、九州筑豊の大峰炭鉱（田川郡川崎町）で炭鉱労働に従事。戦況悪化のために再召集され、熊本の戦車部隊に入隊することになった。

「そのときはねえ……戦地に行くはずだったんですが、日本に船がなかったんですよ。それで鹿児島の伊作峠っていう山の中で、敵が上陸して上がってきそうな国道の藪の中に、たこつぼ掘ってました。アメリカの戦車が国道をわたって鹿児島の街中へ攻め込んでくる、そのたこつぼから出て爆弾を、キャタピラの下に撃ち込めというんで……挺身隊ですよ。その訓練をやっていたときに、玉音放送を聞いたんです。爆弾抱えてぶつかれっていうんですから。そんときは、玉音放送終わったあと泣きました。兵隊はみんな泣いたですね」

九死に一生を得た糸井青年は、終戦直後の混乱の中で、もと働いていた大峰炭鉱でふたたび働きながら、器械体操に熱中。戦後第1回の国民体育大会で、体操の代表選手として出場も果たしている。

「終戦のあとは、働くところがなくて。お腹すいてしょうがないわけですよ、体操なんかやってましたからね。配給じゃ間に合わない。そこに行けば三合飯が食えるっていうんで、また炭鉱に行ったりしてましたね」

1949（昭和24）年には大分の炭鉱から東京に戻り、芝浦冷蔵庫に入社（これも3年間ほどの勤めだった）、このときすでに29歳になっていた。

「あの、冷蔵庫の仕事はキツいんですよ。仲仕と一緒に、メカジキなんか60キロ超すようなのをかついで冷凍庫に運ぶんですよ。それでかなり、からだ鍛えられましたねえ。あと、打ち上げでいっぱい飲まされるんだけれど、気持ちがいいもんですからグーッとね、それでちょっと肝臓をいためまして。これはイカンなと。それで会社を辞めてから、オヤジが工場をやってるんで来ないかと言われたんだったかなあ、仙台に来て、再婚もするんです。そこでちょっと真面目になってね（笑）」

東京から仙台に移るのが1952（昭和27）年のこと。その前年、糸井貫二31歳のときに、第3回読売アンデパンダン展にオブジェを初出品。これがアーティスト・ダダカンのデビューとなった。出品作品は彩色した卵のオブジェだったという。

「そんときにアンデパンダンに出したのが、卵の作品なんです。写真はないんですけどね。読売アンデパンダンなんていうのは、無審査のアレで。有名作家も学生も出してる……それに刺激受けましてねえ。（当時）だんだんその、パフォーマンスというか、からだを使うアレが出てきたでしょう。それが、やはり自分が体操やってたせいか、なんか合うんですよね」

「仙台に来たその日に、空気を吸ったときに、東京と違うと感じました」というダダカンの仙台生活は、しかし2年ほどで終わりを告げ、一家は東京・大森に引っ越し、翌年には2番目の奥様とも離婚、子育てをしながら、いよいよ（いまで言う）パフォーマンス・アート活動に打ち込むようになる。それは1967（昭和42）年まで十数年間続くことになる、長いハプニングの旅でもあった。

「そうですねえ……画家になろうと思って一生懸命やったわけじゃないですから。それでもダダっていうものは、江原順さん訳の『ダダの冒険』（ジョルジュ・ユニエ著）っていう絵本が出ましたけれど、それ見まして感激しましてね。第一次のダダイスト、何名かいますけれど、みんないろんな性格なんですよね。絵を描く画家だけじゃないんです。写真家もいますし、ボクサーもいますし、それに影響を受けました」

若きダダカンがその30代のほとんどを費やした、昭和30年代の日本美術界は、ポップ登場前夜。戦後アヴァンギャルドから具体、アンフォルメルからアクションペインティングなど、混沌としたエネルギーに満ちあふれていた。ダダカンは読売アンデパンダンはもちろん、都内の画廊でも実験的な作品を続けざまに発表、旺盛な活動を展開する。１９６２（昭和37）

仙台市内でのパフォーマンス。
1970年前後か

年の第14回アンデパンダン展では、出品作品があまりに難解というか下品というかで全品が出展拒否という憂き目にあったりもするが（このときすでに42歳）、その過激な活動の最初のピークともいえるのが、1964（昭和39）年10月の「東京五輪性火白面フリチン走り」というパフォーマンスだった。

「あのときは夜行で東京に行きましてね。オリンピックの聖火が銀座通りを走る1日前だったんです。それで赤フンドシ一丁にコートを着て、新聞を丸めて持って、交差点に立ったわけです。服部時計店の前から、信号が青になったらコートを脱いで走り出して、フンドシをパーッと落としまして、それを新聞に詰めて聖火だと……（笑）。そばにいた女性が『キャーーーーッ』って言ってね。

そしたら向かい側が交番ですから、捕まって交番の中で取り調べられて、そのまま築地警察に連行されたんです。たしかそのとき、モヒカン刈りでしたね。そういう儀式をやるときには、床屋へ行ってモヒカン刈りにしていくんです、篠原有司男《しのはらうしお》さんの真似して。それからずっと家へ帰らなかったですよ。

築地警察から、ちょっとおかしいということで練馬の精神病院に連れて行かれまして。少しのあいだならおもしろい体験かと思ってたんですが、けっきょくほぼ1年間

スクラップブックを見せてもらうと……昔の写真とエロ切り抜きが混じり合って、なんとも楽しいことに（モノクロのダダカン写真はすべて羽永光利さんの撮影による）

出られませんでした。その体験を聞きたいって漫画家が、自分の描いた本をわざわざ持って会いに来たこともありますよ。けっきょくオリンピックの開会式は、中（留置場）で見ましたね。モヒカン刈りで入ったんで、みんなが柵の中から『聖火来ましたから、モヒカン刈りさん！』なんて言ってくれて（笑）。

まあ病院にはいろんなひとがいましたからねえ。ずいぶん影響を受けました。ああいうひとたちは無垢な、なんていうか悪巧みなんかをしない。黙々と新聞の見出しの字を書きだしていたり、机に向かってズボンをひと針ひと針ほどいて、最後に屑にするとか。それがそのひとの仕事なんですね。

それでこちらはなんともないんだから、3カ月ぐらいで出られると思ってたら、迎えに来ないんですよ、だれも。ストリーキングなんかやられるよりも、入れておいたほうがいいというか……。そのうち妹と妹の婿が、それは可哀想だって。母親はちょっと芸術家ですから、母親と母親のおっかさんの4人くらいでね、迎えに来て出してくれました」

ほぼ1年間にわたる入院生活を終え、45歳で精神病院を退院。すぐさま芸術活動に復帰。1969（昭和44）年ごろからは、子育ても終えてひとり暮らしを始めたというから、独居歴もすでに40年以上ということになる。「カラスまたは芋虫の踊り」「股引黒マン健在挨拶儀式」「松江カク焼身自殺未遂追悼赤フン踊り」「性触器シリーズ男根ゴッコ」「ダダカンちん輪、小便倒立開ちん」「卵性体験シリーズ男根ゴッコ」「ダダカンちん毛剃り」「ゲバラ風太股斬り《殺すな》儀式」……当時のハプニング行為に命名されたタイトルを見ているだけでも楽しいが、そうしたハプニングのなかでもっとも話題になったのが、１９７０（昭和45）年の「万博全裸走り15メートル」。このときすでにダダカン50歳であった。

ときは大阪万博開会から1カ月あまり経った４月27日。その前日の26日には、赤軍と書いたヘルメットをかぶった男が（赤軍とは無関係だったが）、万博粉砕を叫んで太陽の塔に駆け上り、顔の右目部分に籠城。けつ

1971年、少年サンデー誌上「変な芸術特集」に掲載された、有名な「殺すな」写真（当時の少年漫画はすごい特集してました！）。1967年、ワシントン・ポスト紙に掲載された、ベ平連の反戦意見広告に、岡本太郎が書いた「殺すな」の文字に触発されて、仙台の路上で行われたパフォーマンスだった（撮影：羽永光利）

きょく5月3日まで8日間にわたって籠城、「目玉男」と呼ばれることになるのだが、その大騒動の最中にダダカンは太陽の塔の下に全裸で駆け寄り、すぐさま機動隊に逮捕されたのだった。

本人の記によれば――「大阪万博太陽の塔の下、機動隊に取り押さえられ逮捕。警備本部にて供述書、4時間後に釈放。取調官は証拠写真と称し、私を再び全裸にし、コンパニオン達の見る中で撮影を行った。この時の釈放は、1964年から65年東京練馬の精神病院入院の前歴からほぼ精神病院送りが決まったところを、大阪在住の弟の必死の弁護によるものであった」（2008年・展覧会に際して、上原誠一郎氏作成の年表による）。

万博騒動から2年後の1972（昭和47）年、ダダカンに大きな転機が訪れる。母・トヨがリウマチ悪化のため入院。このときからほぼ7年間のあいだ、ダダカンはほとんどすべての芸術活動を封印、父母の介護に専念することになった。

大阪万博・太陽の塔における「全裸走り15メートル」事件

「どうしても介護が必要だったんですが、兄弟はみな定職を持ってましたし、ふたりの妹は家庭がありましたし。私は遊んでいるから、偶然にその番につけたわけですよ。それで朝、食事前に到着しまして、夕食食べさせると、だーっと帰る。それを7年間やりました、母が死ぬまで。そのあいだ仙台のこの家は鍵をかけて、3カ月にいちどぐらい、雨漏り直したりするのに帰るだけでしたね。

大変だねって言われることもありましたが、別になんとも思わない。不満はなかったですね。ダダカンやらないかって誘いを受けたこともありますけど、そのあいだはもう、一切なかったです。仙台の親友にも、手紙すら出さないで。それで今までの不孝の埋め合わせができたと思って（笑）」

1977（昭和52）年に父が、79年に母が亡くなり、7年間の介護を終えたダダカンは仙台の自宅に帰ってきた。その年のうちに「仙台駅前第1回ハプニング・駅前ペデストリアンデッキ・ストリーキング」や「仙台駅前西武デパート内、男根絵入り衣裳見学ハプニング」など活動を再開するが、翌80年に60歳を迎えたころから、「メールアート」と呼ぶ手紙による表現活動と、自宅に訪れるひとびとへの「裸儀」に専念するようになる。

メールアートとは、ダダカンがしたためた手紙に、雑誌グラビアの切り抜きや、ペニス形に切り抜いた新聞紙などを封入して知人・友人などに送りつけ、また返信をもらうというもの。そして裸儀とは、かつて得意だった器械体操の腕をいかして、客人の前に全裸で登場、見事な三点倒立を決め、足を開いたり閉じたりするというパフォーマンスである。そうやって自宅にいながらの活動を、現在にいたるまで30年以上のあいだ、ダダカンは静かに続けてきた。

初対面の僕をにこやかに招き入れてくれた、この伝説のアーティストは、庭に面した居室でゆっくりとその半生を語ってくれながら、「そろそろやりましょうか」と言うと、いちど奥に消え、玄関脇の小さな部屋に、青いゾウさんのパンツ一丁でふたたび登場。時間を計るためかオルゴールをセットすると、するりとパンツを脱ぎ捨て、椅子の上でなんの苦もなく三点倒立を披露してくれた。

ゆっくりと足を開いたり、閉じたり……。よく見ると亀頭の先端に、色づけされた卵が嵌まっている。これは黒とか白とか水玉とか、その日の気分で嵌めかえるらしい。

ダダカン宅訪問後、送っていただいたメールアート！

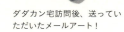

91歳というお年がとうてい信じられない、見事な開脚姿勢！よく見るとペニスの先端には黒い卵が。ぴんと伸ばした脚を閉じたり開いたり……

庭に面したリビングでくつろぎのひととき。火鉢の上には電気コンロ

どれくらい時間が経ったろうか……たぶん1分弱だったろうが、その時間はすごく長くも、あっという間にも感じられて、そうして目の前に92歳になる老人が、全裸で三点倒立を決めているという光景がまだよく咀嚼できないでいるうちに、彼はふたたびすっと足を下ろし、パンツを穿いて、手を合わせこちらに深く一礼、裸儀はとどこおりなく終了した。

兄弟、子供、孫、そしていまではひ孫も3人いるというダダカンだが、独居に入ってから、その毎日は以前にも増してシンプルでゆるぎないものだという。

「朝は明るくなると起きるという習慣ですね。それで朝は軽く。おかゆのパック詰め

使い込まれた台所

をたくさんくれた方がいまして。おかゆはいいですねえ、今日もおかゆ。それでお昼になる。まあ、お昼は軽く、あんまり食べないですね。で、うろうろしているうちに4時か5時ごろになるとお腹がへってくる、そのころにもう夕食食べます。寝る前の9時ごろに食べると、消化が悪いから熟睡できない。

で、寝るのがまあ、洋画劇場が好きですから、洋画劇場が9時ごろからいいのがあるとそれを見て、10時半ごろですか。それで寝るんですけど、このごろあまりおもしろいのないですからね、早いですよ。

栄養だけは昔から気をつけてましたね。ほんの粗食ですけれど、栄養失調にならないように注意してました。安いもんですよ、いちばん安いものを買うんですからね。生魚かなんかは高いから、缶詰を、それもいちばん安いイワシとかサバとかでタンパク質を。あとは卵ですね。卵は私の命綱ですよ。いまだに卵が安いから卵。ナマで飲めばいいし。

そいであの、卵っていうのは楕円形とも違う、いい形なんですよね。NHKのコマーシャルなんかは卵をずいぶん使ってますけど、（ロゴに）N・H・Kって卵に入ってるでしょ。やはり自然の形なんですねえ。真・楕円形じゃなくてね、それがおもしろい。私はタバコも若いころからやりませんでしたし。酒やらタバコやらやってたら、いまごろ生きてない（笑）」

これまで芸術活動を支えるために、そのときどきでアルバイトのような軽作業には従事してきたが、定職に就いたことはいちどもないというダダカン。80年代からずっとやってきたメールアートも「ヒマつぶし」だと言い切る。

「ここにいて、ヒマつぶししてるだけですから。みなさん、絵を描くひとは絵を描きますわね。やらないんですから、私は。描くことを。コラージュですね。だから、エロ雑誌なんかを切ったり貼ったりして。それもいろんな方が送ってきてくれるもんですから、私はひとつも買ったことないです。

発表ということも考えてませんし、私の過去の作品は全部、支援者の方のところに寄付してありますから。手元にはぜんぜんないし、執着もないですねえ。持っていてもなくなるし、いつ災害に遭うかわからんし。（だれかに持っていてもらったほうが）ありがたいですよ。

それで近所づきあいもないですし。回覧板もあるんでしょうけど、免除してもらっちゃって、ええ。自分の息子がたまに泊まりに来ても、おたがい気をつかいますからねえ。息子のほうがそれで気をつかって、朝からパチンコに行っちゃったりして」

縁側を背にゆったりと腰かけて、話してくれていたダダカンの左手側には、脇息のような箱が置かれていた。よく見るとそれは洗濯洗剤のプラスチックケース。それ、なんですか？　と思わず聞いてみたら——

洗剤「ダッシュ」の箱が、ダダカンの脇息でありバッグでもある。フタをあければこのとおり、手帳やノートが詰まっている

「ああ、これは私のカバンです。中に手帳とか貯金通帳とか、いろいろ入ってるんですよ。いま取っ手がとれちゃったけど、これをぶらさげて東京にも行きました。東京って、電車が混むでしょ。そうすると、これを床に置けば座ってられますしね」

そうして見せてくれた通帳には、2カ月おきに振り込まれる4万6450円の入金が印字してあった。月に2万円強。ときどき光熱費とかが引かれると、残りは数百円になってしまったりしている。

「ええ、この年金だけで、なんとかやってます。これが私の全部。あとは70年代の反戦闘争のときに三菱重工の一株株主になったので、その配当が1円とか2円とか来る(笑)。親が遺してくれた、この家があるからなんですが、これでなんとか生きてますからね」

自分の特徴を強いてあげれば、「なんにもしなくても平気」なところだとダダカンは言う――。「子供のころから、母親が近所のおばさんと話してるのを聞いてましたね、この子はなんにもしなくても平気なんですって。いまでも、なんにもしなくて平気なんです。独居が寂しくない」

独居生活だから、たまには買い物に行かなくてはならないし、ここ数年、外出途中に倒れて頭部を打撲したり、熱中症にかかったりして、周囲を心配させることも何度か出てきた。そしていくら自宅に籠もっていても、ダダカンを訪ねてくるひとたちはあとを絶たないから、来客があるたびに話を弾ませ、倒立も見せて、気をつかう。

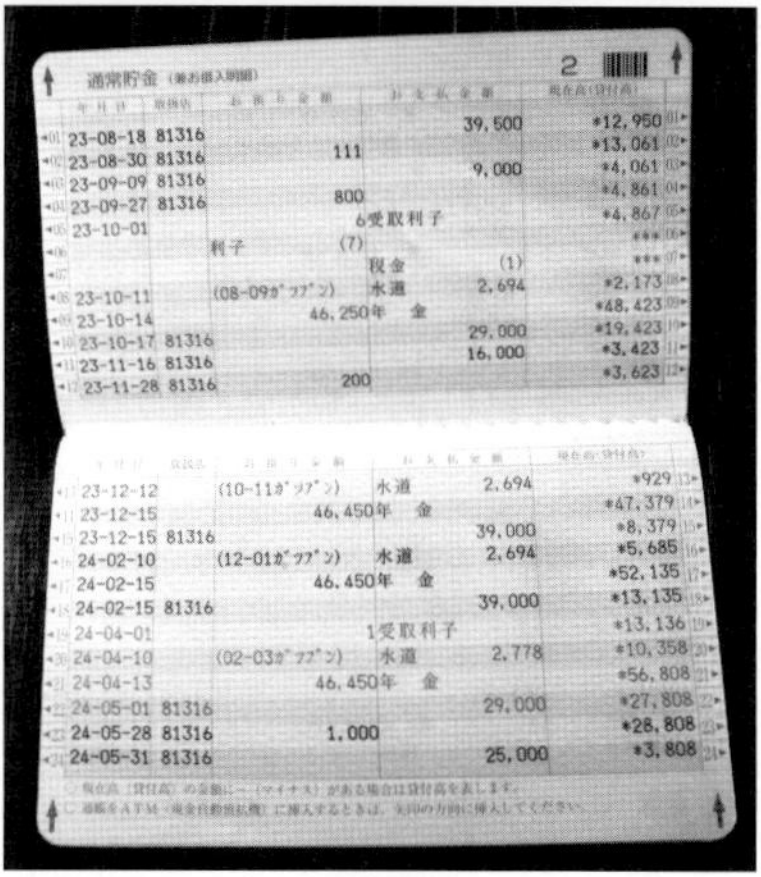

きっちり書きこまれた備忘録（上）や、貯金通帳（下）も見せてくれた！　収入の少なさもすごいが、この2ページで10カ月ぶんという、お金の出入りのなさもすさまじい

「立派な方たちが来ますからね、断りきれない。だからね、今回が最後です」と笑いながら、たぶんまただれかがやってきたら、僕のときと同じようにもてなしてしまうのだろう。

「体操が好きだから、からだをつかうアートを選んだ」という、素晴らしく純粋な選択。「働くのは大変でしょ」という、なるべくなにもしないでいられる精神性。そして輝くような優しさ。こういうものがすべてひとつになって、これほど稀な存在をつくりだしている。

カリフォルニアの砂漠のかわりに、仙台郊外の陋屋に潜むキャプテン・ビーフハート。ただ座して世界が回るのを見ているかわりに、倒立したまま世界が回るのを逆さまに見ているフール・オン・ザ・ヒル。

裸で走って捕まっても、気にしない。近所からどんな目で見られても、気にしない。苦労してつくったものが自分の手元から消えても、気にしない。お金がなくても、食べるものが「庭のタンポポ」だけになっても、気にしない。

こういう境地を、ひとはサトリと呼ぶのだろうか。

（取材協力　小池浩一）

退屈しないよ、
頭の中が休んでるヒマないからね。

荻野ユキ子

早稲田松竹映画劇場お掃除担当

いい古本屋と中古レコード屋と名画座があること――それが自分にとっての住みやすい街の条件だと、長く信じてきた。

でもいまや古本や中古レコードで指を汚す時間はめっきり少なくなってしまったし、名画座の椅子にからだをはめ込んで2本も3本も、お気に入りの映画を観る体力もなくなった。それでも街を歩いていて、むかし通った名画座に出くわして、上映中や次週上映のポスターが貼ってあるのを見かけると、なんだかホロリとする。入場する時間も体力もないのに、映画の解説を読んでみたりする。

飯田橋ギンレイホール、三軒茶屋中央劇場、銀座シネパトス、浅草中映（※上記3館は現在閉館）……そして高田馬場には早稲田松竹が、まだがんばってる。数年前に内部を改装して、座席はカップホルダーつきのゆったりした配置になったそうだが、あのなんとも言えないうねうねカーブを描いた昭和スタイルの外観は、高校や予備校をさぼって入り浸っていた30年以上前のままだ。

早稲田の学生からオールドファンまで、幅広い客層に愛されてきた早稲田松竹は、その良質なプログラムはもちろんだけど、ほかの映画館ではまず見られない特色がひとつある。劇場入口やロビーの片隅、トイレの棚……ふと気がつくとそこにある、ファニーでキュートな手づくりオブジェの数々だ。

惣菜用の食品トレイ、刺身についてくるプラスチックの笹、牛乳パック、お菓子のオマケ……。日常的な廃材だけを使って組み上げられた、それはなんとも楽しいミニ・ジオラマだ。ひとつひとつは小さいけれど、よく見ると思わず頬が緩んでしまう、ほのぼのテイスト。しかも、翌週に行くとまた新作がさりげなく飾られていたりする。

早稲田松竹の隠れ人気ポイントともいえる、このオブジェを制作しているのが荻野《おぎの》ユキ子さん。早稲田松竹最古参のゴッドマザー、しかし彼女は映画館の上映スタッフでも管理部門でもない。毎朝、映画館を隅から隅まできれいにしてくれる、お掃除おばさんなのだ。

劇場支配人の菊田眞弓

昔ながらの外観を保つ名画座界の良心・早稲田松竹

その入場券販売機の脇、植え込みをよく見てみると……

ひっそり「オギノさんコーナー」が！

人形と、添えられたひと言がうれしい

素材はさまざまだが、すべて廃品

さんによれば――。

「荻野さんはうちの職員の中でもいちばん古くて、10年前の再オープン（2002年にいちど休館したが、復活運動により同年再開）の前からいらっしゃいますから。そのころからずっと、ご自宅で作品を作っては持ってきてくれてるんですね。

飾るのはだいたいトイレですけど、男性トイレの作品と女性トイレの作品をチェンジしたりもしてますし。週に2回くらいのペースで、いままで100以上作品はあると思いますねえ。チェンジするとおうちに持ち帰るんですけど、また次の夏に登場するのもあって。季節に応じて、お正月バージョンとか七夕バージョンとかもあります。こちらの事務室にもだいぶ、そう40個ぐらい置いてありますよ。

荻野さんは、朝は5時には来てます。もちろん、いちばん早い出勤です。始発で来られて。それで6時半ごろには帰っちゃう。だから、なかなか会えないんです（笑）。前は9時とか、オープンまで働いてらっしゃいましたけれど。最近はちょっと体調も崩されたりしたので、体力的にそろそろかなって思ってらっしゃるみたいなんですけれど、続けられるうちは、1時間でもいいので来てくださいって言ってるんです。

うちのウェブサイトにも荻野さんコーナーを設けてるぐらいですし、お客さんでも荻野さんファンがいらつしゃるんですよね。スタッフにもとても愛されてますし、すごくよく気がつかれるんです。ゴミ箱の中に入れるビニール袋の、外側に見えるその出し方もこのほうがきれいに見えるでしょ、とか。

劇場入口のガラス戸も、荻野さん担当で、私たちには触らせてくれない（笑）。もう、曇りがまったくないくらいに磨いてくれるんですけど、それが雑巾を熱々のお湯でしっかり絞ったもので、お湯拭きをするんですね。ガラスマイペットを使わないで。マイペットを使っちゃうと、横から見ると虹になるんですけど、あれだけの透明感を出すには、お湯拭きがいちばんいいんですって。それくらいこだわりがあるんですね。ほかの窓はほかのスタッフが担当するんですが、だからいまは荻野さんから習って、みんなお湯拭きしてるんです」

始発でやってきて、劇場中をぴかぴかにして、スタッフが来るころにはとうにいなくなっていて、でも気がつくと新作オブジェが置かれている。そんなミステリアスなゴッドマザー荻野さんは、高田馬場から西武新宿線で一本の上石神井《かみしゃくじい》の、都営団地に住んでいる。昭和30年代に建てられたであろう、都営住宅としては非常に珍しいメゾネット・タイプのユニットに暮らして、もう40年あまりになるという——。

「（アパート前の庭を歩きながら）ここ、広いでしょ〜、1000世帯もあるんだもん。私が住んでるここも6年後には取り壊されて、幼稚園になるんですって。ここの庭も道ばたも、みんな私が草むしりしてんのよ。向こうの奥のほうまで、ずーっと。だってもう、草だらけでだれもやんないんだもの。ほら、これは朝顔。この白いのは曼珠沙華。白い曼珠沙華はね、赤いのと並んで咲くと、ちょっと色がついてくるのよ。ちっちゃい花があるでしょ。そういう自然な花は残しておいて、ほかの雑草はむしって、苔だけにしてやろうと思って。子供たちが、こういうブロックの上を片足で、とんとんとーんって歩きたいのよ。でも段差

各ユニットがメゾネット形式になっている、珍しい都営住宅。

があって危ないから、工事現場から土を運んできて、段差埋めてやったの」

荻野ユキ子さんは1934（昭和9）年、保谷（現在の西東京市）生まれ。今年（2012年）78歳になった。

「いまは西東京市泉町だけど、昔は北多摩郡保谷町。まわりは畑ばっかり、みんな農家よ。うちの父はHOYAガラスに行ってたのね。社長さんの身の回りの世話みたいな仕事。秘書じゃないのよ、読み書きは全然できないんだから。ほら、机のまわりを拭いたり、お使いに行ったり、そんな感じの仕事してたんですね。だから私もHOYAで、眼鏡になるまえのガラス、その中に泡があるんですよ。それに印を丸くつけて、削り取って眼鏡に泡が入らないようにする、そんな感じの仕事をしてましたよ。

昔はね、しつけのために『他人様の飯を食え』って言われて、奉公に出されたの。私は5人姉妹の4番目で、まずしゃべれないから、お店商売に行けばって。私らの時代は、中学校2年まであったの。それから同級生の家が商売をやっているから、そこに行けば少しはしゃべれるようになるからって。だってさ、私のあだ名『地蔵様』だったんだから（笑）。女ばっかり5人姉妹だったら、しゃべる必要ないもの。それで中学終わったあと、親戚の家の燃料関係やってるところにやらされて。そいで、そこの家に来ていた男のひとと一緒になったの。私の旦那って、お母さん3人いるのよ。いろいろあって、それでどうしても下の子ばっかりみるじゃない。で、お兄ちゃんひねくれちゃって、白塗りの女にひっかかった（笑）。それで勘当されて。私は私で、私がいたんじゃ（妹が）婿さんもらえないから出ていけって言われて行ったから。それでふたりで、休みの日に石神井公園を散歩しながらさ、『邪魔ものどうしで一緒になろうか』って（笑）。

結婚した当時は、ほんとうになにもなくって。西大泉の農家のひと間を借りてたの。23、4歳のころだったと思うよ。旦那は燃料関係で、私はHOYAに勤めるようになってて。

工事現場からもらってきた土を埋めて段差をなくし、子供たちが安心して遊べるようにした

日常生活で出会う、こまごまとしたものがすべて素材として活かされる(写真左上)。
ドアを開けたら、いきなり出迎えてくれた縫いぐるみジオラマ――「熊ちゃん、お腹空いても、私食べないでね」(右)
必要ない部分をテープで覆ったテレビのリモコン。機能的！(左下)

メゾネット上階部分、日当たりの素晴らしい寝室

共働きじゃなきゃ食べていかれないもの。でもひと部屋でどうにも狭かったから、いまでいう2DKに引っ越したのね。ところが陽が入んなくて、そこが。それで息子ひとり、肺炎になっちゃって亡くしちゃったんだ、可哀そうだった。まだ1歳だったの。でもその子が亡くなるときに、うちの旦那は遊びに行ってました（笑）。女癖が悪いっていうか、やっぱりさみしいものはあったのよ。ほら、親に可愛がってもらってなかったしね。そうすると結局、そういう女にひっかかっちゃうのよね。帰ってきたら（息子が）お骨になってたから、さみしそうな顔してたけど。

それからもう、こんな陽の入らないところはいやだーって、都営の抽選に毎月通ったの。1年半くらい通ったかな。通っているあいだにここができるってんで、ようし、今度はここ狙おうって。まだできあがってないときに見に来て。1階は虫が出るからいやだ、2階のこのへんがいいかなって。それで203って、ここの番号を書いて拝んでさ（笑）。でも、よく当たったなあって、いまでも不思議に思うわよ」

真新しい都営アパートで、子育てと仕事に追いまくられる生活がこうして始まった。

「ここに来て、遠くなったからHOYAは辞めちゃったんだけど、1日3カ所ぐらいアルバイトしてましたよ。お姉ちゃんが高校卒業するまでのあいだは、朝は新聞配達して、それから子供に行ってらっしゃいしてから、いなげや（スーパーマーケット）で3時間くらい。子供が帰ってくるころに戻ってきて、顔見て、夜は夜でラーメン屋行って。そうしなきゃ生活できないんだもの。

旦那様はね、とうの昔に浮気して出てっちゃったけど、やっぱり、こんな気楽になったのは、3年前からだもの。3年前に娘が結婚してね。息子はここのすぐ近くにいるけど、男はほっときゃいいの（笑）」

そんながんばりやの荻野さんが、早稲田松竹で働き出してから、もう18年以上がたった。

「あそこも、あと1年半で20年だから。あたし、目標15年なのね。いなげやも15年で辞めますって言ったの。それで、いなげやのときからこれ（オブジェ）は作ってたから、もう30年どころじゃないわね。

もともと図工が好きだったのもあると思うし、よく、親にトイレはきれいにしておくもんだよって言われて、それがあってね。それじゃあトイレに入るときに、なにか楽しみがあったほうがいいだろうなあと思って。いなげやさんのときもやったんだけど、子供たちがすぐ持ってくのよ。持ってって大事にするんならいいけど、100メーターも離れないうちに、もう、ぼーんと捨ててあるの。あのときはほんとうにがっかりしちゃったけど、続けたことだから最後までやろうと思ってね。それでやってたけどさ。で、早稲田松竹に行ってから、初めて言われたんですよ、『トイレの飾り物をお客さんが楽しみにしてるから』って。やっぱり、ひとつっていうのはかならず、いいところがひとつくらいあるの。地蔵様だって、しゃべらなくたって、そういうもの作ってるぶんにはできるでしょ(笑)。

材料はね、自分で使ったものとか、あとはだいたい拾ってくるの。消臭剤のやつとか、おせんべいの袋をとっておいたり。目薬のふたとかね。こうしたらなって思ってとっとくんだけど、使うのはいつのことやら……。人形もひび割れを埋めてやってさ。きれいにしてやって使おうと思って。みんなこういうもの、ぽんぽん捨ててるじゃない。ヒマなときに、これどういうふうに作ろうかなって考えるの、幸せよ〜」

始発で上石神井から高田馬場まで通う荻野さん。都営アパートから上石神井駅まで、ふつうのオトナの足でも20分ほどかかる。いったいどういう毎日を送っているのだろう。

「朝はね、3時半に起きてさ、アンパン食べるのよ（笑）。始発に乗るのに、そいじゃないと間に合わないからね。上石神井駅4時35分発。始発は混んでるのよ、けっこう。だから私は4時10分前に出るんだ。前はさ、ぎりぎりに出ても間に合ったんだけど、いま駈け足なんかできないから。転んで動けなくなっちゃったのよ。駅の階段から、だーんと落ちたの。それで、踊り場で転んでたら、どういう言葉が返ってくると思う、そんときに？『邪魔だ！』だって、あはは！

そんな言葉がいまの時代は返ってくるのよ。でもそれで、こんちきしょう！と思ってね。こっちもその勢いで（笑）、駈け足でそのまま電車に乗っちゃったんだけど、乗ってから……痛くてね。2針縫ったんだけどね、顔も打ったんで真っ黒になっちゃったし。でもそのまま仕事やって、帰りはタオル巻いて帰ってきたのよ。それで駅前の交番のおまわりさんをからかってさ。『ちょっと見て、これからあたし、やくざの親分になりにいくのよ』って。そのとき、ちょうどいいおまわりさんがいたのよ。『おお〜すごいじゃねえか、親分になったらオレを男にしてくれや』なんて（笑）。今度はそのひと、真面目に話を始めて、『そういう怪我なんかしたときには、オレに電

奥の部屋には、段ボール箱に
しまわれた作品も

箱に入れて、ビニールをかけた
作品がずらり

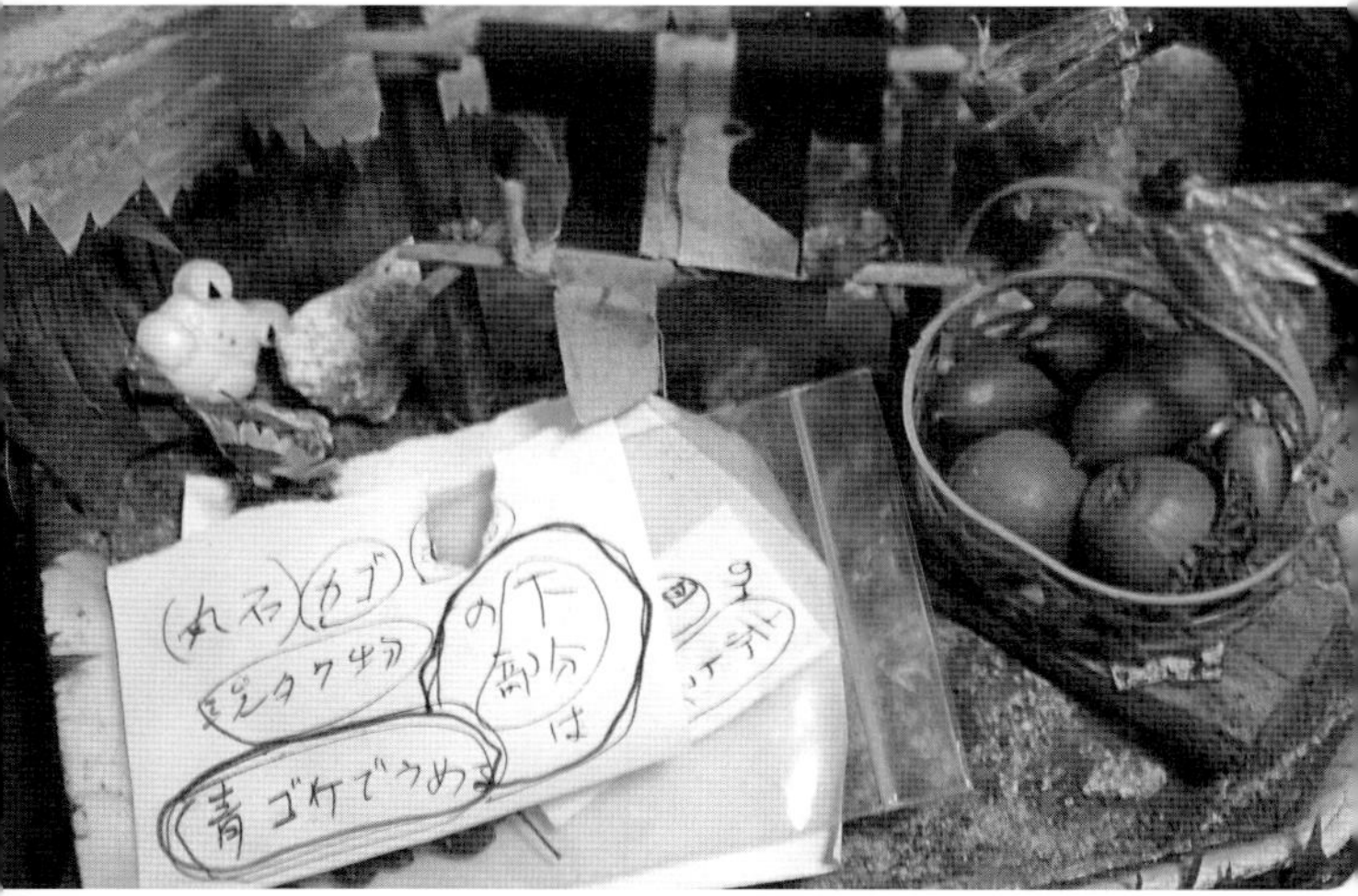

つくりかけの作品には、制作メモが添えられていた。こうやってつくっていくんだ！

話かけてくれよ』って言うの。おんぶして駅まで送ってやるからって。そしたら『あたし、おんぶじゃなくて抱っこがいいわ』って（笑）。いいおまわりさんでよかった。

でも、その怪我のおかげで、膝を曲げて掃除ができなくなっちゃったのが悔しくて。家でも上にあがってホコリを取るのができなくなったでしょ、前はもっときれいにしてたんだけどね。自分で嫌だなあと思うけど、からだのほうが大事って思えば、ゴミなんかじゃ死なないやと思ってさ（笑）。近所のおばあちゃんが言うんだよ、『荻野さんよ、ゴキブリだって可愛いんだよ』って（笑）。箪笥の下から、ゴキブリが顔を出すんだって。そのヒゲを触ってやるんだって。そうするとゴキブリが喜ぶんだって（笑）。だからね、年取ってきてひとりになると、そういうもんじゃないかなと思って。ゴキブリと遊ぶってのは、初めて聞いたけど（笑）。

だから自分のうちより、まず仕事のほうをと思って通うんだけど、座れないからちゃんと掃除できないし、それじゃなくたってもう年で疲れてくるから、掃除して帰ってくると、もうなんにもできない、する気ない。仕事から帰って来て、10時半くらいまでからだ休めて、それから明日のものとか買いに行って、帰ってきてお蕎麦でも食べて、お菓子でも食べて、タモリの番組ぼーっと見て、あと、小堺一機の番組見て、ドロドロの昼のドラマ見て（笑）。そしたらもう2時過ぎでしょ、明日の準備だ」

荻野さんのメゾネットは、上も下もどの部屋も、すでに完成したオブジェや、作りかけのオブジェや、これから使うであろう素材でいっぱいだ。早稲田松竹にもすでに、棚いっぱいの作品が置いてあるし、自宅にはそれ以上が待機中。どれだけ創作意欲旺盛なんだろう。

「新規に作ったら、ひとつ、だいたい5時間くらいかかるよ。でも、作るのはね、もうだいたい終わったからいいの。あれを（少し手を加えたりして）回せばいいんだから。それでね、まだ使ってない人形がいっぱいあるでしょ。それで最後に『親はなくても子は育つ』っていうのを作って、それで終わりにしようと思ってるんだ。だってこの人形たちは、みんな親に捨てられたんだからさ。親に捨てられても、子供たちはみんな育っていくよって、そういう意味。

でもね、こうしてると退屈しないよ。頭の中が休んでるヒマないからね。今度なに作ろうかなとかさ。もう百何個あるからね、新たに作ることは考えないけどさ、どうやって持ってこうとかさ、なにか加えたら、ちょっと変わるんじゃないかな、とかね」

世間から見たら、荻野さんはただのお掃除おばさんだし、映画館のお客さんも、スタッフたちでさえもめったに姿を見ることのない、ほとんど透明な存在だ。荻野さんは自分の作ってるものが「アート」だなんて大げさな主張はしないし、自分がアーティストだなんてことも絶対に口にしない。アウトサイダー・アートと言えば言えるのかもしれないけれど、そういう言葉がものすごく似合わない気もする。そうして、荻野さんはみんなにひとときのほっこりを与えてくれて、もうすぐ20年にもなる。

豪華な花束でもなければ、鉢植えの胡蝶蘭でもない。だれにも頼まれないまま、雑草を抜いてかわいがってる道ばたの小さな花のように、小さな幸せを静かにふりまいているひと。荻野ユキ子さんは、そういう存在なのかもしれない。

●早稲田松竹公式サイト内「オギノさんのアート劇場」
新作旧作いろいろが、スタッフの愛情あふれるコメントとともにたっぷり楽しめます！
http://www.wasedashochiku.co.jp/art_gekijo/art_top.html

やめちゃうのは学があるからだよ、
学問がないから続いてるの、それだけ。

新太郎

流し

東京都心部では珍しく、しっとりとした風情が残る飲み屋街、四谷・荒木町。石畳の路地が入り組む風情は、京都・先斗町《ぽんと》をぐっと気軽にした雰囲気だ。そして神楽坂とちがって、ここにはグルメ雑誌やガイドブックを握りしめ右往左往する集団もいない。

すっかり陽が落ちて、料理屋の提灯やスナックの看板に灯がともるころ、路地裏にひとりの男が姿をあらわす。残暑厳しい夏の日も、雨の夜も、雪の冬も、イキな着物姿にギターを抱えて。荒木町界隈の飲み助なら知らぬもののない名物男・新太郎さんだ。

常連客から親しみを込めて「流しの新ちゃん」と呼ばれる新太郎さんは、もう全国でも10数人しか残っていないと言われる流しの、現役最長老だ。フルネームは平塚新《ひらつかしん》太郎《たろう》。でもそれは「平塚にちょっと長くいたから」で、いまでは「荒木町新太郎」なのだという。

カラオケがなかった時代、ギターやアコーディオンを抱えて店から店へと歩き、リクエストに応えて歌を披露したり、お客さんの伴奏をつとめた流しは、飲み屋街のスターだった。大きな繁華街にはそれぞれ百人単位の流しがいたから、いったい全国でどれくらいの流しが、いままで夜の街にあらわれ消えていったのだろうか。こまどり姉妹、北島三郎、五木ひろし、渥美二郎……流しの苦労を経てデビューを飾った歌手も、数知れない。

いちど、酒の席で新太郎さんに伴奏してもらって歌ったことがあるが、カラオケとちがってガイドメロディがあるわけではなし、歌本で歌詞を追いながら歌うのは、なかなか難しかった。歌い終わって「うまくできませんでした」と言ったら、新太郎さんは「伴奏を気にするからいけないんですよ。カラオケじゃないんだから、勝手に歌えばいいの。流しはね、それに合わせてちゃんと伴奏をつけるから」と教えられ、なるほどと納得した思い出がある。

むかし『ビデオ・キルド・ザ・ラジオスター』という歌があったが、カラオケという最強の武器は、流しという日本特有の伝統芸を、いまや完全に消し去ろうとしているのだろう。

〽小さなギターを　肩にかけ
今日も四ツ谷を　一人旅
時代おくれの　商売《あきない》と
人は気軽に　言うけれど

俺にはこれしか　能がない
荒木町の荒木町の　俺は新太郎

生まれは千葉の　手賀沼さ
流れ流れて　日本《にっぽん》全国
ギターかかえて　旅鴉
惚れた女も　数知れず
かせいだ銭コは　皆とられ
荒木町の荒木町の　俺は新太郎

お店とお客に　気にいられ
飲んで歌って　朝になる
家に帰れば　母親と
ふたり暮らしも　生きがいと
小さな幸せ　感じます
荒木町の荒木町の　俺は新太郎

最近弟子入りした「歌う漫画家」千愛（チエ）さんと

（『荒木町の新太郎』作詞・小串波夫、桜井よし子／作曲今井イワオ）

新太郎さんは１９４１（昭和16）年というから太平洋戦争の始まった年に、千葉県印旛郡で生まれた——。

「当時、おふくろが東京で勤めに出てて、それで一緒に連れてこられたところが、迷子になっちゃったのね。終戦直後のことなんだけど、しょうがないから上野の地下道で寝起きするようになって。そこで拾ってくれたのが、やくざ屋さんだったんですよ。やくざ屋さんの前にちょっと声かかった人もいたけどね、行かなかっただけで。それで拾われて流しになったの。その前には食堂でじゃんじゃん食って、『警察連れてけー！』とか、いろいろやったんだけど。だって、食わなきゃなんないもん。（群馬の）安中まで映画のフィルム運びしたり、無賃乗車で大阪行っちゃったり、アタリ屋もやったし……車に当たってね。いろんなことやって食ってて、ちょうど上野の地下道で寝てたときに、あるやくざ屋さんに拾ってもらったんですよ。まあ、そういう時代だったから、東京にいた方はみんなそうだったんじゃないの、多かれ少なかれ苦労を味わって。

それで流しになる前もいろんなことがあったんだけど……山谷にいたこともあったし、血を売ったり。みんなやってきたことですよ。あたりまえのことをやっただけです、食わなきゃなんないですから。年ごまかして、田端のラーメン屋に住み込みで入ったこともあったし……ごまかしてったって、知ってたんだけど、置いてくれたんでしょう。そこから横浜に行ってだるま船に乗ってたこともありました、13歳のころかな（だるま船‥貨物運搬用の幅広の木船、水上生活者の住居としても知られていた）。横浜では中華街でラーメンの配達したんだけど、背が低いんで出前ごとひっくり返ってクビになったり。でも、いいんだよ、人間が生きてるってことはそういうことだ。みんながそうだったんだから、いまの時代とちがって。

拾ってもらったやくざ屋さんの事務所は板橋にあったんだけど、そこには『流し部』もあったんですよ、流しの組合が。それで宴会したときにね、ちょっと歌ったら『歌、好きなのか』って始まって、好きだって言ったら、『うちに流しの組合があるから、そっちへ行くか?』って言われて、そらあ行きたいと。

子供のころからホウキ持って『ギターだ!』なんてやってたんだから（笑）、歌うことは好きだったんだね。それが15歳になるちょっと前だったんだけど、そのころすでに同棲してたから（笑）。

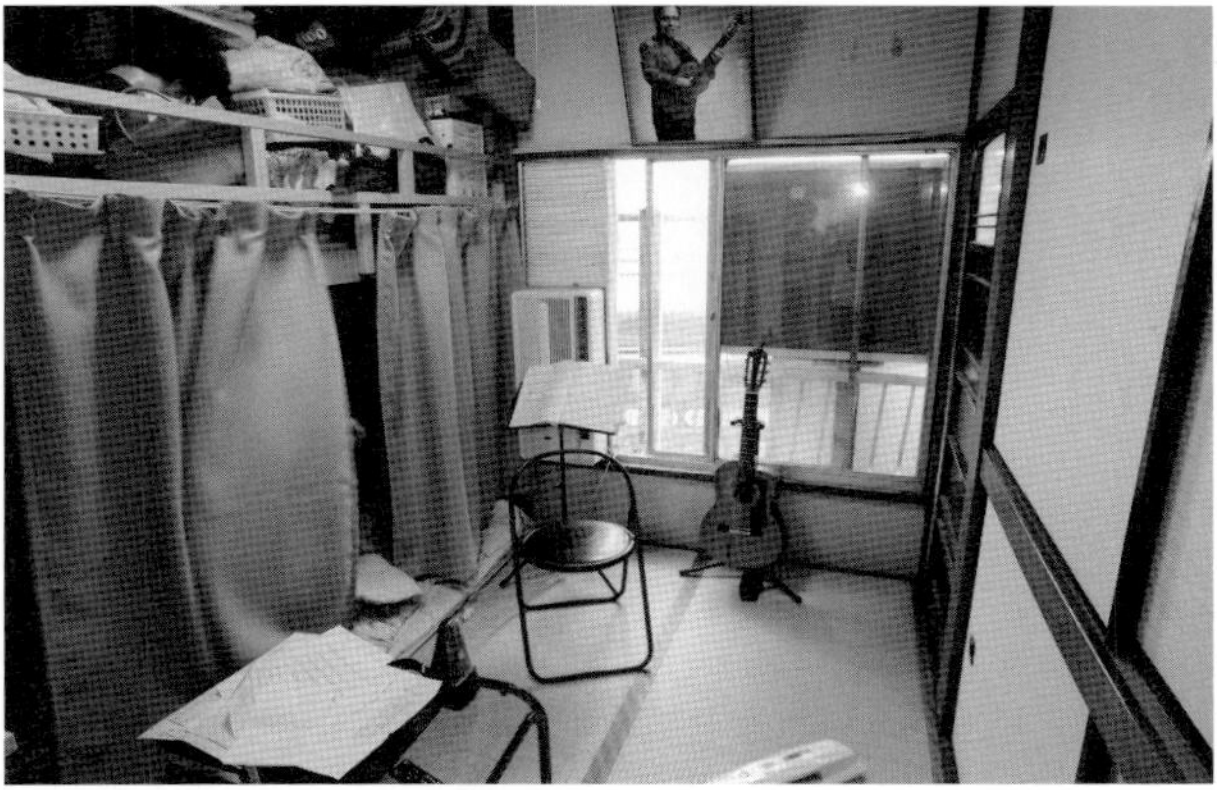

駅から歩いてすぐ、行き交う電車が見おろせるアパート。左側、カーテンの奥が寝間だ

毎朝2時間の練習を欠かさない。お客さんからリクエストされた歌を覚えるのも、大事な仕事

渋い柄の着物が仕事着だ

彼女は自分より3つ上の18で、勤め人だったんだけど、流しやってて知り合ったんですよ。『助けてくれー』って、飯田橋のトイレの中へ逃げ込んでたのを助けてあげて。それで送りオオカミになっちゃった(笑)。

その彼女が趣味でギター弾いていたんです。でまあ、流しはすでにやってたけど、ギターなんかでたらめでしょ。そしたらちゃんとギターだけは覚えないと、面倒みてあげないって言われて、ヒモギター……(笑)。でも追い出されたら飯食えないから(笑)、しょうがないから一生懸命やったっていうことよ。その子とはちゃんと結婚しましたよ。15歳で(若すぎたから)籍は入れらんなかったけど、式はやって。でも2、

3年で終わっちゃったから、けっきょく入れなくてよかったんだけど（笑）」

15歳で流しデビューした新太郎さん。すでに55年間を超えるキャリアのスタートは、板橋の盛り場だった。

「当時流行《はや》ってたのは、やっぱり鶴田浩二、フランク永井、三橋美智也、春日八郎……最高の時代ですよ。連れて歩いてもらってるひとが春日八郎ファンだと、春日八郎の唄をぜんぶ知ってるし、三橋美智也が好きだと、覚えさせられちゃう。昔は流しって2人組で歩いたからね。

板橋から駒込、赤羽、十条と歩いたけど、当時は田端の親分のところだけで、流しが300人はいたから。1カ所だけでね。それで縄張り争いって、喧嘩するんですよ、流し同士が。やくざもからんで。そういう時代でした。だから我々だってハッタリで、いろんなもの彫って歩かなかったら、恰好つかなかった。いっぱしに彫って、恰好つけて歩くんですよ。それでしょうがないから15のときに、ハッタリで（刺青を）入れたね。

新宿を歩いたのが16のときで、それから荒木町、あと三業地。むかし三業地は儲かったんですよ。なんでかっていうと、けっこうチップが太いの。芸妓さんが二階のお座敷で聞いてて、下で歌ってると、上へあがれとか言ってくれて」

先輩の下につき、一緒に歩きながら歌と楽器を覚え、土地の衆に可愛がられて居ついていく——それが流しの典型的な暮らしだったが、新太郎さんはひとところに居つくのではなく、全国各地を流して歩く生活を長く送った、非常に珍しいかたちの流しだった。

「流しはね、どこかの元締めについたら、他へ行くっていうのはできないんですよ。そこの場所で商売しろと。ただ、旅はできるんです。そこの組にいながら、旅はできる。親方から、こうこうこういう男が行きますよということを、向こうの親方に言ってくれて。そうやって仁義を切れば、客分扱いだから。ところがそれをやらないと不義理になって、捕まったら袋叩きにあう。破門になっちゃうと全国、旅に行っても相手にされなくなっちゃう。破門状がまわってってね。

昔はね、その地方地方の歌が多かったでしょ。もともと流しっていうのはそれを、その地方行かなきゃ雰囲気が出ないっていうことで、みんな通ったんですよ、修業のために。ずうっと日本中を回ってくると、『いっちょうふ』っていう一人前の『ちょうふ』をもらう。そうすると、ひとを連れて歩けるようになるの。そういう時代があったんです。

それとね、旅行くと親方とご飯行くから、おいしいものが食えるわけですよ。旅人さん扱いで、うまいもん食わしてくれる。だから、旅は忘れられないんです。フーテンの寅さんと同じようなもんです（笑）。

それで全国津々浦々って、飲み屋さんがないところは行かないけど。電車ン中で聞くんだけどね、このへんで飲み屋いっぱいあるとこどこ？　なんて。そうすると、でたらめ教えるひともいるわけです。と、そこで降りちゃったらなんにもなくて、金が無えから百姓家で歌ってみたりね。そういうこともやりました。

そうやってぶらぶら北海道から九州まで。電車の中で、気が向いたらそこ行っちゃう（笑）。そうすると、地元の変なのがいるでしょ、夜になると。そしたら、ここはどこのシマかって聞いて、訪ねて行って挨拶して。3日間は許されたんですね。それ以上いる場合は、その地元のひとにいくらか払わなくちゃいけない。だからそこが気に入れば、それから交渉だ。

それでたまに東京に帰ってきたり、また行ったり来たり。気ままな人間だからねえ。

着物姿になったのはここ数年のこと、それまではずっとスーツ姿で流していたという

印象深かった土地って言われてもいろいろあるけど、やっぱり岐阜の柳ヶ瀬、広島、札幌、福井の敦賀、尾道、あとは伊東だねえ。

　北海道では静内《しずない》ってところがあって、むかしは牧場と、漁師も多くて景気よかったから、飲み屋がけっこうあったんだね。そこになんで思い出あるかっていうと、電車ン中で凍え死にかけたから。

　9月ごろだな、旅したのは。そしたら向こうは雪が降ってて、電車の中にも舞って入ってくるんですよ、当時は。寒くて寒くて、静内の駅降りたら、倒れちゃった。そうしたら、みんなストーブのところに連れてってこすってってくれて、『ああ、生き返ったー！』って喜んでくれて。でも3日くらい食えないからね。1回停止しちゃった人間の体っていうのは。食べても吐いちゃうしね。そんなことありました。

　そうやって死にかけたことも、3回はありましたよ。簀巻きにされたりよ（笑）。

挨拶しないでやったからなんだけど、青森でね、袋叩きにやられて、気を失ったから助かったの。水飲んでたら、完全に死んでますよ。水を飲まなかったから助かった。

ひとところにあんまり長くいることはないんだけど、広島には1、2年いたね。岐阜も長かった。札幌は半年くらいかな。でもね、札幌はよかった。旅人さんが帰るときは、親方から若い衆まで提灯持って汽車までお見送りすんだよ。かっこよかった。だから旅は忘れられない。あの当時は、モテたしね、流しは。いまはモテないけど、当時はモテるよ、やっぱり。だって、恰好よくして歩くでしょうよ。札幌なんか行くと、みんな化粧して歩いてたから、眉毛描いたりね」


まるで映画のような、というか映画以上の渡世を歩いてきた新太郎さん。いまでも荒木町の路上ですれ違うと、渋い魅力にどきっとする。全国各地を流れ歩いていた当時、夜ごとの盛り場で、その男伊達が発する危険な魅力に惹き寄せられた女たちも、さぞ多かったことだろう。

もともと新太郎さんを紹介してくれた漫画家・東陽片岡さんが2010年に出版した『レッツゴー!!おスナック』（青林工藝舎刊）には、東陽さんと新太郎さんの対談が掲載されている。その中から、「モテなきゃ流しは商売にならなかった」という新太郎さんの女話を、東陽さんのお許しを得たので少しだけ引用させてもらうと――

新太郎　流しはね、女にモテなきゃダメなんですよ。お客さんに店の女の子が「一曲歌ってもらいなさいよ」っていうと、男はみんな鼻の下が長いから「じゃあ」ってリクエストしてくれるでしょ。流しはママさんや店の女の子によくしてもらわないとやっていけませんから。

東陽　新太郎さんはモテたんですか?

新太郎　ええ、モテました、若いころは(笑)。何しろ「ナメサク」ってあだ名つけられてましたから(笑)。

東陽　「ナメサク」ってそらすごい(笑)。

新太郎　要するに舐めるのが大好きでね、女の人を喜ばせてたんですよ。

東陽　命名したのはお店のママさんでしょ。

新太郎　そう、親分の奥さんでね。「お前は舐めるのが好きだから、ナメサクだ」って冗談でつけられてね。それで「ナメサク、今日は焼肉行くよ」なんてよくしてもらってました。でもそのママさんは舐めませんでしたよ、怖いから(笑)。

東陽　でもモテてたからずいぶんいい目にあったんでしょ?

新太郎　そらありました。銀座をやめて駒込に店を出したママは特に可愛がってくれたね。牛乳風呂に入れてくれたり舐めてくれたりして「坊や、坊や」ってとってもよくしてくれてもう大変でしたよ（笑）。練馬に住んでたときには大家の旦那が留守のときに夜這いに行ったりね。その奥さんも水商売の人で銀座に勤めてたんですよ。あとね、港町もよかったね。漁師が遠洋漁業に出るとしばらくひとりになるから、水商売やってるお母ちゃんが多くてさ。で、港の女ってのは情が厚いし口も硬いから最高だったよ。

そうやって諸国を流れ歩き、歌い歩いてきた新太郎さんが、東京に落ち着くようになったのはここ10数年のことだという。

「やっぱりもう年だしね。それと、旅館が高い。昔は1泊300円だ、500円だって木賃宿があったから。いまは大変だもの。カプセルだって3000円、5000円でしょ。それでもって10時になると出されちゃうから。そうすると部屋にいられないから、パチンコなんかして、一銭もなくなっちゃう。むかしは、鍵をちゃーんと置いてあるところがあって、いつでも行ってその鍵使って入って寝てりゃ、朝はちゃーんとお茶とおしぼりが出て、そういう商人宿があったもんね。いま、ないもん。だから旅はもう無理よ。

そういう宿に泊まってるとね、いろんなひとがいるでしょ。テキヤもいるし、薬売りもいるし。いろいろ中で会うから、情報交換ができた。あすこの親方は人間がいいとか、向こうの街ではいまガイマチ……間違いのことをガイマチって言うんだけど、やってて危ねえからって聞けば、行かないわね。いまあすこじゃ喧嘩でもめてるから行かないとか。そういうふうに、むかしはできたんですよ」

新宿や北千住にいたこともあるけれど、荒木町の人情深さがいちばん居心地いいという新太郎さんは、いま都内でほんの数人になってしまった流しの中でも、もちろん最長老だ。これだけ長く続けてこられたわけを聞いてみたら、こんなふうに答えてくれた。

「そりゃいまは東京どころか、全国でおれがいちばん古いよ（笑）。みんながやめちゃうのは、学があるから。こっちは学問ができないでしょ。計算も弱いしよ、それから字を書いたり読んだりできないから、続いたの。だって、なんにも仕事できないでしょ、やめちゃったら。で、土方もやれないでしょ、この身体じゃ小ちゃいから。だからやれたの、ただそれだけよ」

「最低3000曲は（レパートリー）持ってないと商売にならないよ」という流しの仕事は、想像以上に苛酷な毎日の連続だ。飲まないと商売にならないという流しのひとたちには、酒で身体を壊したひともたくさんいる。

「いまは夕方、腹ごしらえしながらビール1杯飲んで、あとは焼酎だけどね。むかしはそりゃ飲んだよ。飲まなきゃ商売にならないもん。だってね、ひとりのお客さんと2杯飲んだって、お客さんが10人いたら……大変だろ。具合悪いから飲まない、なんて言ったら商売にならないでしょ。みんな殺したがってるんだよ（笑）。だから酒で身体壊すのが、ほとんどですよ。おれも糖尿から血圧から、痛風、前立腺、ぜんぶ持ってるしね」

仕事は夜だけれど、新太郎さんの朝は早い。もう10年と少し住んでるという、西日暮里から徒歩1、2分の線路沿いのアパートで、毎日10時前には起床。歌とギターの練習を2時間、欠かさずやってから、昼ご飯を食べて、薬を飲んで1、2時間昼寝。それから一番風呂に行って、支度して荒木町に向かう。6時過ぎには着いて、なじみの店で一杯やってから、ギターを抱えて歩き出す。

流しと言っても、どこの店のドアでも気軽に押せるわけではない。流しを歓迎してくれる店もあれば、そうじゃない店もある。新太郎さんは決まった店を12、13軒ほど毎晩回って、終電の12時ぎりぎりまで歩いている。そうしてしかも、いま昼間はもうひとつ、新太郎さんはお仕事を持っている。炭酸ガスボンベを備えて、一瞬で膨らんで頭部をガードする防災エアバッグの開発・販売だ。

「むかしね、岐阜で流してたとき、台風に遭ったのね。それが長良川の堤防が決壊して、わざと人家のないほう（の堤防）を

最近の新製品は、車いすで転んでも大丈夫なエアバッグ

切っちゃうんだけど、ひどいもんだったんですよ。豚は流されてくる、牛は流されてくる……。浮き袋なんかあっても、丸太やなんかでこすられたら、切れちゃう。人間だって大水なんかになって流されたときには、絶対泳げないからね。泳げるもんじゃないです」

「そのあと奥尻（大津波）があって、阪神（大震災）があって、それでいざ災害が来たら、自分でなんとかしなきゃダメなんだと思って、こういうの作り始めたんですよ。もう、人助けだと思って」

「でもね、やってみてわかったんだけど、防災ほど難しいものはないね。出れば出るほど、釘さすバカがいるの。国の制度があって、消防の出先が全部占めてるんですよ。

オリジナルの『防災音頭』

それで、でたらめなもん売ってて。だってあんな銀色のリュックとか、だれも持って出ないでしょ、地震とかあっても。

こっちがいいもん作っても、役所が認めねえから。だから役所なんかでも嫌われもんです（笑）。だけどまあ、喧嘩するのも、大きいとこと喧嘩したほうがいい。小さいとこじゃつまんないから。勝ったときの勝利の味がちがう。闘いは勝ったときに、幸せを感じるでしょ。だから徹底的に闘う（笑）。それじゃないと、生きてる価値がないじゃないですか。それで気力が続いているんじゃないかな。これができあがったら、死んじゃうんじゃないの（笑）。でもまあ、なんでも長続きさせるのがおれの役目だからね、だから両方やってるんだよ」

今夜も荒木町に行けば、そこに新太郎さんがいる（日曜だけは店がみんな休みなので、新太郎さんもお休み）。このところ週に3日ほどは、ひょんなきっかけで弟子入りしたという可愛らしい「歌う漫画家」千愛《チエ》ちゃんを連れて。ほかの日は、いままでずっとそうだったように、ひとりだけで、ギター一本を相棒に。

路地裏の小さな店のカウンターで、女将さんがちゃちゃっと作ってくれたおつまみをつつきながら飲んでると、がらっと戸が開いて着物姿の新太郎さんがあらわれ……

新太郎さんと千愛さん。歌ったお客さんの似顔絵を、千愛さんが描いてくれるサービスも！

ポロンとギターを鳴らして「一曲どうですか」と誘われるとき。それは2012年の現在が、いきなり昭和のかなたにワープする瞬間だ。分厚い歌本をぱらぱらめくって、好きな曲を選んで歌ってみるのもよし。リクエストして新太郎さんやチエちゃんに歌ってもらうもよし。それで3曲1000円、楽しかったらちょっと色をつけてあげればいい。

東京都心の片隅に、こういうふうに夜のひとときを遊ばせてくれるひとがいて、そういうひとを抱きとめる夜の街がある。大々的に宣伝する必要も、毎晩通う必要もないけれど、そんなことを覚えているだけで、仕事に疲れたこころとからだが、ちょぴっとほっこりしないだろうか。

24時間ぜんぶ、
自分のために使えるんやもん。

礒村遜彦

舶来居酒屋いそむら・主人

四条通から花見小路をちょっと上がって東に入ると左手に1軒、2階建ての小さな建物がある。ビルというより、ちょっと大きなアパートを飲食業用に改装したような、いかにも昭和の香り漂うそのたたずまいは、バブルの時期に醜いコンクリート・ビル街になってしまった祇園の一角のなかで、そこだけ時間が止まったたままだ。

きしむ階段を2階にあがると、いちばん奥が『舟来居酒屋いそむら』と看板にある、その店。そーっとドアを開けると、「おや、いらっしゃい！」と、いそやんが声をかけてくれる。たった数人のお客さんでいっぱいになってしまう『いそむら』は、実は祇園では知らぬもののない名店中の名店。太秦《うずまさ》のスタジオで撮影中の俳優さんから、すぐそばの南座に出ている歌舞伎役者まで、京都に来たら「とりあえず寄っておかないとどうにもならない」、夜の祇園という円の中心だ。

そうして、京都のほんとにいい店がぜんぶそうであるように、『いそむら』も店主いそやんの知っているひとしか、入れてはもらえない。

『いそむら』で飲む楽しみの、何分の一かは居心地いいカウンターで味わうお酒だが、グラスを重ねて酔っぱらいながら耳を傾ける、いそやんの映画や演芸談義や、古い京都の話がいちばんのご馳走だといったら、御本人に失礼だろうか。

京都生まれの京都育ち、78歳になった今年（2012年）まで、ずーっと独り身の自由人。午前中はかならずジムか映画館に行って、夕方から店を開けて、気が向いたら店を閉めたあと飲みに行く、という完璧にパターンが決まった生活を、『いそむら』開業以来もう47年間も続けているというから、これはただごとではない。

いそやんはまた、僕の出会った京都人の中で、いちばんきれいな京都弁をしゃべる男性でもある。秋の日の夕方、カウンターを挟んでじっくりお聞きしたお話を、なるべくその口調を味わっていただけるように、今回は再現してみよう――。

祇園の一角、ビルに挟まれてひっそりたたずむ２階建ての２階に、「いそむら」がある。「コッキ会館」という建物の名前も、ファサードも昭和ふう。もともと食堂と住居を兼ねていたため、奥に深い京都式のつくり

「ひとりの生活、すこぶる快調ですよ、ハハハ。好きなことやって、自分に全部時間使えるんや。子どものためとか、嫁はんのためとか、時間使わんかってええわけよ。もう、24時間、自分のためだけに使えんのやもん。

私の場合は、仕事はたとえば、6時から午前2時まで。そしたら2時から6時間か8時間寝

て、一日を3分割できるわけ。2時から8時まで寝るでしょ、ほな、8時から夕方6時くらいまで、全部空いてるわけ。8時間ずつ割ったかて、仕事8時間、寝るの8時間、自由時間8時間あるわけです、毎日嫁はんや子どもに時間とられることがないのがなにより。ふつう仕事ある人でも仕事の前後に、午前中にちょっとと、仕事終わってから寝るまでのちょっと、と自由時間が分割されるわけ。寝るのと仕事の間に自由時間があるだけやけど、僕は3つに割れてるの。もう25くらいから、その時間割で動いてますねん、そのバランスで。

ほんでいまは月水金は、午前中ジムへ行って、あとは自由時間です。火木土は映画を観て、あと自由時間。そやし、朝、喫茶店行くのは、映画の始まる時間を逆算して行くのや。喫茶店は朝、毎日行くとこがあって。そこが水曜日定休なので、水曜だけは別の喫茶店行きますけど。

ほんで休みの日とか、日曜日とか定休日には、どっかにお芝居観に行く、東京でも博多でもどこでも。月曜日の朝帰ってきたらいいし。東京やったら、午前中に京都帰ってきてますもん。

ジムはね、38歳からや。もう40年、欠かさず。そのとき私、82キロあったんです、体重。そのころ（高倉）健さんが東映にジム作らはったんです。そこで北大路欣也さんと田中邦衛さんがやってて。

で、河原町荒神口にちょっとやれるとこあんでって見つけてきて、そこへ田中邦衛さんと僕とが行ったんです。いそやん、50になったら違いますよと言われて。彼は僕よりふたつ年上やのに、ばたーって開脚して、びちょーって（胸を床に）ひっつけて、走ってきてマットの上で空転できたんやもん。僕はトレーナーに押してもうて、床と額と30センチ開いてて、痛い痛いって。ほんで、あくる日から入会して、僕はジムに通いだした。

それといちばんのきっかけがね、そのころから狂言の稽古をはじめたの、38歳で。そしたら初めての立ち稽古のときに、膝ががたがたになったんです。ほんで、これはあかんと。こんなもんで舞台は立ってられへんさかいに、その時にちょうど、そのジムの話があったんで、これは行かなあかんと思って行ったわけ。膝を曲げても立てる脚にするように、ほんと一生懸命にがんばりましたさかいねぇ。膝震えるさかいにやめたら、カッコ悪いと思うたんです、それは。

いまは河原町六角にある、家から歩いて10分で行けるところに行ってます。で（続けるコツは）、私ジム行ってますって、ひとにいっぱい言いふらします。ほしたら、もうやめたんかと言われたらあかんさかい、そのブレーキ役にいっぱい言うとくわけ。

そやないと、内緒でやってたら、いつやめても分からへんのやし。

それでジムではね、40歳ぐらいのときにやってたままを、いまも続けてます。増やさない、重くしない。ほな40でやれてたことが、今やれてるということやもん。腹筋の回数かて、40のときやってたのと同じ回数をやってるだけ。強くなろうと思わない。それがやれてたら、歳いっててんのやさかいに、維持できてんのやもん。

ジムで運動やったら、15くらい血圧が下がります。いつもは120の80なのが、終わってからストレッチやって測ったら、上がもう105とかになる、血管拡張するさかい。(血圧)上がるような運動したら、心臓に負担がかかってんにやもん。で、僕はときどき時計見て、脈を測ってるわけ。こうして、10秒でなんぼになるか、10秒で20になったら、1分で120やさかいに、これくらいのペースでやめとかなあかんねん。疲れに行っててんの違いますから。

映画のほうは、そら小さいころからずっとです。戦前はうちに住み込みの職人が3、4人くらいいましたさかいに、1日と15日、自分たちの休みの日に映画行くかと言われて、連れてって僕が言うたら、小遣いぎょうさんもらえるわけ。僕を連れて行けば。それで、映画好きな職人が毎月僕を連れて。小学校入るまででっせ、それは。

阪妻やとか大河内傳次郎やとか、しっかり観てましたよ。それで、チャンバラ観て

届いた氷を割って、営業準備中のいそやん

帰ってきては、わしも東本願寺の釣鐘堂のところに近所の子供たち集めて、チャンバラの演出してたんです。おまえ、そこ隠れて、わしが来たらパッと出てこい、とか。ハッハッハッ、本願寺のお堂のまわりやらで、チャンバラばかりしてました。

子供のときはね、小学校時代に、映画に行く小遣いなかったらね、おとなの横ついて歩いて、もぎりの前通過したら、ぴゃーっと走って入ってく（笑）。もぎりのおばはんが、もう次のお客の切符きらなあかんさかいに追いかけてきよらへん。ほんでね、入れ替えの休憩時間のときに入りますねん。ほしたらね、一応もぎりが終わったら、探しにきよんのやけどね、客席座ってたら、ばれたらあかんから、入ったとこのカーテンを体に巻きますねん。ドア、あけたとこの。ほしたら足元見よらへんさかいに、他で探しとんねん。賢かった（笑）。そのとき思てたのは、僕が見いひんかっても、映画映るのは原価は一緒やさかいに、おとなになったら金払うさかいに見せといてて、勝手に思っとった（笑）。

それとね、夜遅くなったら、最終回始まったらもぎりがいなくなるねん。最終回始まって30分たったら、もう入口にはだれもいよらへん。売り場は閉まってる。そしたら、ただで入れるんや。それで中学時代、友達とこ行ってくる言うては映画に。ほしたら、観たい好きな映画の、もいっぺんラストを観られるわけ、ただで。ジェームズ・キャグニーの最後の撃ち合いとかね。

それとおもしろかったんはね、丁稚時代の日曜日に、僕は朝からその日観る映画３本決めますやろ。あの時分は早朝サービスちゅうのがあってね、午前中に入ったらモーニングサービスて、映画が早朝割引。ほしたら１００円の映画が80円とかなりますのや。

ほんで早朝のあいだに行く映画、３軒分の切符、さき買うて回りますねん。80円の切符持って１軒目観てから、次の始まる時間に合わして、まだ次始まらへんかったら、ここで観てるわけ。ほんで80円の切符持って、12時回ってから観に行ったら、早朝の切符やからあかんて言われたら、切符買うてから用事があったさかい、いましか来られへんかったんやって言うて入りまんのや。そしたら3本観たら、60円儲かるんやもん。飯代ぐらい出んのやもん。60円でスター食堂のBランチが食べられたんやもん。けど切符買うた早朝サービスの切符を、夕方持っていく、そら文句言う、向こうは。けど切符買うたのに用事ができて行けんようになった言えば、入れてくれたんです。

昭和25年僕が16歳から、昭和50年までは、年間200本切ったことない、25年間。そのころから映画館の数が減ってきまして、それでだんだん減っていって、このごろはずっと170本ペースで観てます、年間。

そやし、いま、映倫の通しナンバーがついてますやろ。いまあれ、4万5600くらいまできてます。昭和25年ぐらいに映倫できてから、日本で公開する映画に全部ついてるわけよ。その、4万5600くらいきてるうち、僕が7000本くらいは観てると思う。それ半券を全部残しといたら、おもろかったのになぁって、なにも取ってないけど。

僕は、芸妓《げいこ》さん、舞妓《まいこ》さんがあの映画観たいて言うたら、いつでも連れたげる。ときどき、うちに来たことない舞妓が道で会うたら、おとうさん、映画連れとくれやすって。あのおっちゃんに頼んだら、映画行けるって。それで、いそやんに連れてってってもらうと置屋で言えば、ほな行っといでと言わはるさかいに、安全パイで。
それで25くらいの芸者さんと行くとき、夫婦割引で行ったんよ、ハハハハハ。あれ、夫婦どちらかが50歳以上やったら、ふたりで２０００円。僕が50以下に見えるわけないのやさかいに、なんぼ25の芸妓連れてっても、オーケー。別に住民票もってこいと言うとるわけやないし」

朝はいつもの喫茶店でモーニング。あとは夕方に、買ってきたものを店で食べる。家では「お茶沸かすだけ」で自炊はせず、家には酒も置かず、完全外食。それでタバコも毎日ひと箱は吸いながら、「血液検査オールセーフ」という健康体。家は「ほんとに風呂入って寝るだけ」で、本を読むのも店のカウンター。だから本屋が図書室で、「河原町と京極がみんな僕の家みたいなもんや」といういそやん。「もう京都しか、よういかない」と笑うが、これほど自分の町を自在に使いこなしているひとは、そういないのではないか。都市型独居の、これは最上の一例だろう。

最初の常連から子供、孫に受け継がれ、「1軒だけ、ひ孫が来てくれはる」という『舶来居酒屋いそむら』のご主人、常連たちが敬愛を込めて「いそやん」と呼ぶ礒村遜彦《いそむらやすひこ》さんは昭和9年9月9日、京都で生まれた。実家は東本願寺前で現在も店を開く、神社仏閣飾り金具製造業の「礒村才治郎商店」である。

「うちはもともと神社仏閣の錺《かざり》金具師だったんです。戦争終わったときに、錺金具の仕事がなかったので、仏具の小売店を東本願寺の前で開いたんです。伊勢神宮も、南座も手がけていて、こないだ亡くなったうちの兄は、（伊勢神宮の）式年遷宮、3回やったんです。昭和28年と48年と平成5年と。

新しい南座のもうちやったんですが、礒村家でいちばん芝居観てるの僕やさかい、打たせって言うたら、しょうがない打たしたるって、私が釘2本打ってます。高いところ登るの怖くて、腰が引けてたけど（笑）。そういえばこないだ勘九郎（勘三郎）さんが松本で芝居やったとき、松本城の黒門の金具を、私が昭和31年に打っといたなあと思って、何十年ぶりに行って、写真撮ってきました。

僕は五男で、兄貴が4人もおりますねん。僕はもう、邪魔もんみたいな（笑）。戦争中は、昭和20年の3月から1学期だけ、おふくろの里へ、田舎へ疎開してたわけ。そのあいだだけは映画観てません。3月から9月まで。昭和20年の3月から9月までは、映画館のない田舎にいましたさかい。

京都はね、実は空襲あったんですよ。100人ぐらいです、死んだんは。西陣と馬町って、あの博物館のちょっと東側と2か所。福井かどっか爆撃に行った帰りしな、余ってた爆弾落としよったという説があるんです。持って帰るの重たいさかいに落としよった。なんにもないところにやりよった。民家ばかりやられた、西陣で50人、馬町で50人とか死んでます。

終戦のときは小学校5年生でした。昭和16年入学で、22年に卒業、その6年間だけが国民学校です。それ以前の人は尋常小学校で、ぼくらのあとが小学校になってる。僕の年だけが国民学校入学、国民学校卒業なんです。

昭和20年、終戦直後の、進駐軍が京都に入ってきた瞬間を僕は見てるわけ、七条烏丸を戦車がガーッて曲がってきよったのを。で、四条烏丸のところに星条旗がぼかーんと立ってて。四条烏丸を上がったところに烏丸映劇ってありましてね、いまは銀行になってるとこ。それを僕は東本願寺前から歩いて映画観に行くときに、友達はみんな東側歩くんやけど、MPの前歩くのが怖いから。僕はそれを偉そうに、前をガーッと。またMPが笑うんや。腰に手ぇやりながら、ニヤーッと。ピストル下げたやつが。

戦争中も戦意高揚映画がありましたけど、戦争終わってからはもう、安物の旅回りの芝居かて、京極でやってんの、そんなのも観てます。辻野良一（戦前花月劇場の人気スター）の「鼠小僧次郎吉」やとか。そのときに辻野良一出てきよったら、「日本

東本願寺前の店の前で一家勢揃い。前列左端が遜彦少年

一！」とか声がかかるのを見て、あの声かけなあかん思てたんよ、ハハハ、小さいときに。

　そういうドサまわりが来てましたし、連鎖劇かてありました。連鎖劇ていうのは、映画と舞台がいっしょになってるやつで、舞台でやれへんシーンを映画で見せるわけ。たとえば山の中を追いかけられとるシーンやらは、映画で映ってるわけ。そしたら山の頂上にぱんと変わって映画が切れたら、山の頂上の舞台があって、そこへ娘がぎゃーって逃げて来て、映画で映ってた役者が出てくるんです。それが連鎖劇。あれね、俳優祭のとき仁左衛門さん、勘三郎さん、八十助さんが幹事のときに、僕がそんな話をしていたら、『オペラ座の怪人』を真似して『歌舞伎座の怪人』というタイトルで連鎖劇入れてやりよった。奈落の底で起こっているシーンを映像にして、花道からバーッと本物が、映ってたやつが出てきよるの」

日本中が敗戦の悲しみと、将来への希望に揺れ動く中で、遜彦少年はたくましく成長していったが、中学に進んですぐ、13歳のころに交通事故に遭ってしまう。当時の思い出を記した文章から引用してみると——。

忘れもしない昭和22年4月17日のことでした。ウチの番頭さんがこぐ自転車の後ろに乗って大掃除の手伝いに行く途中、進駐軍のトラックにはねられてしまったのです。当年とって23歳の若さで番頭さんは即死。私はといえば、3日間昏睡状態が続き、担ぎ込まれた赤十字病院で既に顔に布をかぶせられて両手は荒縄で縛られていたそうです。急を聞いて駆けつけた兄と我が家に出入りをしていたお医者さんが「まだ息がある」と言い、タクシーで自宅に連れ帰る途中、蘇生術を施し、カンフル注射を打って一命をとりとめたのです。3ヵ月の重傷でした。しばらく療養していた私の枕元に、ある日MPがやってきました。事故の調査に来たわけです。MPは土足のままズカズカと離れの私の枕元までやって来たのです。日本人の通訳も止められなかったのです。じいさんは「日本が負けるからこんな目にあうのや」と悔しがったものです。

（『諸君！』平成12年7月号より）

そんな逆境のなかでも遜彦少年は順調に回復、高校時代は「水球」と「演劇」に打ち込んでいたという。

「僕は水球やったさかい。ウォーターポロ。マイナーなスポーツで、土方みたいにしんどいです。試合行ったかて、補欠が見てるぐらいで、だれも試合なんか見に来よらへん。そやけど山城高校へ僕が試合に行ったときに、阪神の吉田監督がそのころまだ山城高校の野球部におって、僕の1年上やったやもん。あれが吉田やでって、京都で有名なやっちゃでって言うて見てたんやもん。

高校は洛陽高校て、いまは工業高校になりましたけれど、僕らの時代は普通科もあって、総合高校やったんです。第1回卒業生が、あの大島渚。ほんで、大島渚が初代演劇部キャプテン。それで僕が高校3年の時、校内演劇コンクールのときに、大島が審査委員長で来よって、僕らは『修禅寺物語』で、歌舞伎をやりました。

校内演劇コンクール、クラス対クラスで、2日間で芝居が14ぐらい出てくんねん。

2日間、演劇祭。友達にひとり(歌舞伎が)好きなやつがおって、ほな『修禅寺物語』やろう言うて。ほとんど歌舞伎て見たことのないやつらのために、台詞《せりふ》回し知らへんさかい、古レコード屋で左團次の『修禅寺物語』のレコード、見つけてきたんです。ほんで1枚しかないSPのレコードで、歌舞伎の台詞はこんな言い方やって、聞かさな分かりよらへんのやさかい。

それがものすごくウケて、僕は1等やと思ったら、2等になったんです。それで、なんであんなにウケてうちの芝居があかんのやと大島に言ったら、『高校生が取り上げるイメージと違います』て(笑)。

高校を卒業して、僕は大学行かんと、僕は早よ商売人になりたかったんです。サラリーマンとか、あんな背広来て、毎日通ってて、そんなのがいややったん。で、高校卒業して昭和28年から31年くらいまで、室町の呉服屋で丁稚してたの。商売のもとは呉服屋で丁稚してたらわかると。その間にも、僕は店終わってからでも、夜に映画観に行ってましたしね。

それで、勤めていた呉服屋の丁稚を辞めて、21歳から25歳くらいまで失業。そんで、その間に小遣いもらうために、家の仕事を時々手伝ってたわけ。

そのころね、ほんまはいちど漫才師なろうと思ったことがあるんです。まだ上方演芸株式会社があったときに。それで上方演芸に行くまでにね、秋田Bスケに会いに行ったわけ。南座に出てたときに。

ほしたら、いまは内弟子はないさかい、いっぺん会社へハガキ出せって言われて。それから僕は家族にわからんように、毎日郵便受けをのぞいて、上方演芸から郵便が来たら取らなあかんて。それが来ましたよ。演芸課長が面談するさかい、来いっていうハガキが。行ったらね、いまコンビ別れしたやつがいよんのやと。それが相方探しとるって、そいつといっぺん会うて話しせいということになって、そいつと組んでね。そしたらそのころ僕は、台本かて自分で書くとか、そういうことわかってへんのやもん。で、まあ相方が書きよって、ええかげんなもん。それで、カーテンで2畳ずつくらいに区切ったとこで、あっちこっちでいっぱい稽古しとるわけ、わーって。ほんで、ついに、なんとかやることになって、浪花はるお・あきおっていう名前で、僕があきおやった。それで君は右側に立つのやぞって。道歩くときも、電車乗るときも右側に立ってくれって言いよるわけ。

僕はそのとき失業したてで、失業保険6カ月もろてました。それでまあ、親父に電車賃とか言わんと行ってたわけ。ほしたら、コンビになるのやったら、親の承諾がいると（会社が）言い出しよった。

ほしたら、親に言うたら、うちの親父はね、ＰＴＡの会長やらやっとったさかいに、中学の校長はんやら呼んできますねん、私に説教さしに。

そんなもん、それでも僕はやろうと思ってたんやけども、兄貴に漫才師がいたら縁談に差し支えるって妹が言うてるて、だれかに言われて。それがこたえてやめたんです。兄弟に迷惑かけるんやったら、これはあかんと思て。そのあと寄席行ってたら、演芸課長が来とって、『礒村くん、ここで見てるほうが楽やろ。あんた、こっち回ってんと、向こうにいたら、しんどいで』ってそのとき言うとった、ハハハ。

ちょうどね、民間放送がはじまったときやもん。テレビで演芸が要るようになってきて、だれでもええさかい作ってテレビに乗せんかったら、数が足らへんかったの。

ほんで、（秋田）Ａスケ・Ｂスケと、横山ノックがＯスケ・Ｋスケというコンビで、僕の上にいよったですもん。Ｂスケの弟子で。Ｏスケ・Ｋスケが女の取り合いで喧嘩別れして、ほんでＫスケがノック・アウトというコンビを作りよった。ほんで、ノック・アウトがまたあかんようになって、ノック・フック・パンチのトリオをつくりよって、その彼がまだＯスケ・Ｋスケのときに、僕がその下に入ったの。

ほんで、その失業期間に僕は、むちゃくちゃもう、毎日、朝から映画観に行って、喫茶店行って、そのときにシャンソン喫茶というのができたんです。それで、シャンソン喫茶が僕の根城になって、そこでずっといる間に、京都シャンソン協会というのを作ったんです。錦の烏丸東入ったところに。「フレンチカンカン」っていう店で。そこ小さい店なのにテーブル置いて、椅子70席くらいのところで、高英男もミニリサイタルやってたんです。フランス行って帰ってきたてのとき。そんで、僕が司会してたんですよ。

その頃に、岸洋子を大阪の「スパニョラ」というシャンソン喫茶で聴いて、これはうまいと。こいつは越路吹雪とええとこいくでと、こいつのリサイタルやらなあかん言うて、関西テレビのアナウンサーやった友達と、組んでやることになったわけ。で、それが赤字が出たので、僕は25で住み

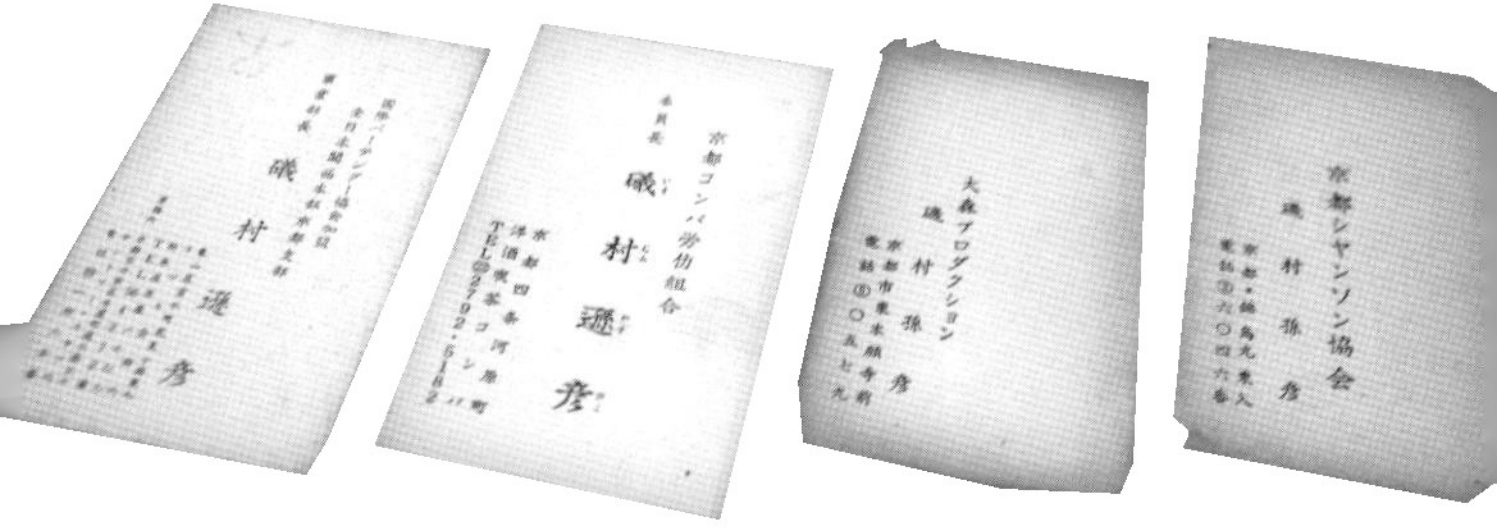

京都シャンソン協会や、水商売を始めたころの名刺が、大事に取ってあった。もう50年前の名刺だ。右の2枚は、京都シャンソン協会を設立、岸洋子のリサイタルをやったころ。「大森プロダクションっていうのは、うちの住所と電話番号で、岸洋子のマネージャーが大森という名前やったさかいに、勝手に大森プロダクションって作ったんです」

込みのボーイになって、水商売入ったんです。だから、あれが売れてたら、なってへんのです。それが25歳のときやもん。

あの時分は日本でシャンソンが流行《はや》っていたときやさかいね。コーヒー60円やのに、LP2800円したんです。そやし、京大の仏文の桑原武夫がゼミの学生連れて、シャンソン聴きに来とったん。

ほんで住み込みのボーイになったのが、「洋酒喫茶コンパ」という、いま四条のセントラルインというホテルになってるところ、髙島屋の斜め前にある。

京都コンパはね、ボーイとバーテンダーで35人ぐらい。コンパですから、男のバーテンダーだけがいる。それでキャバレーのねえちゃんやらがお客さんというふうな。当時は四条通に『ミス京都』とかそんなんがいっぱい、キャバレーがあって。あと、アルサロ。アルバイトサロン。そんなんがあってたくさん飲みに来とった。

ところがそこに1年しか居いひんかった。なんでかというと、私が丁稚に行ってた呉服屋の、社長が贔屓《ひいき》にしていた祇園の芸妓さんが、祇園の芸妓で初めてバーをやるのにバーテンダーを探してるて。ほな、僕がそこでバーテンやってるとき、お客さんに来てもらおうと思って、先輩やら後輩に電話してますやろ、ほんで社長は僕が水商売やるのを知ってたわけ。ほしたら、うちで丁稚しとったやつが、いまバーやっとるさかいに、あれ使うたらどやということになって、元社長と、その経営する芸妓さんが私のとこに見に来はったわけ。

　ほんで、実はうちに来てほしいのやけど、どないしたらいいって。僕はえらいこっちゃと。まだキャリア1年も経ってへんのに、そんな祇園のえらいお客さん来はるとこいったら、えらいことやと思て。で、値段を高く言うて断ろうと思て。そのとき僕、（月給）4500円しかもろてへんのに、3万円って。

　そしたら絶対断らはるやろと思てるさかい。そしたら、それでけっこうですと言われて。ほんで、私は住むとこがないんですけれどもって言うたら、部屋もちゃんとあるって。店の2階に部屋はありますって。部屋代ただで、3万円もろて、えらいこっちゃ。後で聞いたら、京都でいちばんごっついクラブの50何歳のチーフが、3万円やったと言うんや。

　ほんで、これはえらいこっちゃと、丸善行ってサボイのカクテルブック買うて。7500円しましたんやで、それ。1ドル360円やけど、むちゃくちゃ高う取っとんのや。丸善、悪いことしよんねん、あれ。

　そやけど、その英語のカクテルブックは、中卒程度で分かるわけ。お酒の名前と、シェイクするか、ステアするかくらいしか書いとらへんのやもん。ほんで僕は、これ

40歳ごろ、表千家で10年間、みっちり稽古を積んだ

で知識量さえあったらできると。知識量さえ増やしといたら、バーテンダーはできるんやと思た。お客さんが注文するカクテル10種類ぐらいしかあらへんのやし。外国帰りのひとが来はっても、向こうのホテルで飲まはるって言うても知れてんのやもん。

　クラブ『米』と書いて『よね』という店で。それはもう、祇園のお茶屋さんからお客さんが来はるのやさかい、顔見たら分かる、日本のだれって。カウンター7人くらいで、ボックスひとつあるだけなんですよ。でも、祇園の芸妓が初めてやったバーやというんで、まあ高級店です。

　そしたら同業者がね、バーテンダーはどこのやっちゃ、わからへんと。名前聞いたけど、そんなやつ知らんでって。そら、洋酒喫茶で1年も居いひんやつが。それで、トップクラスのバーテンが、お客さんと私を見に来よるわけ。

それで僕は、このおっさんやらは丸善のあんなもん買うて、原書読んでるわけがない、俺が作ってるのが正式やと。ごちゃごちゃ言われる筋合いはないと。ほんで、僕は禿げてへんかったけど、25には見えへんかった（笑）。それで、僕とちゃんと付き合うてくれて、京都の名士のバーテンダーが。ほんで僕も、その高級クラブのバーテンダーのとこへ、もうちゃんと祇園の若い芸妓さん連れていけるように。僕はその高い給料、まるごと飲みました。全部飲みました。

それから28くらいまでそこにいて、ほんですぐ商売やったら、ママに角が立ちまっしゃろ。ほんで、ホステスのいるバーと、ステーキハウスのバーカウンターでちょっ

1979（昭和54）年、観世会館で狂言『武悪』を披露

と働いて。コックを見つけておかんと、深夜喫茶できひんかったから、前は。ほんで使えるコックの若いのを見つけるために、ステーキハウスに勤めて。ほんで、（店始めたら）来いよって言うといて。ほんで、ここでオープンしたのが31からなの。昭和40年。それからそのまま47年、ハハハ。

その時分、このへんはまだ、連れ込みホテルが3軒あったんよ。そんだけ、ひとが通らないところやった。（売春防止法施行後なので）もう、女郎はいません。でも廓は廓やったんです。ほんで、この下が女郎屋時代の、女郎屋に洋食の出前をするグリルコッキていうのが1階にあったさかい、コッキ会館なんです。だからこのへんは、もともと赤線ですから、お茶屋もあったけど、女郎屋が圧倒的に多かったの。

ここはね、洋酒喫茶時代に同じ部屋で寝とったやつから教えてもろて、もとは1階のグリルコッキさんの住居やったの。ほんで、その日本建築のまま、貸館にしたんです。だからいまも、その2階建ての建物そのままなんです。そら戦前から、女郎屋時代からの洋食屋やったんですから。

ほんで始めてから5年目の、１９７０（昭和45）年3月8日に火事になった。万博の始まる1週間前に、隣の2階から燃えてきて、ここの屋根と天井なくなったんです。天井なくなって、空見えてたん。

で、屋根がなかったから誰も商売できひんのやったら、せやからみんなで建て直さな、しょうがないと。ほんで、家主が出してくれた保険の下りた金と、あと足らん分は店子4軒で4等分して、建物を直した。それで4月15日にオープンしたんです。

火事になったのは午前2時くらいで。僕はお客さんと、2時で終わりよるところへ飲みに行こ言うて出て、1杯目飲み終わる前に、消防がウーッと来とって、見に行きよったら、いそやんとこが燃えとるでって。ウソつけ、さっきまでわし、いたのにって帰ってきたら、まだうちには火ぃ入ってなかったけども、隣がもうぶわーっとなってて。しかしあのとき、よど号ハイジャック事件、まるっぽ家でテレビ見てました。店あらへんから、火事で」

最初に言ったように、『いそむら』は一見さんお断りの店だ。「入会金いりまへんで、そんなん。僕の頭にインプットしたら、それで会員。それで、忘れんうちに来てくれやっしゃと言いまんねん」なんて言ってるが、『いそむら』で飲んでいると、ほんとにいろんなひとが顔を出す。いそやんが「きんやちゃん」と呼ぶ北大路欣也から、勝新太郎まで、このカウンターでとことん飲んで、さんざん遊んだ有名人は数えきれない。

「僕のお客さんは、最初勤めた米さんのお客さんとして、祇園のお茶屋さんや、花街の人が多くて。ほんで呉服屋の丁稚時代の同業者が来るし。ほんで僕が映画が好きやったんで、映画のプロデューサーやったお客さんがいて、監督やら俳優が来るようになった。ほんで、歌舞伎役者は祇園の芸妓さんが、僕が子供の時から尾上松緑、二代目松緑が好きで歌舞伎観てたっていう話してたのを、お茶屋で松緑さんに言うたら、ほな行こうて、松緑さんが来だしてくれはって、ほんで役者が来るようになって。

私は結婚したことないんです。結婚したかった人はいやはるのですけど、うまいことといかんかったんです。そのひとがあかんかったさかいに、次あんたやと、そんな失礼なもん、具合悪いさかい（笑）。

まあまあ、30代です。火事の前から、ちょっと燃え上がってた人があったんやけどね。火事になったときに、これで、あとイケるかどうかというんで、その分岐点がありましたさかいにね。ひょっとしたら、また店がもたんようになるかもわからんと、火事以降。ほな、嫁はんもうてる場合やないねん。そやけど、そのとき、あかんようになったら、またどこかへ勤めたらええわいっていう気もあったけど、そやけどそれではちょっと男がすたる思て、ハハハ。

祇園の舞妓・芸妓さんにとっても、いそやんは
大切な「おとうさん」だ

舞妓ちゃんとのプリクラ・
コレクション

さりげなく壁にかけられたものからも、お客さんのグレードが一目瞭然。左の木札は勘三郎襲名記念。その隣の写真は北大路欣也の「空海」の写真

そやけど、酒と女が近くにあると思ってやってるひとは潰れてます、はい。お酒飲みすぎて、体いわしてとか、女でがたがたになってるひととか。

僕がここで飲んでて、次のお客さん断れへんかったら、みんな飲まなあかんのやもん、毎日。だから僕はよそへ勧めるときから、カウンター内はお酒は飲みませんという条件で勧めてた。仕事中は絶対飲まない。あいつ、よそへ勧めてるとき飲まんで、商売したら飲んどると言われたら、それもカッコがつかん」

水商売には話題が広いひとが多いけれど、それはふつう、お客さんに合わせるためにがんばるからだ。眠いのにゴルフつきあったり、興味ないのに日経新聞読んだり。でも、いそやんはちがう。「僕は自分が生で見てきたことが、ワーッと遊びやさかい」と言うとおり、ほんとに好きなことだけをやり続けて、何十年ものあいだ、生活

にまったくブレがない。

「私は野次馬です。なにかあったら、とりあえず時間が合うたら見られるもんは見とこうという」

タバコも酒も好きだけれど、タバコは家ではぜったいに吸わないで、朝の喫茶店で1服目。酒も家には置かないし、店でも飲まないで、店が終わってから外で飲む。食事はぜんぶ外食で、昔は大食いとしても名を馳せていたけれど、いまは寝る前に食べ物は口にしない。そうやって京都という、ここにしかない場所で、ここでしかできない生きかたをつらぬいている。だれにもおもねらず、だれにも自慢せず。

だから、いそむらで飲んでいると、酔っ払いはするけれど、いつもすごく元気になる。こういうの、ありなんだなって思わせてくれて。

だって、いそむらには老若男女、いろんなお客さんがカウンターに座っているけれど、いちばん声が大きくて、いちばんしゃんと背筋が伸びて、いちばんきびきびしてるのは、いつだって78歳のいそやん、そのひとなのだ。

※現在、お店は閉店されました

電子書籍は
野菜を直販するようなもんや、
きたないけど売ってるんや。

川崎ゆきお

漫画家

『猟奇王』に出会ったのはいつごろだったろう。愛読漫画誌が『少年サンデー』や『マガジン』から『ガロ』になった高校生のころ、川崎ゆきおの『猟奇王』シリーズに僕は出会ったのだった。

当時、表紙も中身もパワフルだった『ガロ』のなかでも、『猟奇王』の存在は別格だった。特別に絵がうまいわけでもない。ヘタウマですらない。ストーリー展開がきわだっているわけでもない、というかむしろ途中でよくわからなくなったりする。爆笑する場面も、欲情する場面もない。でも、ざらざらの誌面に印刷された『猟奇王』は、ほかのあらゆる漫画作品にない、なにか異様な存在感を湛えていた。そしてその100パーセントベタな関西弁は、東京に生まれ育った僕が初めて接した、リアルな大阪の空気でもあった。

川崎ゆきおさんはそのころも、いまも大阪に住んでいる。梅田から阪急電車に乗ってすぐの、塚口という駅がホーム

猟奇王百鬼夜走る

グラウンドだ。駅前のロータリーと、スーパーと商店街。どこにでもある郊外風景のなかで、喫茶店に行って、散歩をして、また喫茶店に行って、また散歩をして、ときどき写真を撮って、家に帰ったらコンピュータで漫画を描いたりゲームをしたり。そうやって静かな日々を過ごしている。

１９５１（昭和26）年３月生まれ、まだ61歳の川崎さんを「老人」と呼んでしまうのはあまりに失礼だろうが、市井の賢人ともいうべきその超俗的日常は、すでに独居老人としてのマイクロ・ニルヴァーナに到達してしまった解脱者の風格に満ちている。今回は失礼を承知でお願いして、お気に入りの喫茶店、そして散歩道を歩きながら、お話をうかがうことができた。

――川崎さんのお生まれは１９５１年ですよね。

はい、はい。３月31日です。団塊の世代のちょっと手前ぐらいな……生まれたのは伊丹市なんやけど。伊丹と尼崎は近いんや。こっちへ出るほうが早いでな、電車で。

――このへんは、やっぱり万博で変わっちゃったんですかね。

はあ……万博で道路ができたり。どこでもいっしょやね、駅前にビルが建って。ここは建ってないけど、ダイエーがどーんとそびえて。どこも一緒や、駅前ゆうたら。

――川崎さんは、ご両親が美術関係とか漫画にかかわりがあるとか、そういうのはなかったんですか。

ふうん……ないなあ。父はふつうの会社員。お祖父さんが書道家、みたいやったんやけど、小さいころ、学校開いてやっとったような。ようあるやん、町内で小学生の書道教室みたいな。ああいうんちゃうかなあ。でも、ようわかれへんねん。なんか、早死にしてるみたいやから。

――お父さんはそれを継がれなかったんですか。

はあはあ。でも、字をよう書いて……なんか、字ィばっかし書いて。文章やのうて。なんか、落ち着くんやったろうなあ。

――このへんも昔は農地だったんですか。

はあ、軍事工場とか。三菱とか住友とか、大きい会社の工場があったから。もう飛行機は作ってなかったけど、新幹線作ってた。塚口とか、尼崎なんか。田舎で畑耕してるよりは（と思って）、みんな出てくるんやな。

――そういう中で川崎さんは漫画少年みたいな感じだったんですか。

全然。ふつうに駆けっこしたり、鬼ごっこしたり、相撲とったり。昭和30年代くらいにあるような、ようけそんなもんやなあ。一般的な……なつかしい風景やなあ。

『三丁目の夕日』そのままや。

村がまだ残っとって、村の畑が住宅地になったような地区があって。ちょっと山に入ってったら、そういう場所が多い。新興住宅がちょうどできたくらいや。村の子供と、町の子供と。村の子供はアイデンティティがあるわけや。町の子供はよそもんやから、住宅地の中で遊んどったんやわ。

まあ、遊びでは混ざりおうとったけども。汚いかっこした村の子供でも、家連れてかれたら、豪邸やで（笑）。昔の農家やからな、ごっつい門があって。えらい貧乏くさいんねん、恰好がな。

――へええ。それで地元の小学校から地元の中学校へっていう。

はあ、近くの。いちばん近いところ。

――そのころは漫画家になりたかったわけじゃないでしょう。将来のこととか、考えてられましたか。

サラリーマンが住んでるような町に暮らしとったから、それでサラリーマンになるはず。そうなるわなあて……まわり近所、全部そうやんなあ。なるやろなあ、いややなあ（笑）。いややなあ、ゆうて。べつに逆らうつもりはなかったけれど、なんかいややなあ……つとまるかなあって。オトナになっていけ、ゆうことやなあ。家族を持って給料もらって。徐々に服が……あの、スーツ着ないかん。気遣いせないかん。それがなんか、わざとらしいんやなあ。

――そういう意味じゃ、初志貫徹されたわけですね（笑）。

ギャラだけで（笑）。望んでいったわけやないけど、だから、会社行かんと、なんか生きていける方法ないか、おもしろい仕事ないかと。

――そう思うようになったのは、いつごろからですか。

中学校あたり……中学、高校あたりくらいからかなあ。高校は商業科やったんや、茨木市の。かなり遠い、電車で1時間半くらいかかって行くような。成績悪いもん、遠い学校いかな、しかたなかった。私立で入れそうな。中学校の成績の下のほうのがだいたい行くんや。近くの子は、伊丹市立の高校がある。入られへんかった子が、遠い私立高校へ行くんやな（笑）、島流しみたいな。

――じゃあ、あまり勉強は好きじゃなかった？

下のほうから数えるくらいやから。けど、高校では上位やった。はじめからクラスが、上位クラスに入れられてんねん。下から数えられとったのが、今度は上から数えられとんねん。

――ところ変われば（笑）。商業高校って言っても、ご商売やりたかったわけじゃないんですよね。

うんうん。商売はまだ、サラリーマンよりはまだなんとか、小売りとか、商人《あきんど》みたいな感じ、物売りみたいな、あれはまだなんとかなる……ちょっと闇が入っているような（笑）。こう、いかがわしいものがあって、いいやん、そっちのほうが。

――たしかデビュー作描かれたのは、20歳とかでしたよね。

はあ、19か18くらいのときやなあ。描いたんは18か。高校出て、一回就職して。優秀やったからな（笑）。学校の図書館やってるひとが、本屋さん紹介してくれて。本屋せえへんか～って。

それが梅田の本屋で……そやさかい、新聞社とか百貨店とか並んでるような。そこに本を配達する係や。そやから、いまは入られへんけど、新聞社なんかトントン入ってって、で、ひとりひとり、お客さんに本を配達……。

――それも朝から晩まで大変そうなお仕事ですけど、どれくらい続けられたんですか。

ラムネ玉

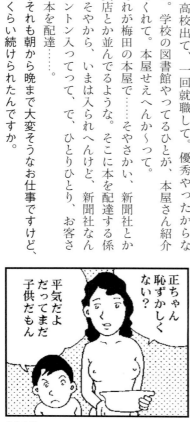

……それは、3カ月ぐらいかな（笑）。標準的に、ゴールデンウィーク過ぎたら終わりやな。ゴールデンウィーク過ぎたあたりでやめるんや。張り切って行くんやけど、一回休ましたら、終わりや、ゆうて（笑）。1回休んだら、戻ってまうんやなあ（笑）。

——（笑）なにがいちばんつらかったんですか。

はあ……いや、仕事つらいことなかったんやけど、本を配っとって……その本になりたかったんやな。こんな大事に扱こうてくれて。商品価値があって。受け取る側も大事に受け取んねん。大事にされとんねん、思うてな（笑）。

——そのころ、もう漫画は描き始めてたんですか。

はあ、ちょっとだけ描きはじめとった。高校んとき、どっか就職せなあかんなあちゅうことはわかってる。なんか逃げ道ないか、おもて。いちばん理想的なんは、絵エとか漫画とか、そんなん描いて、直接個人で……。そこで漫画が浮上してきたんや。

——それまでぜんぜん描かれてなかったんですよねえ。

はあ、はあ。

——いきなりっていうのも、すごいですねえ。

はじめからそういう才能がなかったんやな。そやから、才能がない状態で描くゆうのんが、他のひとには絶対できひんと思うんや。絵心があるひとが描くやん。絵心ないひとは、はじめっから描けへんやん。ないのに描いたんや。阿呆みとったんやなあ（笑）。

――いえいえ。でも、できると思ったんですよね。まわりに絵を描いているお友達とかいたんですか。

いや、ひとりもおらんかったけども、なんか漫画描いている仲間いうの、会員募集とか、文通とか、そんなんが『少年サンデー』とか『マガジン』とかに出とったんや。で、漫画のサークル勝手に作って、同人誌活動やな。ほな、お便りが来て、そのメンバーと月報みたいな、通信やな。

――それも突然ですねえ。

階段は低いわけや。『少年サンデー』や『マガジン』に手紙出してるだけやんか。「募集します」いうコーナーがあるから、10人くらい載ってるんやな。そこは簡単に行けるんやな。やから、敷居は低い、最初は。まだ金銭は発生してないから、ひとからお金とるいう状態は、すごい敷居が高いけどな。同人誌やってるあいだは大丈夫やった。

アベックの森

――そのころ、他の漫画は読み込まれてたんですか。『ガロ』いう雑誌が『カムイ伝』とか載せてたころで……。その手前までは標準コース。『マガジン』とか『サンデー』とか、週刊誌ブーム。『少年ジャンプ』が創刊されて、ああいう時代。30円か40円で買えたんやな。『伊賀の影丸』とか、そんなんやったもんな。

――そっからいきなり『ガロ』になっちゃったわけですね。

それがこの塚口やねん。高校行っとったときやから、この塚口で一回降りて。貸本屋さんがあったんや。週刊誌買うのもったいないなあとおもて。貸本やったら安いなあ、おもて。で、貸本屋さん行ったときに『ガロ』があったんや。よう見たら、青林堂の本もよう並んどったんやな。もともと青林堂やる前、貸本屋さん向けの単行本出しとったから。その当時並んどったんや。長井（勝一）さんが編集しとったころの、白土三平とか、水木しげるとか。

それ見て「あ！ こんなんもあるんか」って。それまで読んでた少年誌は、商業化

海の家

されたきれいな絵。手塚治虫系の絵で。そんな絵は描かれへん、さすがに、なんぼなんでもな。けど『ガロ』やったら、イケルやん！　て（笑）。そこで敷居がずーっと落ちたんや。

――そのころ『ガロ』を見て、そう思ったひと多いかもしれないですね（笑）。じゃあ本屋さんにお勤めしたけれどゴールデンウィークに辞めて、それからは漫画で行こうと。

行こうとおもうて。なにかこう漫画を原稿用紙に書いて、持って行ったら採用してくれて、お金もらえるゆう、これ、早いやん、て。

――とっぱらいで（笑）。そのときはご両親の反対とかはなかったんですか。

はあ、やっぱサラリーマン働いとったほうがええで、いうのが。あえてむちゃくちゃ反対されるわけではないけれど。

――しょうがない、みたいな。ちなみにご兄弟はいらっしゃるんですか。

3人兄弟。上にふたりおる、長女と長男。

――そのおふたりはすでに就職されてたんですよね。

はあ。三男だけ、実験用やな（笑）。

――ふつう漫画家になろうとするときには、だれかのアシスタントになろうとか、いろいろ手順を考えますよね。そうは考えられなかったんですか。

ああ。一回、青林堂の長井さんに水木しげる先生のアシスタントになりたいから、よろしくとか手紙書いて。あかん、あかん、あかんゆうより、水木先生、いま忙しいから、いうて断られて。忙しいから手伝うゆうてんのに（笑）。そういう話持っていくんが、もう面倒くさいゆうことや。

——それでアシスタントにもならず、いきなりデビューしようと。

はあ。それは『ガロ』にデビューしてからの話やった。そやさか、デビューする前は明日のことなんか、考えもせえへんかったなあ。器用なひとやなかったらできん、いうのがわかってたから。先生より絵がうまなかったらできひん。

——自分はそういうんじゃない、と。それが結果的によかったっていうことですよねえ。デビュー作が処女作ですか。

いや、同人誌になんか描いとったし、投稿してたような原稿もあったけど、それは商業誌に合わせたような絵。そうしな、載れへんおもうて投稿したけど、没になった。あたりまえやけどな。当時劇画全盛時代かな。さいとう・たかをとか、リアルな絵。

——まったく違う作風ですもんね。

はあ。

――でも、いきなり『ガロ』に載って、スタートしたわけじゃないですか。デビューとしては幸運っていうか、早いですよねえ。

はあ、早いよなあ。1年くらいしか投稿してないんちゃうかな。そやさかい、いちばん最初、長井さんが原稿、ああしなさいこうしなさいいうて、もうちょっとアレしていきましょうとか、指導あったんやな。入選もしてない人に、アドバイスしてるわけ。それで2、3作目くらいかな、「入選にいたします」みたいな葉書が来たんや。

――じゃあ、入選したのが載ったんですね。

その前のが載ってんねん。これが入選作やなあおもてたら、その前に描いたやつが。『うらぶれ夜風』いう作品。そこに表紙に、筆で「入選作品」って書いてあるんや。それが載ったんや。消されんかったんやな。

――え？　じゃあそれは川崎さんご自身が書いたんですか（笑）、すごい！　それがもう40年前ですもんね

うらぶれ夜風

え。

赤紙が来たようなもんや。これでエライ目に遭うっていうことが、そのときはわからへんかったんやな。

――でも20歳でいきなり載っちゃって、原稿料もらったら、それで行こうっていう気になりますよね。

ハハ……。

――それからずいぶん、ハイペースでお仕事されてたんですか。

はあ。あれはどういうんかなあ、なんか忘れたなあ。描いたら描いたぶん送っとったから、たまっとったんやなあ。

――『ガロ』一本でしたか。

三流の漫画雑誌。『エロジェニカ』だとか『官能劇画』とか。実際やってたのは、すごいひとらやったんやけどな。そういうのが水道橋かな、東京の。あのへんにいっぱいあったんや。高取英さんが『エロジェニカ』やっとって、誘うてくれた。描いてくださいって。かなり優秀な、自分が采配ふるうて雑誌作りたいいうひとがおったんや、たくさんなあ。で、そこでお金をとろうとしたんやけど、なかなか、官能ではむつかしい（笑）。

――その時代、いろんなところで発表して収入もあったと思うんですけど、ずっと実家にお住まいだったんですか。

はあはあ。それ、30歳くらいまで、お金がないから動かれへん。まったく、引っ越しもできん。単行本が出たときかな、初めて。最初に印税がぽんと入るんや。ぽん、いうことないけど、確実に入る。それで敷金とか、出せたから。30前くらいに。

――どこにお住まいになったんですか。

ええと、最初が阪急の稲野駅近くのアパート。漫画描いとった友達の父親が大家やったから、息子も管理人になって、まあなんとかなるやろ、ゆうて。

――20代で元気なさかりだったと思いますけれど、どういう生活を送られてたんですか。

漫画漬け?

ああ……なにをしとったかなあ。同人誌の友達と遊んどったなあ、山行ったり。集会や、ゆうて。漫画の集会や、ゆうて。

——え? 山行って、なにして遊ぶんですか?

修行。

——修行?

体力つけるとか……。結局、ややこしい仲間と集まっとると安心するんやなあ、似たような境遇で。漫画描いて売れへん……。

——アルバイトはされてたんですか。

30前までは牛乳配達しとったなあ、実家にいるときは。高校出たあたりから、26くらいまでやっとったかなあ。現金収入がないからなあ。タバコも買われへんやん、喫茶店も行かれへんやん。せやから、三流雑誌から仕事が来て、やっと現金収入が……。

——実家で肩身が狭いということはなかったですか。

肩身狭かったなあ、働いてないゆうんが。仕事してないゆうんが。

場末流れ歌

――じゃあ牛乳配達が現金収入だった時代があって、アパート借りられてからはどうされたんですか。

そんとき、けっこう大阪のほうの出版社が仕事くれるようになった。イラストな、雑誌のイラスト。あと取材もんみたいな。町を歩いてきて、記事にして、文章と写真と、絵。

――写真もそのころからやられてたんですか。

はあ。写真は実家におったころから、暗室作って。

――へえ、それは本格的だ。だれか写真好きが周りにいたんですか。

いや、それもないなあ。(写真なら)描かんでもええし、できるなあと(笑)。豆腐屋みたいなもんや。水に入れて、モノクロで。

――それって漫画を始められる前ですか。

いや、漫画描き始めてから。写真を写しとったんやけども、フィルム代よりプリント代が高いなあと。ちょっと引き伸ばしたら、高なるんや。自分で焼いたほうが安上がりやった。漫画の背景に使うために写しとったから、アートとしてやない、資料として。

――じゃあ、写真家になろうとかじゃなかったんですね。

はあ。

――絵が描けて、写真撮れて、文章できてっていうのは、使い勝手がいいっていうか、ずいぶん取材のお仕事があったんじゃないですか。

ああ。漫画よりそっちのほうが収入源になったなあ。

――昔は大阪もおもしろい雑誌ありましたよねえ、『プレイガイドジャーナル』とか。

ああ、そこそこ。初めて出した単行本がその、大阪の『プレイガイドジャーナル』誌。青林堂ではない、『ガロ』ではないんや。バブルのあれが近づいとったし、予算があったんや、宣伝費とか。

――じゃあ、アルバイトしないでも、食っていけてたんですね。

はあはあ。ぱっと（原稿）1枚描いて何万やったら、そら、バブルやんか。

――そうですよね。

したら30枚くらい、ぱぱっと描いて。そのころ漫画はもう、注文がなかったら、依頼がなかったら仕事にならんゆうのがわかってたから、来たら描くけども、もうこっちからは描きますゆうことは言わんようになって。

そういうとき漫画のネタが貯まるから、描きたいなあ思うのんが出てきて、単行本1冊分、描きあげてまうとか。描き下ろしで。それを3冊か4冊分かやったなあ。それも出版社の依頼やないから、自分で勝手に作って……。
それが30代から。『ガロ』と並行しながら……長いのが描いてみたいから。『ガロ』でも30枚か40枚くらいが限界や、長いいうても、連載にせんかぎり。それは昔の貸本作家が、1冊描いてなんぼ。それで年に1冊か2冊描いとったらなんとかなるちゃうか、ゆうねん。そんな遅いペースで。

――バブルといっても、もう20年以上前になりますけれど、そのころまではけっこう忙しいペースでやられてたんですね。

アシスタント使わなあかんほど忙しいはない。でもまあ、自分で忙しいにしとったんかな、勝手に描き下ろしを作ったりして。

――川崎さんの作品は、アシスタント使ってどうこうっていう漫画でもないですしね。かなりパソコンやネットを使われたのも早かったと思いますけれど、そのころからですか。

取材の仕事が入りだしたころからやから。ワープロ

どあほエレジー

専用機買って、キャノワードとか、タイプライターみたいな。1行ずつのな。それで原稿書いたらええよって。

――1行ずつしか出ないやつでしたねえ。

そのころのほうがよう書けたわ。なに書いたいうの覚えとかなしょうないやん。あれ書いたなあ、あれ書いたなあて。

――まだネットがなくて、パソコン通信もなかったころですもんねえ。

ワープロ専用機からパソコンまでは、すぐやったんやなあ。NECとかエプソンとか30万とか、50万出しとった。

――漫画とは違う世界でしょうけど、取材の仕事をされてたから親しんでいかれたんですか。

そういうおもちゃ、買う言い訳になるやん。仕事のためや〜ゆうて。ほんまはそれが欲しかっただけかわからん。

――そういうふうに漫画もあり、取材もありっていう忙しい生活を、どれくらいまで続けられたんですか。

40ぐらいまでちゃうかなあ。30代の10年間ぐらいちゃうかなあ。40代ぐらいからは、世間静まってきちゃったんかなあ。

――バブルが終わって、川崎さんの仕事もずいぶん変わったんですか。

うん。漫画の依頼があんまり来んようになって。雑誌の取材が多かったなあ。取材とかイラスト。ひとの文章にイラスト入れる。イラストレーター。それはほとんど人脈やろな。だれかが指名してくれたり、読者のひとが編集者になって、そのひとが依頼してきたり。そういうひとらがいまはもう、偉いさんになってるやん。そやから現役でやってないよ。

――川崎さんの中では漫画を描くことが減っていくことへのフラストレーションはなかったんですか。

うーん、そんなにはなかったなあ。絵ェ描くのはやっぱりしんどいんや、いちばん。できたら絵ェ描きとうないなあって。

――えーっ、イラストのほうがいい？

速いから。ぱっと描けるから、苦しまんでいい。1枚やったらだませるんや、なんとかな。ストーリーないし。

――そのころは最初のアパートに住まわれていたんですか。雑誌もだんだん減っていきますよね。

うん、ネットがそろそろ。あれは95年ぐらいかなあ。インターネットゆうのがふつうに接続できるようになった。それまでパソコン通信やったんやけど。その出始めやったから、企業もＷＥＢ上にコンテンツを置きたい。そういう相談が来とった。

——じゃあＷＥＢのお仕事もけっこうあったんですね。コンテンツっていうのは、電子漫画ということですか。

漫画もそやし、それからゲームを作った、ひとりで。

——え？　そうなんですか！　ゲームって、初期のＲＰＧみたいな？

うんうん。戦闘しますか……とかな、逃げるとか、敵が現れるとか、ドラクエの世界。あれをひとりで、プログラム使わんとな、表示だけで。選択肢だけで。

——それはすごい、プログラミングの勉強なしで！　ちなみにどんなゲームだったんですか。

『伊丹ダンジョン』。

——伊丹ダンジョン？（笑）

内緒やないけどオーナーが白雪、お酒のメーカーの。

——それ、何用に作られたんですか。

振興やな、伊丹市の。震災後の。復興のための予算が来てるんやけど、出えへんかったんよ。そんな遊びは……ゆうて。ほな白雪が。

——じゃあそのころはゲームを作り、取材もし、漫画もときどき描き、みたいな感じだったんですか。

それが徐々に徐々に減っていって。40ぐらいからずーっとこう、なくなっていって。それで50くらいでぴたっと、ほとんどなくなったかなあ。取材のほうが。それは出版社がなくなったとか、企画がなくなったとか、世代交代とかかな。

——雑誌が元気がなくなってきた時代ですね。

はあ。引っ張ってくれとったひとらが高齢化して。若い子は新しいことやりだしてるから、違うひと引っ張ってくるんや。年寄は徐々に……。

——それがいまから10年くらい前ですけれど、川崎さんの生活もそこでずいぶん変わったんですね。

はあ。漫画はもうあんまり描かん、依頼がない限り。固定収入が減ってきたから。入ってきていたものがなくなって、かなり苦しい。苦しい状態やなあ……。

((((((　伊丹ダンジョン　))))))

伊丹ダンジョン

——生活はどうされてるんですか。

親の遺産やなあ。実家の世話に、いうことやなあ。

——特にアルバイトするとかではなく？

はあ。遺産みたいなんで暮らしとったかなあ。家から給料もろたほうが早いやん（笑）。

——すてきですねえ（笑）。いまだにそういう感じですか。

いまだにそういう感じ。計算していったら年金もらえるくらいまで……年金まだもろうてないから、ぜいたくせんかったらなんとかなる。派手に売れたことがないからな。落ちても気楽なもんやで（笑）。

——現在も生活のためのお仕事はしなくていい状態ですか。

はあはあ。けど小遣いは欲しい。デジカメが欲しいとか、パソコンが欲しいとか。それもカードで買うてるなあ、長期ローンで。金額も1万とか2万くらいの。パソコンも3万あれば買えるから、そんなん買いながらごまかしてるなあ。

黄金寓話

――長期ローンにすればなんとかなりますもんね。

ひらべったーにしたら、うすうーーーにしたら（笑）。

――月1000円みたいな感じですもんねえ。そうなると、アルバイトに追いまくられることもないでしょうし、日常はどんな感じなんですか。

なんもしてないときが多い（笑）。まあ、ゲームしたりとか。フリーターかニートかいう（笑）。一日中ゲームしてたりとか、喫茶店何軒かはしごしたりとか、散歩してみたりとか。

――起きて寝る時間も決まってないんですか。

最近、9時から11時頃までのあいだやのう。寝るんも、1時か2時ごろかな。自然にねむなるんや。

――ブログを拝見していると、喫茶店が朝ごはんみたいですけど。起きると喫茶店に行くと。

はあ。で、帰ってくると昼ごはん食べて。自炊で。さつまいもふかしたりとか。簡単やから。しばらくして、また喫茶店行って。そやから喫茶店が仕事場……やないけども、そこで文章書いたりしてる。写真も、家と喫茶店のあいだの道端。なんなとあんねん、よう見たら。京都まで行かんでも、ちょっとした庭園はあるんや。（どこで

風が吹き　時はすぎ去る
そして彼の時代はついにやって来なかつた
大将 カゼ ひきまんで
のう 忍者
なんでん ねん
風呂に 入りたい
何や そのセリフ
リアルな 言葉で あろう
よう わかりま へんわ
わしも じゃ

撮ったか）隠したらええんや。隠したら（笑）。

——よくわかります。じゃあ散歩っていうのが川崎さんにとって重要な時間というか。

重要な取材。そやけどそこは、途中やから。取材や撮影って、目的あるとこへ行って、撮れたためしがないわなあ。プレッシャーかかり過ぎて。帰ってきて、帰り路のほうがよう撮れたりするわなあ。よう見てる場所やから、ここはこれやなあってわかる。変化がわかる。

——毎日通っているところでも違ったりしますもんねえ。漫画はどこで描かれるんですか。

漫画はパソコンで描いてる。

——じゃあ、家で。

はあ。それが、絵ェ描かないかんのに、ゲームやってるんやなあ（笑）。

——パソコンで漫画を描くようになったのは、もうずいぶん前からですか。

はあ。絵が描ける……描けるようになったんは、かなり前やなあ。ワープロ専用機でもあるていど、描けてたんや。十数年前、ＮＥＣのパソコンが、30万か40万に落ちたころ。それんときに、グラフィックソフトあったから。Ｍａｃへ行かんでも、ビジネス用のソフトでやったんや。そらあの、ぎざぎざの線になる、ゆうてもな。それをプリンターで出力して、ＦＡＸで送っとったなあ。いまはタブレットで描いてるけど。

——そのころは最初のアパートから、すでに引っ越されてたんですよね。

　最初んとこが取り壊しで、出て行けいうことになって。その近くの新伊丹に引っ越して。それは実家とちゃうわな。第二の仕事場になって。しばらくおったんやけど、お金がなくなってきて。そしたら、いま住んでいる実家が、家が古いから、危ないからっていうんで、近くに引っ越したんで、（実家が）空いたんや。部屋代ただやん。そこ落ち着いて４、５年になるかな。生まれて育った場所やし。（アパートで）自炊してたときも、毎日のように実家に帰っとったから。

——へえ。じゃあまず最初に借りたところがあって、それが取り壊しで新伊丹に別のアパートを借りて。そしたら、ご実家が古くなったんで、また引っ越しということですね。

真夏の夜の夢

はあ。いまのところ（実家）は危ないから、いうて実家のメンバーは、家を置いて、ちょっと近くにマンションかなんか買うて、そこで住んでるから。

——じゃあ、いまは実家でひとり暮らしですね。

そう、そこの四畳半で生まれてるしな、産婆さんが来て。生まれた場所があるんや。病院と違うから。

——それはなじみがあるというか。

なじみある（笑）。一時放置しとったみたいやけどな。無人やから、放置しとくと危ないと。ちょうどよかった。だけど町内やから窮屈やもん。知ってるひとばっかしやん。子供のころから知ってる。ずーっとおんなじもんがおるから、子供のころから。ああ、あそこの子か、いう。（それまでも）たまにご飯食べに帰っとったんやけど、洗濯もぜんぶ放り込んどったけど。

——ところで、ずーっとおひとりだったんですか。ご結婚とかは考えなかった？

食べていかれへん、のがいちばん。

——結婚しようと思われたことはあったんですか。

はあ……あったかなあ。そや、若いころやなあ。20代ぐらいや。

——でもずっとひとりで。

ぎゃあぎゃあ言われることなく、ひとりで。デジカメ買えるやん。隠さんでもええやん。パソコン買うて、「なに買うたーん?」言われんでもええ。自転車、２台あんのに、なんで３台目買うのんいうの、ああいうのがいやなんやな。

――家庭願望みたいなのは、もともとなかったんですか。

うん。それは兄弟がやってるから、ちゃんと。それに任せといて。20代、30代やったらええけど、40歳過ぎて「その収入か!」言われたら終わりやんか。その年になってんのやったら、そのぶん、おいしいもんあるはずや、言われなあかん。

――でも川崎さんには強力なファンがいるじゃないですか。

はあ。

――そのなかには女のひともいたでしょうし……。

女性のファンいうの、みんな不細工やで。病気やねん、『ガロ』で集まってくる人ら。

――ええ～～～(笑)。ほんとですかあ?

男性もそやなあ。なんだか、病んでるんや。

――じゃあ川崎さんとしては、猟奇ものを描いていらっしゃいますけれど、ご本人としては、健康的な?

標準やねん。サラリーマンやったほうがええのん、ゆう感じで(笑)。まあ年とってきたら、（だれかと）住みたなるかもわからへんなあ、とは思うなあ。

――いまの状態っていうのは、川崎さんにとってはけっこういい感じですか。

……やっぱり、ええとは思てないなあ。これが最高やとは思てないなあ。だから、小銭がほしい（笑）。子供やんか、お菓子買いたいゆうような。大きなもんはいらんから、たまに外食したいなあとか。

――つれあいが欲しいとか子供がほしいっていうレベルじゃないんですね。

おおわざは……おおわざは、しんどいわなあ。

――そういう自然体って、昔からですか。

まあ、ひとりでぜんぶやってけるいうか、あんまりさびしいことないんや。ひとりでもそれなりに過ごせんねん。自分のもん買うてな、これ買うたーいうて。なんなと自分で癒しの方法は、やってると思うわ。ひとりでこう、お寺まわったりとか。なんとなく癒されるなあて。

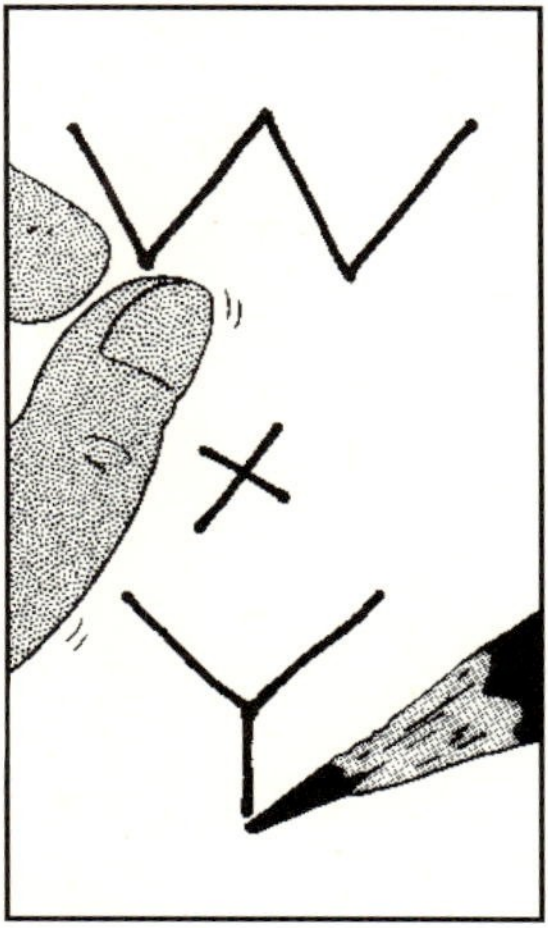

夕日に少女

──けっこう旅行はされるんですか。

せえへんなあ。旅行もただで行けるんやったら行くけど。いまが最高やいうんやのうて、あったら行くわ。行ける状態やったら。

──でも、遠くに行ったからネタがあるっていうわけでもないですもんね。目さえあれば、いつも通っているところでも毎日違うものが見えるのかもしれないし。

ああ。日によって違うしな。気分によって違うし。

──喫茶店にそれほど行かれるっていうのは、なんなんですか。

はあ……ひとどおりが好きやねん。ひとの気配が好きなんや。せやけど、そこでコミュニケーションはせえへん。人間一般がおるなあいう（笑）。人間やから、群れがなかったらさみしいわなあ。

──じゃあ、群れのはしっこに（笑）。お酒は飲まれるんですか。

いや、全然。

──お酒飲んでひとと話すこともなかったら、一日だれとも話さない日もありますか。

はあ。一声も発せへん日も何回もあるけども、しゃべられへんことが寂しいことはないわなあ。

──じゃあ夜もだいたい、うちでおひとりで？　そういうときに、漫画をどんどん描

6423-5255

こうとか思ったりするんでしょうか。

本来は描いとかなあかんねんけども。いちおうスタンバイはしてるんや。いつでも来たら描くで、と。

——小説も書いていらっしゃいますよね。

あれは、なんか仕事しとかな、仕事ふうなことしとかな、やっぱり落ち着けへん。なんか、ひとに見せる公開作品をね。漫画でも写真でも。写真なんて毎日撮りおろしやな。

——ブログの更新すごいですもんね。電子書籍もかなり前からやっていらっしゃいますけれど、読者も増えてるんでしょうか。

いや、電子書籍なってからは、買うひとほとんどおれへん。そのまえにWEB上で漫画を有料で見せとった。前に描いた絵をぜんぶスキャンして……10年前ゆうことないけど、かなり前やけど、そのときはどっと来たなあ。そのときの収入のほうが多いなあ。

——文章のほうも、すでにKindle版も出ててびっくりしました。

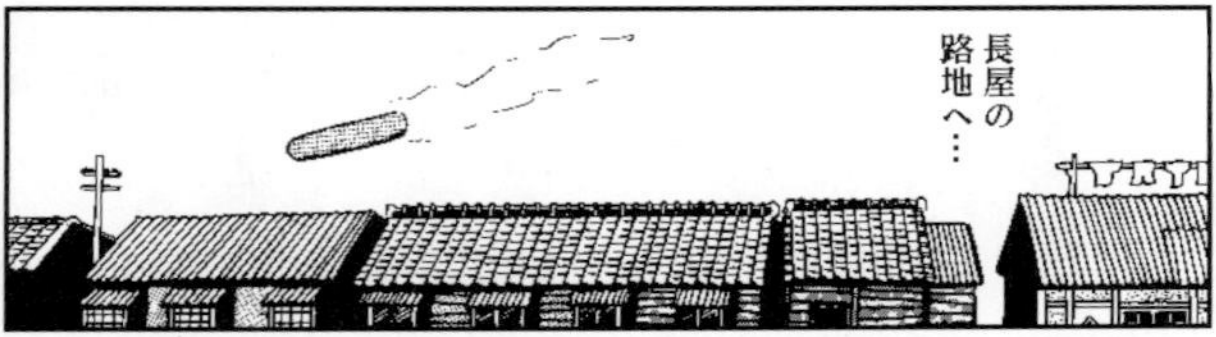

路地の謎

はあ。ネットで公開しとったら、小さい出版社やけど本にしてくれて。で、続けてやるみたいやから。これ描いたら本になるんやな思たら、かなり速く描けるな（笑）。せやけど売れるもんやない。

――そのなかには昔からのファンもずいぶんいると思いますけれど、どんな年代ですか。

30代かな。男性が多い。そのへんぜんぶ集めても100人くらいちゃうかな。

――そんなことないでしょう（笑）。

上限が100くらいやて。ただネットもね、もうずっとつきおうてきて。昔、オフ会とかあったんや、チャットとか。いまはなんとのう落ち着いてきて。いまはfacebookやtwitterみたいな、ああいうひとつのまとまりが……だれかがおって、その下に集まっとるんやのうて、ひとりひとりがこう……。

――そうか、ＳＮＳが出てきて、オフ会がなくなったんですかね。

これはうちのお客さんや、というのがなくなってるから。うちの常連客やいう「所属」が……なくなって。ほんで、みんながいま、主宰してるやんか。ネットワークのある意味、中心に。

――みんなが小さな中心みたいな。でも川崎さんのブログを欠かさずチェックしている人は多いでしょ。

はあ。そやから、読んでくれてるんやな思うたら、楽しいわな。けど、それに対してコミュニケーションはなんもない。だれか、なにかコメントとか、たまに入れようけども、なんもせえへん。一方通行やな。それくらいの、微かな反応のほうがいい。ああ、これウケたんかーいう。そんなんが好きやんな。

──それくらいのさっぱりしたコミュニケーションのほうが、お気持ちに合ってるっていうことですかね。

はあ、淡い関係がええわな。

──リアルなオフ会とか面倒くさいし。いまのネットがそれを可能にしてくれるんですね。

はあ。

──ところでタバコ、どれくらい吸われるんですか。

（1日）2箱くらいかなあ。前、チェリーやったんやけど、値段上がったときに、エコーにして。タバコ代と喫茶店代、それをキープできとったら、なんとか。それくらいの小銭がほしいだけの話や。自分で電子書籍みたいなの作って、Amazonに置くやん。全然売上げないんやけど、もしかしたら、いうのあるやん。次の日見たらこんだけ売れとったとかな。いちおう、売る態勢にはなっとるんや。そういう可能性があるっていうことが、おもしろい。

——できるだけ中間を抜かそうってことをかなり早くからやってきたのが川崎さんですよね。

野菜を直販するようなもんや。きたないけど売ってるんや。

——でもそれは畑の隣で売ってるんですよね。それがすごい大事。それを初期からやられてましたもんね。いまはいくらでもやりかたあるけど、最初は大変だったでしょう。

パスワードがなかったら、そこへ入られへん、それを教えるからお金払えいうことやな。最初のころはパスワードの、そういうトビラ作るのも難しかったんや。いまもう、簡単にできるわ。そういうキットあるから。

——それは大変だったと思いますよ。そこでくじけた人も多かったはずです。

電子書籍で大変だったのは100円、200円では振

雨は知っていた

込代のほうが高いんや。個人ではできひん。３０００円以上にしたら、なんとかなるけども。いまはカード振込あるけども、前はほんと手作業のな、（先方から）申し込みます、いうのがきて、自分で書けー、名前も書けー、銀行の振込先の登録を書けーいうて（笑）。そういうのが届いたら、それ見て返送するわけや。我を名乗って買うてるわけや。銀行のやから本名やん。個人情報、名乗りを上げて買うてるんや、わしが買うたぞーて。それはぽつぽつとまだあるわ。

うまくいったら、朝起きたらパソコンの前へ坐ったら、小銭がじゃーっと出てくるみたいな、そんなことになれへんやんか（笑）。それみたいなもんやな、いまはパスワードさえ教えたらええわけやから。（メールを）返送するだけでええんや。前は手仕事やったから。

――そういうことを、詳しい友達に相談するとかじゃなくて、ひとりでやってきたんだから、すごいです。ある意味、探究心がすごいんですね。

なんかおもしろい仕掛けないか、思うて。うろうろしとったら、なんか引っかかるわ。やってるひとの体験談なんか読んで。

――メールマガジンも、ほとんど毎日配信ですもんねえ。

メールで届くほうがええねん。自分とこに届くのが。こっちから行くのイヤやねん、もう、しんどいねん。ブックマーク行ったら行けるけど、精神的な距離が、ワンクリックの距離が。届いたほうは、しょうないわーて。毎日ちょっとアレして、来たんはしょうないわーゆうて。けど、マガジンやねんから。メールやのうて、マガジンやねんから。ひとつのカタマリやん。

――じゃあネットによって、川崎さんの生活は変わりましたか。

はあ。世間がこう、あるやん。この中に。実態があるやんか。これはただのモニターやけど、実際にそこでなにかやってるわけやから。リアルがあるわけや。

お話に出てきたように、川崎ゆきおさんの現在の活動の大半は、ネット上で展開されている。『川崎サイト』というポータルのなかに、「日誌」「小説」「漫画」「エッセイ」「フォトログ」「電子書籍」「写真付き小説ｎｏｔｅ」など、いくつものセクションがあり、それぞれに膨大な量の漫画や写真、文章が収められている。

この文中でも引用させていただいた漫画作品は、「漫画ライブラリ」というセクションにあって、そこでは会費３０００円をいちど納めれば（年会費は不要！）、これまでのほぼすべての川崎作品を読めるようになっているし、ＰＤＦの「電子書籍直販所」もあれば、「千字一話物語」というメルマガの申込ページもあって、これはほぼ毎日発行、しかも購読無料だ！　これだけ精力的に、しかもネット時代の最初期から発信しつづけている漫画家が、ほかにいるだろうか。

毎日、３回も４回も喫茶店通いと散歩を繰りかえして飽かないという、呼吸までゆったりしてきそうなスローペースと、ネットを舞台にした超ハイペースな情報発信。どんなご隠居さんよりも隠居生活になじんでいながら、どんな売れっ子作家よりも情報発信に熱意を込めて。その不思議にアンバランスな共存が、川崎ゆきおという希有な存在の核心にある。そうしてその、ほとんど奇跡的な日常を支えるライフスタイルが、どこにも力みのない独居生活にあることは言うまでもない。

●川崎ゆきお公式サイト：http://kawasakiyukio.com/

歩くって、
止まるのが少ないって書くんです。

プッチャリン

道化師

地下鉄の浅草駅から地上にあがって（こんなに年寄りが多いのに、どうしていつまでもエスカレーターをつけないんだろう）、仲見世通りはいつも混んでるから一本裏の通りを浅草寺に向けて歩いて行くと（どうしてこんなに人力車だらけなんだろう）、ドンドンドンドンドンという太鼓の音が遠くから聞こえてくる。あぁ、プッチャリンだ。きょうも元気なんだと思って、ちょっと安心して、ちょっとホロリとなる。

姿かたちはチャップリンそっくりで、ちんどん屋ふうの太鼓を叩きながら、浅草の路地から路地へと歩くプッチャリン。言葉がなくても最高におもしろかったチャップリンとは対照的に、店から店へと声高に「店頭自主宣伝」を繰り返しながら、たいしておもしろくなくて、自分でもそれがわかって照れ笑いしたりするプッチャリン。でも、全身から研ぎ澄まされた厳しさがにじみ出ていたチャップリンとは反対に、全身から優しさとはにかみがにじみ出ているプッチャリン。「お先にどうぞ」と譲っているうちに、気がついてみたらひとりだけ席がなかった、みたいな。そういうプッチャリンは僕にとって、流行からどんどん遅れているうちに、いつのまにかひとりだけ遠くに取り残されて、知らないうちに「ほかのどこにもない町」になってしまった浅草そのものに見える。

プッチャリンは職業で言えば「ヴォードビリアン」ということになるのだろうけれ

家賃をタダにしてもらうかわりに、毎日昼ごろになると店の前で呼び込みにいそしむ

ど、もちろんそれでは食えないから、タクシーの運転手もやっている。埼玉県の外れに家賃４万円の一戸建てと、福島の喜多方に家賃５０００円（！）のボロ家を借りてるけれど、いつもは浅草寺脇の串揚げ屋のビルの上に、家賃タダで住まわせてもらいながら、お返しに毎日、店の前で「おいしいですよ〜、割引券どうぞ〜、ドンドン」と声を嗄《か》らしながら、太鼓を叩いている。

ピエロの哀しみ、といったら大げさすぎる。（浅草という犬小屋に）鎖でつながれた和犬のけなげさ、といったら失礼だ。なんだか明るい哀愁、としか言いようのない匂いに包まれたプッチャリンと、そんな愛すべき変人を追い払うでもなく、むりに持ち上げるでもなく、そのままそこにいさせてくれる浅草という町。プッチャリンは浅草そのものなのだ。

首から下げているのは、ペットボトルを改造した割引券入れ

プッチャリンは１９５０（昭和25）年、福岡の久留米市に生まれた。お兄さんと妹、弟に挟まれた、４人兄弟の次男坊。四畳半と三畳の家に両親とぜんぶで６人が暮らす、

貧しくもにぎやかな家庭だった。

「うちの父はもともと写真屋をやってたんですが、そのあと家具職人になったんですね。椅子の張替えを仕事にしてて、道具を自転車に積んでずーっと外回りで、月にいちどぐらいしか帰ってこない（笑）。どっか遠くから現金を送ってきてました。あとはおふくろが和裁をやってて。それが現金収入でした。

うちにはラジオが1台しかなくて、流しも水道がひとつあるだけ。かまどでご飯炊いてましたし、冬の寒いときは布団並べて、おたがいの足と足を重ねて寝たり。そういう家でした。

小さいころはけっこう恥ずかしがり屋というか、おとなしい子でしたね。なにかあると耳がかーっと熱くなるような、顔がぽおっとなるような。それはいまでもあるんですけど……。だからそのころは、芸人になるなんて夢にも思ってませんでした。

中学、高校時代はけっこうガリ勉でして（笑）、大学行って商社とか勤めたいな、なんて思ったこともあったんですけど、親父もそろそろ年だし、家にお金もないので、大学は諦めて。それで自衛隊に行ったんです、お金くれるから。

入ったのは航空自衛隊でした。最初、山口の防府で3カ月訓練を受けて、それから

お母さんと兄弟と。右から２人目がプッチャリン

名古屋の近くの小牧基地に配属になりました。飛行管理部門って、気象情報とかを管制官に送る部門です。

小牧にも3カ月しかいなくて、そのあと茨城の百里《ひゃくり》基地というのに行くんですが、難しいことがいっぱいあって（笑）。つらいとかじゃなかったんですが、アラートハンガー（スクランブルに備えた戦闘機の格納庫）とかに勤務してると、ばばーっと連絡が入って、キーン、ビーってベル鳴って、心臓どきどきなんです。ソ連の時代ですしね。それで、やっぱり合わないというか、楽しいのがいいなあという気がして。それで10カ月ぐらいで辞めました（笑）。たしか19歳ぐらいでしたか、あれでそのままいたら、ふつうに結婚して、ちっちゃな家も建てて、子供もいたかもしれない。そのほうがよかったかな（笑）」

1年と少ししかいなかった自衛隊を離れて、19歳のプッチャリンはそれから町から町へ、仕事から仕事へ転々とする生活を始めることになる。

「自衛隊を辞めてからは、品川の立会川というところの新聞配達所に行きました。もともとそこは弟が働いてたんですが、地元に帰っちゃったので、穴が開いたところに自分が……（笑）。1畳のベッドでしたけど寝るとこと、食事もついてたので、これはいいなと。

でもね、クルマもひとも多いし、空気も汚れてるのに疲れてきちゃって。そしたらたまたま、一緒に働いてたひとが（鹿児島の）指宿《いぶすき》出身で。『あっちは指宿観光ホテルっていう、いいとこがあるぞ』って言うもんだから、じゃあそっちのほうがって、新聞配達は4カ月で辞めちゃいました。

指宿のホテルで雇ってもらって、ページボーイというんですが、ドア開けたり、お客さんを案内するのになったんです。来たひとみんなにニコニコするのが楽しいし、温泉もあるし、いいなあって。そこでハワイアン・ショーをやってまして、それを見てたら、舞台に立ててるひとが羨ましくなっちゃったんです。いいなあって。で、『週刊平凡』とか見てたら、テレビ俳優の養成所みたいなのの広告がいっぱいあったんで、ああやっぱり東京に戻ろうかと（笑）。当時、『時間ですよ』の堺正章さんとか見て、ああいう三枚目みたいなの、芸能界でやりたいなあって憧れてましたし。

それで東京に戻って、こんどは牛乳屋さんで働くんです。原宿の竹下通りあたりで、牛乳の配達。それやりながら、タレント養成所を3つぐらい受けたんですが、1次試験に受かると『お金』、2次でまたお金、3次でまた……って、お金ばっかり取られて。けっきょく芸能界って、どこにあるのかもわからない（笑）。ツテもなんにもなかったですしね。

で、そうこうしてるうちに、牛乳屋さんの寮で、梯子段を降りるときに滑って、鼻を強打して切っちゃったんです。すごい怪我で、1カ月ぐらい入院するような。それで鏡を見て、これじゃあ役者はできないなあって、また田舎に帰っちゃうんですね。

久留米は八女茶《やめちゃ》っていうお茶の産地なので、帰ってお茶の会社に入りました。スーパーの中の店舗で『いかがですか〜』なんて呼び込みして。もともとは恥ずかしがり屋だったんですが（笑）、高3のときに応援団長になりまして。だれも手を挙げないから、『バカヤロウ、だれもやらないのか！』って反発して手を挙げちゃった。それで、人前で大きな声を出すのが、ちょっと気持ちいいなって思うようになったんですね。

でもそのお茶屋さんは、1年半ぐらいで会社が倒産しちゃうんです。その、そろそろ危ないなってときに、『人生、これで終わりたくないなあ』って思って、また東京に出てきちゃうんです……バカですねえ。それで友人のところに居候しながら、新聞の求人欄を見てたら、『牧伸二・付き人募集』って出てるじゃないですか。それで急いで応募して、あとで聞いたら『ずる賢そうじゃなかったから』っていうんですが、採用になりまして、付き人になるんです」

プッチャリン23歳、ようやく芸能界の扉が目の前で開きかけた瞬間だった。

「三波伸介さんとか欽ちゃんとか、目の前にいましたからね。最初はわあ、すげえなって（笑）。ただ、付き人はなにかを教えてもらうというわけじゃないので、見て覚えなくちゃならないんですが、私、見て覚えるということがわからなかったんです（笑）。ただ付いてって、灰皿持って行ったり、荷物持ったり、運転したり。着物のたたみ方もわからないし、もういっぱいいっぱいで。どこにどんな劇場があるかも知らなかったですし。

それで3年近く牧伸二さんの付き人をやってたときに、ちょうど『ウィークエンダー』で売れ出した泉ピン子さんに付けって事務所に言われて、今度はピン子さんの付き人になるんです。

そのころは山岡久乃さんや森光子さんから、よくしてもらったんです。それで山岡さんとかがマネージャーに『このひと使ってあげたら?』って言ってくれたんですが、『こいつは付き人だからダメだ』って。それが、なんでかなあ? ってショックで。いや、私、そのころはだれかが売ってくれると思っていたんです。なにもわかんないから。いま思えば、自分が売らないとダメなんですよね。プロダクションに入ってればともかく。いまでも(プロダクションには)入ってないですけど……。

1年半ぐらいピン子さんの付き人やってから、いちど抜けて、いずみたくさんのミュージカル・アカデミーというところに行くんです。築地の場外市場で住み込みで働

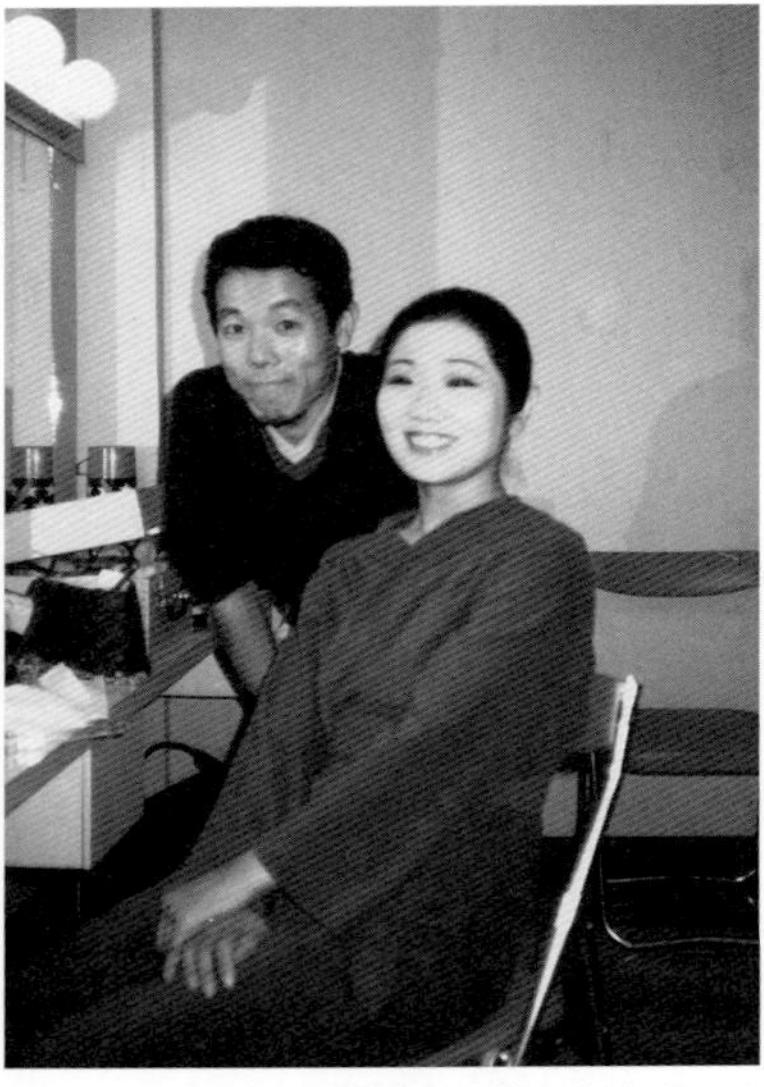
泉ピン子の付き人だったころ

きながら、2年間ぐらい通ってました。『メリー・ポピンズ』って映画ありますでしょ。私、ああいうのが好きなんです。牧伸二師匠についてたころも、しゃべりはダメでしたし。漫談教室とかみたいに笑わせるのが、できなかったです。口もうまくなくて……。

それでまた、ピン子さんのところに戻るんですが、1年ぐらいでけっきょく辞めちゃって。ちょうどそのころ東京ディズニーランドがオープンしたときで、新聞にでかでかと『ダンサー募集』ってあったから、こっちのがいいやって。

ディズニーランドは、最初の1年はいろんな仕事をしてたんですが、2年目にダンサーを希望して、なれたんです。でも私、みんなと一緒に踊ってると、ちょっとのろいんですよ。アンサンブルがうまくいかなくて、『あなたひとりでやったほうがいいね』なんて言われて（笑）。それで演出の先生に『きみ、チャップリンやったら？』って言われて。それがチャップリンとの出会いでした。入ったのが31歳だったから、33歳ぐらいになってたのかな。親父がチャップリン好きだったんで、いちど見せたかったんですけど、その直前に癌で死んじゃって、見せられなかったのが残念でしたねえ。

ディズニーランドはもちろん、ディズニーのキャラクターだけでしょ。でもグラン

ディズニーランド時代

ただいちど、お母さんをディズニーランドに連れて行ったとき

ドオープンから3年間ぐらいは、チャップリンもいたんですよね。そのときにダンサー仲間から『中島さん（プッチャリンの本名）、あなたチャップリンより、プッチャリンさんですね』って言われて。それがずっと記憶に残ってて、あとで使うようになったんです。ちなみにディズニーランドでは私ともうひとりチャップリンがいたんですが、彼は『ケチャップリン』でした（笑）。
ディズニーランドには3年ぐらいいたんですが、また辞めたくなって……（笑）。

なんで辞めちゃったのかな……バカですね。それで運送会社とか皿洗いのバイトしながら、ストリップの合間のお笑いをやるようになったんです。ぜんぜんウケなかったですけど。

ストリップの仕事をしているうちに、美加マドカさんっていうかたに誘われて、美加さんと女の子ふたり、私と4人で全国……札幌、名古屋、大阪、福岡、小倉で10日間ずつ、回ってたこともあります。彼女らと一緒に、色っぽいミュージカルショーみたいなのをやって。私はその美加さんに襲いかかるような、なんかエッチな（笑）。美加さんの脱いだパンツがそこにあって、『持ってくよ〜、いいだろう〜〜〜！』なんてやる役で。でも食えないんですよ。月に10日間だけだと。1日5000円くらいだったから、5万円にしかならない。

それでまた、お金に困窮しまして（笑）。こんなことやっててもしかたないなあ、結婚もしなくちゃ、子供もつくらなくちゃと思って。芸能界に嫌気がさしたんですね。どうしたら食えるのか、有名になれるのか、わからなくて。それがたまたま田舎暮らしブームの走りのころだったんですけど、もともとのんびりした田舎が好きだったんで、雑誌とか見てると『家賃1万円の一軒家』なんてのが出てるでしょ。『ああ、こういうところに住みたいなあ』って思っちゃったんですね。

尾瀬の山小屋時代

それで、群馬によさそうな物件があったんで、とりあえず見に行ってみようと。そしたら乗った東武バスの終点が尾瀬だったんです。『ああ、尾瀬にも行きたかったんだよなあ』と思って、終点まで行って『泊まっちゃえ』って、尾瀬に登りはじめたんですね。秋だったかなあ……。木道歩いて、ひとが行き合うと『こんにちは』って言い合う。ゴミも落ちてない。尾瀬沼に行ったら山があって、山小屋があって、うわーーーっ、こんないいところがあるんだ！『おしっ！もう芸能界やめちまえ！』って（笑）」

せっかく3年続いたディズニーランドも辞め、かわいがってもらったストリップの仕事も辞めて、芸能界に行き詰まったプッチャリンは、それまでとはまるで無縁の世界に飛び込んでしまう。またも内なる衝動に抗《あらが》えず。ひとところにじっとしていられない、眠っているときでさえ泳ぎ続けないと死んでしまう魚のように。

「それで東京に帰って調べたら、山小屋っていっぱいあるんですね。尾瀬にも20軒ぐらいあって。そのなかから長蔵小屋というところにお願いして、採用してもらったんです。従業員も30人か40人いて、日雇いで日給が８０００円くらい。で、10月の終わりまで山小屋で働いて、そのあとは３月ぐらいまで、小屋のオーナーに紹介してもらったスキー場で働くと。それでお金は貯まるし、１畳だけど部屋もあって、空は青いし空気はおいしいし、食事も３食ついて、最高。私の人生の、いちばん最高の暮らしやったなあ。山小屋に行くときはもう、芸の道具も捨てちゃって行きましたし。

貯まったお金でたまにタイとか北海道とかにも遊びに行ってたんですが、３年ぐらいたったころ、東京に遊びに行ったんですね。そのころ埼玉県久喜市の鷲宮《わしみや》に家賃２万５０００円の公団住宅を借りてたんで。そしたら『ぴあ』という雑誌があって、たまたま見たら

冬はスキー場で働いていた

リングリング・サーカスの道化師が先生。道化師学校時代

得意だった一輪車（写真左）
バブル時代は、道化師の仕事もけっこう入っていた（右）

日本初の道化師の学校が、品川の大井のほうにできるって書いてあったんですね。それで『ああ、俺はこれがやりたかったんだ』ってなって。『よしっ！　山小屋やめよう！』って（笑）。」

芸の世界を捨て山小屋で第2、というか第何番目かの人生をやり直したはずなのに、やっぱりプッチャリンは戻ってきてしまった。今度もまた、いつもと同じく衝動的に。なんの展望も、計算もないままに。

「赤い鼻の、あのピエロの恰好に憧れてたんですね、前から。それで試験を受けたら1回目は『あなたもう、チャップリンの恰好ができてるから』って落とされて、でも粘って2期生で入れてもらった。だって私、帽子芸とかジャグリング、知らないんですよ。ただチャップリンの格好して歩いて、コケたりするだけ。それ以外のこと知らないんですよ。マジックもできない。だから勉強させてくださいって。

そのころはバブルの時代でしたから、ピエロとかチャップリンでけっこう食えたんですよ。プロダクションがいっぱいあって、関東近辺とか大阪のデパートやスーパー、ホテルのイベントですね。スーパーの売り出しで、外に立って子供に風船あげたり。

山小屋に入ったのが35歳ぐらいでしたから、ピエロの学校に入ったのは40か41歳です。自分では『チャップリン中島』とか言って。それで私は40代だったけれど、だいたい18歳から25歳までの子がメインだったから、私だけですね、ジジイは。でもディズニーに入ったときも30歳くらいで、メインは18歳から25歳くらいのひとたちでしたから、『おじさ〜ん』とか呼ばれて(笑)。私、そういうのは別に気にしなかったですね。

そのうちバブルがダメになってくると、仕事が減ってくるんです。前は月に10日以上あったのが、月2回か3回になって……45歳前ぐらいでしたが、月に7万円ちょっとしかないんですよ。あ、これじゃ食えないなと。それで引っ越しのバイトをやりだしたんですけど、若いひとにあごで使われるんですよ。私もハイハイ言うんですけど、どうも気持ち的に嫌で。それよりタクシーのほうがいいかな、と。で、アルバイトで雇

パリ、ポンピドー・センター前で大道芸

タクシー運転手の中島理一郎さん

ってもらえますかって聞いたんです。10カ所くらい受けたんですけれど、『芸人？　そんなのいらない、うちは』って。でも、ある会社が『いいですよ、いろいろその人に合わせてやってもらってますから、あなたのスケジュールに合わせて』って言ってくれて。それがいまの会社なんです。だからもう、タクシー歴も17年になる。いままでいちばん長いですね（笑）。

それでタクシー運転してるときに、たまたまつけてたNHKのラジオで、『お笑い浅草21世紀』の橋達也座長と関敬六さんが対談している番組があって。牧伸二さんの付き人やってる時分に、日劇の『牧伸二ショー』で幕間に橋座長が出てらしたの覚えてたから、『橋座長まだお元気でやってらっしゃるんだ！　浅草行ってみよう！』ってなって、勤務明けの休みに行ってみたんですよ。そしたら、いまはいつもいっぱいだけど、そのころは10人足らずしかお客さんもいなくて、でもおもしろいんですね、その軽演劇が。こっちもゲラゲラ笑って、おもしれえなあって。それでオーディション受けて、入れてもらったんです。

　最初はチャップリン中島で、通行人役ぐらいから始めたんですが、裏方が主でした。それで『座長、私、呼び込みしますよ』って。で、まずは小屋の前でやって。それから、どうせならぐるぐる街中を回ったほうがいいや、と。それがいまのプッチャリンにつながるんです。チラシ配ってると、『なにやってんの、おにいちゃん？』『チャップリンさん！』『こんなのやってるの？　じゃあ行ってあげる』ってね。

　で、どうせ街中ぐるぐる回るんならって、通りすがりの店を、太鼓叩いて宣伝するんですよ。『はいっ、ここが木馬亭です！』とか言ってあげるんですね。そうすると、

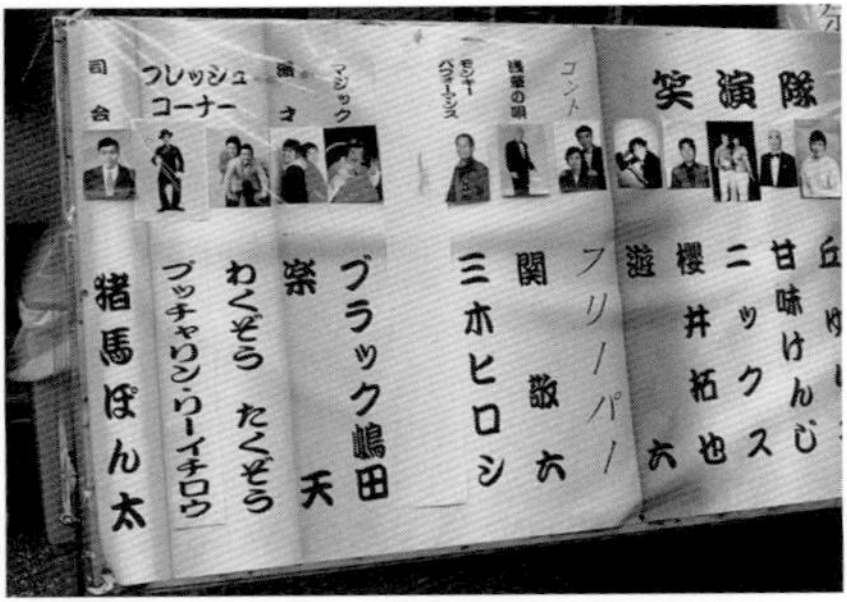

『お笑い浅草21世紀』時代

『お笑い浅草21世紀』公演。木馬亭の前で

お店のかたも『ちょっとお茶飲んでけ、なんか食ってけ』とか言ってくれて。ほいで、徐々に知られていったっていうことです。お客さんも増えていったし。

そこで幕の開く前に『座長、幕の開く前に幕前でちょっとやらしてください』ってお願いして、客席入ってやったりして。客席入るのも、私、サーカスのそういうところ見てきているから、好きなんですね。平気なんです。舞台だけが芸というかたからは、『あんな客席でやるのなんか、芸じゃねえ』って言われちゃうんですけども、東京ディズニーランドは、すべてが舞台なんですよ。だから感覚の違いなんですね。サーカスだって客席も舞台でしょ。落語やるかたは座布団の上だけが舞台ですけどね。

こっちは歩きながら（道が）舞台だと思っているから。路上でもお店の前で3分間だけ、やるんです。それ以上やるとお店に悪いから。それでだんだん知られていったんですね。『21世紀』の最初はチャップリン中島だったのが、そのうちプッチャリン理一郎になって、でもしっくりこないなあと思って、プッチャリンになった。だからこの名前になって、もう10年ぐらいになりますねえ」

いまから4年前（２００８年）、還暦を前にした59歳でプッチャリンは『浅草21世紀』を退団。それからはずっとひとりでがんばってきた。基本的には月に8回、朝6時半から翌朝3時半まで21時間勤務のタクシー業務をこなしながら、浅草を根城にして、でも頼まれればどこへでも行って、芸を披露している。

「道化師・コメディアン　プッチャリン（中島理一郎）」と書かれた名刺の裏には、浅草の〝芸居〟、埼玉県久喜市の〝田居〟、喜多方市の〝山居〟と3つの住所が記されていて、浅草はいまの串揚げ屋の上の前に、太鼓や衣装を置く四畳半の部屋を2万円で貸してもらっていた喫茶店の住所。田居はそれこそ田んぼのど真ん中にある一戸建てで、棟続きの2棟を月に4万円で。そして山居は『30年ぐらい使ってない、畳も傷みほうだい、雨漏りもする』ボロ家を月５０００円で。いまの浅草の部屋はタダだから、合計4万5000円の家賃で、3つの居場所を確保していることになる――。

「タクシーがあるから借りれてるんですけど……バカですねえ（笑）」

いま浅草でプッチャリンを知らない地元民はいないだろうけれど、全国的にその名前はほとんど知られていないままだ。ちょっと前には舞台でアキレス腱を断裂する怪我を負って、その手術のために地元のファンたちがお金を集めて治療費に充てたという美談があったが、それは怪我の手術費さえ自分では満足に出せないという状況の裏返しでもある。

昔の写真をお借りした中には、お母さんからのこんな手紙もあった――。

理一郎君元気ですか　毎日のように今日はデンワしてくれるかと毎日のように待つて居りますのよ　呼出しでは時間もかかるし二度位かけましたが一度は話しましたが呼んでもらうのをやめましたの　寒くなって毎日大変せう　其の後どうしてゐるのですか　ピン子さん宅やめてからどんな仕事につきましたの　それとも一人で住んでゐるのですか　大変で

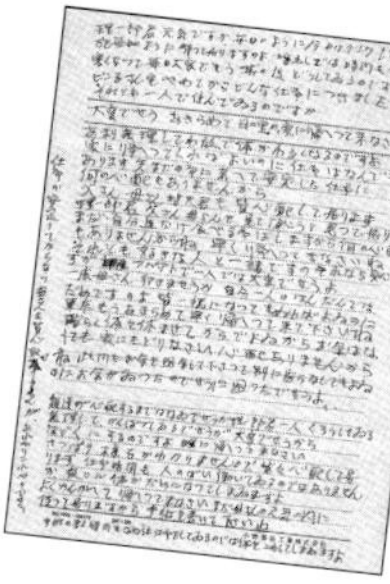

①②もともと2階はオフィスと寮だったという。店のある1階から案内されると、すでに階段からプッチャリン・ギャラリー状態！
③ファンが描いてくれたというオリジナル看板
④⑤踊り場はコレクションの陳列コーナーになっていた
⑥⑦舞台装置をもらってきたという背景がセットされた、立派な演劇スペースができている。使ってないらしいのが、もったいなさすぎる……

⑨

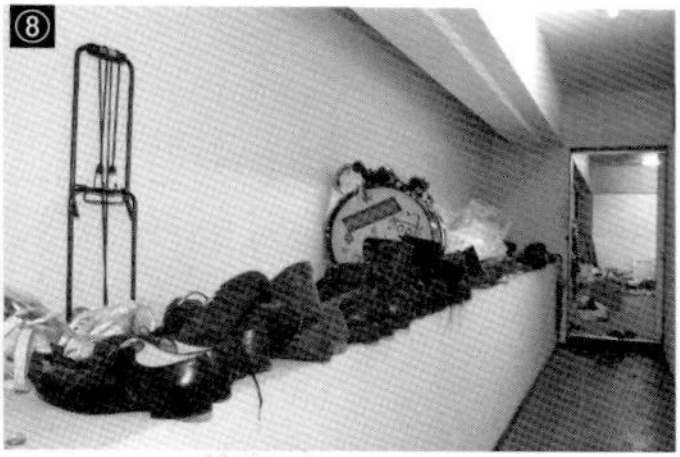
⑧

⑧ 3階の住居フロアに案内してもらう。廊下は黒革靴がずらり
⑨大事な相棒の太鼓
⑩もとは寮だったらしい、すごく広い部屋がふたつ！　場所は浅草寺脇！　すごい物件だ
⑪これだけ広いのに、暖房は小さな電気ストーブがひとつだけ。冬は極寒だから、テントで寝ている。でも山登りが大好きなので、問題なし

⑩

せう　あきらめて日の里の家に帰へつて来なさい　あまり無理してわ後で体がわるくなるのですよ　家に帰へつてくればよいのに仕事はなんでもあります　先までの事に考へて安定した仕事に何の心配もありませんから
父さん母さん哲夫君も皆心配して居ります
　理一郎君父さん母さんを見て頂こうと思つて居りません　まだ自分達だけ食べる事はしますから何の心配もありませんからね　早く帰へつてきなさいね　それとも好きな人と一緒ですの　それなら安心ですがアパアトで一人は大変でせうよ
　一度母さん行きませうか　自分一人のはんだんではだめですのよ皆一緒になってきめればよゐのに　東京もうあきらめて早く帰へつて来て下さいね　暫く体を休ませてからでよゐからお金はなくても家にもどりなさい　心配ありませんからね　此間もお金を送金して下さつて別に送らなくてもよゐのにお金がゐつたのでせうに困つたでせうよ
　親達が心配するまではなゐでせうが理一郎君一人くろうしてゐる　無理してがんばつてゐるでせうが大変でせうからほどほどにするのですよ　日の里に帰へつて来なさい　さつぱり様子がわかりませんので皆々心配して居ります　仕事時間も人のばい働いてゐるのではありませんか　夜ヒル体がだめになつてしまゐます

よ　よくかんがへて帰へつて来なさいまだ母さん元気の内に　待つて居りますから手紙を書いて下さいね　手紙の書く時間のなゐ位仕事をしてゐるのでは体をこわしてしまゐますよ　仕事が安定してからなら母さん皆心配でありませんが、あれやりこれやりでせう
　哲夫君もまだまだ理一郎君の事大変心配してゐるのですよ
母さん字を書く事が一番きらひなの手がだるくて針持つて縫う事が好きですが手紙字がへただからすぐにやぶりなさいね　人に見られると笑はれるから親とも見えませんから子供の字のようですからね
死んでしまつたら後の皆が心配するばかりですよ　あまり無理出来ませんよ　早くお嫁さんもらはなくては　日の里にもどつて三年後でもあまりをそくてもだめなのよ　日の里にもどればお金たまるでせう　私の元気な内にもどりなさいね
きつと待つてますよ

実はいちどだけ、プッチャリンは女のひとと棲んだことがあった。
「あれは……いくつだったっけな。道化師の学校を卒業したころだったかな。42歳く

らい。富山でちんどん大会があって、私はチャップリンの恰好をしてうしろをついて、ビラを配ってたんです。

そのひとは関西の主婦だった方なんですが、ちんどん屋さんが好きだったみたいで見に来ていて。そしたらちんどん屋さんより、私のほうに興味を持っちゃったみたいで。で、手紙をやり取りするようになって、関西で仕事が入ったときはその方にも、旦那さんにも会ったりしてたんですが、旦那さんが癌で亡くなっちゃうんです。それでその方は2度めの奥さんだったんですが、家には先妻さんの子供もいたりして、けっこう複雑なことがあって……。一時は自殺も考えたみたいなんですけど、私と会って、けっきょく家も財産も全部処分して、

ちんどん屋時代

籍も抜いてこっちに来ちゃったんですね。

私より3歳上のひとでしたが、山小屋でもいっしょに働いたりして。でもそのうち、お母さんが認知症になってしまって、世話するのに関西に帰らなくちゃならなくなったんです。だって私と結婚したら、年金が入らなくなるでしょ。そしたら私、食わせられないもの。食べさしてもらってたくらいでしたから……。いまでもたまに電話はしますけどね、お友達として。そしたら『理一郎さん、また素敵な人と出会うように祈ってます』って」


「趣味といえば山登り、いろんな憂さが晴れるし、けっこうひとりで登りに行くんです」というプッチャリン。好きな言葉は「歩」だという――。「歩くって、止まるのが少ないと書くでしょ。止まってもいいんです。でも、止まるのが少なければいい。走っちゃうと見えないから」

チャップリンとちんどん屋を足して2で割ったような恰好をして、きょうも浅草の街を歩くプッチャリン。ときに太鼓の音に顔をしかめるお客様がいても、「一緒に写真撮って」と、どんな横柄に言われても「ハイッ！　ハイッ！」とにこにこしながら、気がつけばもう次の角を曲がりかけてるプッチャリン。

プッチャリンと浅草ウォーク

きょうも浅草の町を歩くプッチャリン

だれにでも気さくに声をかける

顔見知りの店の前で、
ひとしきり自主宣伝中

喫茶店の中だっておかまいなし、
ずんずん入っていく

お店のひとと ひとしきり
おしゃべりしたり、

こちらは
「プッチャリン後援会会長」
の佃煮屋さん

宣伝にも登場
してました！

ときどき肉まんを
ごちそうになる
お店で

観光客にとっては、かっこうの記念写真チャンス。次から次へと「一緒に写真撮って」と声がかかり、のんびりしていられない

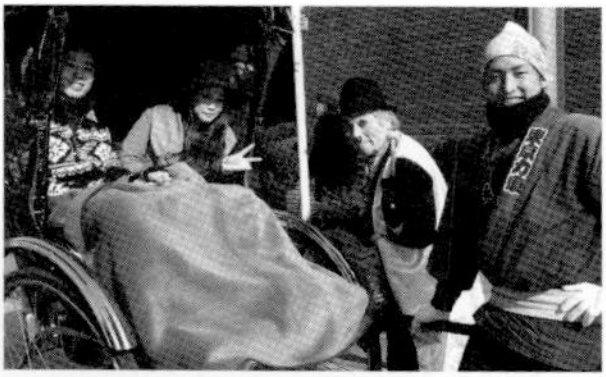

かわいがられているけれど、尊敬はされてない。でも、だれに飼われてもいない。そういう人間がいて、ふつうに暮らしていける町がある。新宿でもない、渋谷でも池袋でも、ましてや青山でもない。浅草にしかないなにかって、そういうことだと僕は思う。

きょうもプッチャリンの太鼓の音が聞こえてくる、遠くから、風に乗って。

彼氏はいるわよ、
飲み友達ね。

坂東三奈鶴

日本舞踊家

東京の下町、というと一般的には谷根千《やねせん》（谷中・根津・千駄木）あたりや、浅草周辺、あるいは月島あたりをイメージするのだろうが、東京に50数年暮らす僕にとって、歩いてるだけで「ああ、ここは下町だなあ」と実感するのは、三ノ輪あたりの古い街並みがそのまま残る一帯だ。

月島のもんじゃみたいな嘘くさい名物もなければ、谷根千みたいにおしゃれな下町ふうショップ（京都の町家ふう、みたいに）もない。浅草みたいに人力車も走ってない。古い家と、古い商店街と、古いひとびと。そしてなにより、古い言葉。いまでは落語家の噺でしか出てこないような生粋の下町言葉が、年配のひとたちの日常にまだ生きている。「東京右半分」もずいぶん歩いたけれど、情緒ではなく生活としての下町が生きているという点では、このあたりがいちばんかもしれない。

南に下ればすぐに浅草、上野の繁華街。北隣は南千住の高層マンション街、その先は東京北部のハブシティ北千住。こんなに恵まれた地理にありながら地下鉄日比谷線と、東京唯一の路面電車・都電荒川線しか走ってない（バスもあるけど）。北千住みたいなデパートもない。でもジョイフル三ノ輪という、なんとも古めかしい商店街はある。成城石井みたいにハイソな店はないけれど、おでん種屋や惣菜屋や調理パン屋、餅が出てくる喫茶店に、銭湯まで揃ってる。

そんな三ノ輪に稽古場を構えて、もう半世紀以上日舞を教えている踊りのお師匠さん。それが坂東三奈鶴《ばんどうみなづる》さんだ。76歳というお年が信じられないほど、いつもしゃんと背筋を伸ばして、きちんと着物に帯締めて、鉢植えをいっぱい並べた稽古場の玄関先で「はいよ、じゃあまたね」なんて言いながら可愛らしく笑ってる。なんだか、池波正太郎の世界にいるひとみたいだ。「ひ」と「し」がそっくり入れ代わる正調下町言葉で語ってくれた一代記、その粋な語り口を、今回はなるべく再現してみよう。

坂東三奈鶴さんは1937（昭和12）年、三ノ輪から日光街道を隔てた南千住で生まれた。

「生まれたのは日光街道の向こう側。父親が13歳で富山から東京に出てきて。そのころは牛やなんかがいたっていうから。いまジョイフル商店街があるでしょ。あれの裏通り。あのジョイフルが、いまはあんなきれいになってるけど、昔は雨が降るとどろどろの道だったの。だからお稽古、あたし3歳からやってるけど、ジョイフルのずっとはずれのほうにね、天ぷら屋さんがあって、その路地を入ったところに柏木流のお師匠さんがいらした。そこへ親が、近所にきかない子ばっかりがいるから、そういう子に育てたくないからって、お稽古に連れていったもんよ。踊りが好きもなにも、ま

だ3歳だから。親が好きだったんでしょ。そいで連れてって。まだよちよち歩きだから、いちばん覚えてるのはね、お師匠さんの足の上に乗っかってお稽古したの。

母親はもとは北海道の出でね、根が好きなのね。で、西川流とかいろんな踊りをやってるけど、まともにやってないから、やらせんだったらちゃんとやらせたいっていう、そういう考えがあったのよ。それが始まりなの。

うちの母親は働きもんだから。父親はのちようば……『野丁場』ってわかんないかな。大橋組だとかいろんなのがあってね、鉄橋造ったり、鳶《とび》ですよ。そういうところへ働きに行くと、3年くらい帰ってこないから。そうすっと変な話、収入だって毎月、いまの時代と違うから、きちっと来ないじゃない。そういった場合に母親が一生懸命内職して、あたしにはずいぶんお金かけたんでしょうね。兄がお守っこだから。９つ違うのよ。だから兄がほんとにあたしをかわいがってくれてね。おんぶしたりなんかして、いっつも言うの――『お前は覚えが悪いから、オレもう恥ずかしくてイヤだよ、あんなのすぐ覚えられんだろう』って。

いまはあたし、坂東流だけど、柏木流で小学校３年生のときに、もう名前もらってたのね。それであるときね、あたしの幼友達で、お母さんが芸者さんだったひとがいるの。三味線が上手なの。お友達がみんな集まって、そこで稽古してて。それでいつも見に行って、踊ったりなんかしてたら、そのひとが『この子は柏木流じゃあもったいないよ』って言うのね。『踊りが大きいから、坂東流で育てたほうがいいんじゃない？』って。それを親がふっと耳にしたわけ。そうしたらさ、急に坂東流に行ったほうがいいみたいな話になって、そいで坂東流へ……うちの親もすごいよね、『うちの娘は名取にしたいもんですから、よろしくお願いします』って言っててね。ええと、あんときはね、３年生かそこら……（笑）。たい～へんでしたよ。

だから遊ぶヒマなかったわね。つらいとかなんか、思ったことないけど。好きなんでしょうね。15歳で名前取って。そのころはテレビもない、なんにもない時代だったの。近所に子供たちがいっぱいいてね。学校がすぐそこだから、学芸会があるんでなんか踊るっていっても、みんななんにもできないから、近所のひとが習いに、のきなみ来てたもの。いま、子どもいないじゃない」

時代は太平洋戦争のまっただ中。東京下町は空襲によって徹底的に破壊されたが、日光街道を挟んで三奈鶴さんのいた地域は空襲で被災することなく、家族一同無事に終戦を迎えることができた。

「空襲はあったけど、日光街道のこっち（いまいる南千住側）は焼けたの。向こうっかわ（三ノ輪橋側）は大丈夫だったの。だからあたしの年代で空襲を知らないのはほんとうに幸せなんだけど、（昭和20年）3月の10日、このへんはすごい空襲だったんですよ。東京大空襲ね。台東区、深川からず〜〜っと。でもあたしは9日に汽車乗って長野の田舎へ連れていかれたの、疎開ね。それで汽車の中で、東京が空襲に遭ったって聞いたの。

波田《はた》っていう。松本から島々《しましま》行の電車に乗ってくの。上高地に行く途中。学校もいいところでね。そいで1年ちょっといたかな。終戦は向こうだったから。うちの兄は15歳で海軍に志願して行っちゃったんだけど、帰ってきてさっそく、あたしを迎えに

13歳の頃、当時家にいた鳶の若い衆と。
「結綿」という、未婚女性の髪形を結っている

来てくれた。『帰るか？』っていうから『帰る！』っつって。

それで帰ってきて小学校に戻って、中学高校は私立に行ってるから。伝通院の淑徳って、お寺さんの学校ね。朝、お経上げてから授業が始まる学校ですから。そんときは長唄行って、小唄行って……もう、時間がない！　小学校なんかね、半日しか行ってないから（笑）。もともと耳が悪くて、耳鼻咽喉科行ってたの。午後ンなると、耳鼻咽喉科に行かなきゃなんないのよ。それで『堀さん、病院に行く時間ですよ』って言われるのを、親が体裁よく使っちゃって、そのあとお稽古（笑）。ほんとにすごかった。

そのころほんとは洋裁をやりたかったのね、踊りじゃなくて。ドレメ（現在のドレスメーカー学院）かなんか行きたかったの、高校終わってから。親戚の従姉妹に、ちょっと小児麻痺の子がいたのね。その子がお裁縫だけはやれんのよ。だから私ができるようになれば、その子も使ってあげられるかな、とか考えたんだけど、卒業するころ就職難で。それで先生が『堀さん、踊り教えてんだろ、あなたはそれで立ったほうがいいよ』なんて言われて、そのまんまになっちゃった。

だってあたし16歳でもう、学校通いながら（踊りを）教えてたから。中学から伝通院でしょ。お稽古のとき、お師匠さんとこ行くときは、御徒町から乗り換えて上野駅で降りんの。そいで路地入っていくと、長唄の先生がいたの。そこへ習いに行って、そいからこんだ稲荷町を通ってお師匠さんとこへ寄って帰るから、夜になっちゃう。そこのお師匠さんのお婆ちゃんが優しいひとでね、お師匠さんとは全然ちがって（笑）。

夕方になるとお師匠さんち、おいしいおうどん作ってんのよね。ぷんぷん匂ってね（笑）。と、お婆ちゃんが小どんぶりにおうどん入れて、『待ってるあいだ、これ食べなさい』っつって。あれは忘れられないね。そいで都電のところまで、おばあちゃん送ってきてくれるの。そうしてこんだ三ノ輪橋で降りると、母親が迎えに来てるんだけど、来てないふりしてね（笑）。降りてもだれもいない。家に帰ると『あ、いま帰ってきたのかい』なんて言うんだけど、ちゃんと見届けてるの、そういう親でした」

踊りの稽古といっても蓄音機しかない時代。師匠になろうとするなら三味線なり、長唄や清元ができないと、生徒さんたちに教えることができなかった。

「私が行ってたところは長唄も教えてくれてたんだけど、踊りの先生に習うと、踊りに合う唄になっちゃうの。お三味線でもそう。とりあえずちゃんと弾けるようにはなるんだけれど、間延びっていうの、たとえば、ううう〜〜〜って伸ばさなくていいところ、踊ってんの見て合わせてしまうから、ちがっちゃうのね。それで、ちゃんと長唄は長唄のところへ行かなきゃいけないっていうんで、行ったり。だけどいま考えたら、教えるっていうのは向き不向きってあるじゃない。踊りもあたし、いっつも言うんだけど、習いに行くんだったら教え上手のとこに行きなさいって。先生がいっくら上手でも、教え方下手だったら覚えられないから。ほんとなの。それで私が（三味線の）調子っていうのが合わないのね、いくらやっても。

そんなんでね、家を23歳で出たときにね、そんなにあれもこれもできないじゃない。みんな中断しちゃって。そしたらあるとき日暮里だか鶯谷かなあ、うちの母親と仲良しさんやってて、あたしを小さいころから可愛がっててくれたおばさんと、ホームでばったり会ったの。『あれ、キヌちゃんじゃないかい？』『え？　坂本さん？』『そうだよ』って。『あたしはね、いま池袋に住んでんだよ、キヌちゃん、どうしたい？』なんて言われて、そのまんま池袋に連れていかれちゃった（笑）。

そのころね、池袋の西口っていっぱい飲み屋街があったんですよ、ナントカ横丁みたいな。西口降りると、お姐さん方が駅前へ立っていて、連れ込み？　お客さんどう、なんて引っ張っていくとリベートをもらえるっていう、そういうお店だったんだわね。そこへ連れていかれてね。おばさんのうちもそれやってたから。私もそのときは家出てるからね、その話をしたら『あら～キヌちゃん大変だ、ひとりで』っていうわけで、お店にお花を飾らなくちゃならないのを、花屋さんが来て、いけるっていうから、『じゃあ私、花いけてあげる』って。そのころ名前持ってたから、お花も（笑）。

そしたらおばさんが、1週間にいちど花いけに来いっていうわけ。それで店のお姐ちゃんがたにも教えてくれって。踊りじゃなくて、お花を。それで行ってたの、お花教えたりいけたりして。椿もってったら怒られちゃってさ。『椿はダメだよ、商売や

「これはもうちょっとお姉さんになってた頃かもね」

昭和30年、18歳のとき

ってるところは。ぽとっと落っこちる』って言われて(笑)。あ、そうなんだって。いろんなこと教えてもらってね。そしたらその横丁で昼間、三味線の音が聞こえてきたの。『あれ、おばさん、ここだれか三味線教えてる?』って言ったら、『ああ、そこに五目の先生いるよ』っていうわけよ。

五目っていうのは長唄清元、端唄小唄、なんでもできる先生のこと。『あ、そういう先生いるんだ、ちょっと行ってきたい』っつったら、連れてってくれたの。そいで行って、あたしが調子が合わない合わないって言ったら、その先生が、チーン、トーン、シャーン、こういう感じで教えてくれたのね。そしたら一発でできちゃったの。そのときに『ああ、踊りもそうだ。どんなひとが来ても、教え方上手にしたら、それはできるようになるんだ』って、そう思いましたよ。んで、そこでいままで習ったのをさらってもらったり、細かいものを習ったり、やらしてもらってね。なんであんなことができなかったのかなあ、なんて思いながらね、してましたけど。

そのうちそこが立ち退きになっちゃって、そしたらおばさん、裏のほうで駄菓子屋みたいなのやり始めたんですよ。遊びに来いっていうから行ったのね。そしたら駄菓子屋やりながら、水商売のお姐ちゃんたちが出入りしてるの。『おばさーん!』なんて入ってきて。

そのおばさんのところにすごい洋服ダンスがあるのね。駄菓子屋なのにさ。なにが入ってんのかな～なんて思って、開けたら毛皮がいっぱいぶらさがってるの。みんなそれをカタに置いて、借りていくわけよ。そのおばさんから、お金の借り方とかずいぶん教わったわね。『若いんだからね、いまから金残そうなんて思っちゃいけないよ』って言われたの。それが暗示でお金残んないんだよね（笑）。『若いうちはいろいろ経験しな、お金じゃ買えないよ』って。お金って、貯まるときっていうのがあるんだって。時期が来れば、かならずそういうものだって言われてね。あたし、そうかな～～って（笑）」

高校時代から踊りのお師匠さんとして学業と二足のわらじ。卒業後はさらに芸を磨きながら、鳶の頭のお嬢さんとして何不足なく育った三奈鶴さんが、23歳にして家を出ることになったのには、複雑な背景があった。

「あたしが高校生のときに、兄が嫁さんもらったのね。でも若い衆のお相手するのはあたしだし。それから暮れになると『ガサ売り』っつってね、お正月飾り、ああいうものがあるんです。あたしが13のときからずっと結綿《ゆいわた》結って、半纏《はんてん》着てお店番してた

「ガサ売り」のときの写真。三奈鶴さんの前にいるのがお母さん。三奈鶴さんは、お母さんが40歳を過ぎてからできた子ということなので、お母さんは「おばあちゃん」と呼ばれたそう

から、看板娘だったんです。だけど、お嫁さんになるひとは田舎から来たひとだから、そういうことはできなくて、裏で内職のほうをやってるでしょ。

そいでこっちは15、16から踊りを教えていて、家に一銭も入れないから（笑）、お弟子さんいっぱいいたし、変な話、自分でいろんなもの買えちゃうじゃない。そうするとうらやましいじゃない。それを親がやってくれてると思われちゃって。娘はいいもんだって、ねえ。そういうのありましたね。

そのうち私が婿取りをするっていう噂になって。そしたらうちの夫なんか追い出されちゃうって思い込んで……。そんなんでいつも母親とごたごたしてたから、切なくて。だからあたしは、婿なんかとらないよって言いきったの。それで家を出たんだけど、まあ……うちの嫁さんが結局、ああいうかただったから、いまのあたしがあるんだと

思う。そう、良く解釈してる。

出て行ったときに、うちの父親のほうは『どっちみち1カ月か2カ月で帰ってくる』って思ってたのね。だけど母親は『あの子は違う、キツい子だから、言ったことは絶対に自分を通すから、帰ってこないよ』って。それで『おまえね、いま出てっちゃったら、ここのもの、なんにももらえないんだよ』って、まあなんだかしらないけどいろんなもの運んできて。座布団ばっかり50枚くらいあったわよ（笑）。うちにはいつも若い衆が20人ぐらい、いたからね」

1960（昭和35）年、23歳にして坂東三奈鶴、一本立ちの舞踊人生が始まった。

「最初に探したところはそれこそ長屋の2階で、下がお爺さんお婆さんなのよ。小さな籐細工の材料を、竹で何本も何本もつくるのね、ひごにして。それを職人さんが取りにくる。だから下は仕事場なの。その脇に階段があって、そこを通らなかったら上に行けない。だからお弟子さんがいちいち『お邪魔します』って入ってってって。あたしがそこで始めたときには、よそのお弟子さん……昔は年寄りがいっぱいいたから、あたしを憐れんでね。『こんなに若いのに、ひとりじゃ可哀想』って、お弟子さんいっぱい、しっ張ってきてくれたのよ。

そいでその家が、下がお爺ちゃんお婆ちゃんで、上が8畳と4畳半。昔の家だからけっこう広いんですよ。8畳のほうが舞台で、4畳半で着替えをしてもらうようにして、稽古場やってたの。ところが古い家だから、上で『どーん』とやると、寝てたら埃が落っこってくるわけ（笑）。それでそのお爺さんお婆さんが、7時に寝ちゃうのよ（笑）。それでお手洗いが、お爺さんが寝てる枕元を通んなきゃ行かれないの（笑）。それで2階は水道もガスもなんにもない。水道っていうと、昔は共同水道で外だったの。そういうとこに3年住んでた。近所の方に言われたもん、『先生、あすこへ住むのは大変なのに、よくこんなに長くいらした、たいてい2カ月で出てっちゃう』って（笑）」

落語の貧乏話に出てくるような長屋生活のあと一軒家に移って、三奈鶴さんは1964（昭和39）年にこの三ノ輪の地所を購入。鳶のお父さんが張り切って3階建ての家を建ててくれた。いまからちょうど50年ほど前のことになる。当時のこのあたりは、地下鉄日比谷線の駅をつくるために立ち退きになったひとたちが引っ越してきた界隈だったそうだ。

「うちはね、まわりを作っちゃってから設計したのね（爆笑）。うちの父親がいろいろ頭ひねって、狭いところだから。まわりをめいっぱいにブロック積んじゃったでしょ、軽量ブロック。で、外側が先にできちゃって、それから中を……だから窓やなんか適当に作っちゃったの。だから押入れの中に窓があるの（笑）。父親は田舎育ちだから、だだっ広い部屋が好きなのね。でも大工さんが『間貸しするにも押入れがなかったら貸せないよ』っていうんで、むりやり押入れくっつけちゃったから、父親はもうプンプンなのね（笑）。でも、ここがあるおかげで、いまのんびりできるんだから、親のおかげだわね。変な話、家賃払うわけじゃなしね、いま家賃払うったら大変だから、できないわよ。親が後押ししてくれたから今日があ

間口は狭いが、奥に行くと横に広がる変形住宅

無骨な建材を竹で隠して、和風のしつらえに

踊りの小道具もいろいろ

稽古場の壁には三奈鶴さんやお弟子さんたちの写真がいっぱい

る。ひとりではできませんよ。

で、けっきょく両親も最後はここであたしと一緒にいたのね。初めはごはんだけ食べて帰っていくんだけど、だんだん『おまえ、眠いよ』なんて言って、寝ちゃうじゃない（笑）。そいで親が5匹《しき》も犬を飼ってたから、もうめっちゃめちゃ（笑）。それで5年ぐらい一緒でしたね。あたしが昭和48年に20周年やって、その年にふたりともね。それで兄も3年前に亡くなったので、いまはもう、ほんとのひとりぼっちですよ。鳶の家ももう、継ぐひともいないの」

兄嫁とソリが合わず、「婿はとりません」と言い切って家を出た三奈鶴さん。でも20代で、踊りのお師匠さんで、こんなに可愛いのだから、声がかからなかったわけはないだろう。

「それはね……結婚しようかなって思う時期もあったのよ。だけど、そのひとにお姉さんがいて、そのひとをものすご〜く可愛がってたの。お姉さんといっても、そのひとのお兄さんのお嫁さん、義理の姉ですよ。自分の旦那より弟のほうを一生懸命……そういうひとがいたの。で、商売も同じ鳶だから、あたしと一緒になればアンタ（そ

平成11年の「三奈鶴会」には、木遣りの衆を頼んで木遣りをうたってもらった

のひと）は安泰よ、みたいな感じのお姉さんだったから。そんなこと言われて……それで、これはやめましょうって、やめたの。そういうのがあって結婚はとうとう……。

鳶だけど、うちの鳶ではなくて神田だから、いいところの鳶で。お兄さんとふたりでやってたんだけど、親もいない……ただそれだけ気に入ったの（笑）。それがあったんで、いいかなってあたしは思って。でもうちの父親が、『うちの娘は、学校を出てるんです、踊りもこういうふうにやってるんです』って啖呵切っちゃったわけよ。それで向こうも『あんな家、ダメだ！』ってなっちゃってね。

でもそのひとがいたから、あたし、おいしいものいっぱい、若いとき食べた（笑）。

昔ね、国際劇場があったころ、あすこへ急に連れてってもらってね、フランク永井かなんかやってたときよ、いちばん前の席で。それで帰りにね、いちばん覚えてるのは、いまなんか鳥の丸焼きなんか珍しくないんだけど、丸忠っていう鳥屋さん、丸焼きが来るんですよ。あたし、びっくりしちゃってじいっと見てたの。そしたらピッピッピッてやって、食べられるようにしてくれてさ、『はい、これ、食べな』って。あとはキャバレー通いしたりね。

でもうちなんかは、旦那衆が来ていたときには、うちの母親も一緒にキャバレー連れてってもらったもん。だってさ、旦那衆はあたしを連れていきたいんだから、だけど、うちの親が目を光らしてるから、お婆ちゃん、お婆ちゃん一緒に行こう、なんつって連れてって。お婆ちゃんったってうちのお婆ちゃん、年いってなかったから、そのころは。だからもう、むこう行っちゃ踊りも踊ったしね。そういうひとだったのよ」

そうやって三奈鶴さんはもう、50年以上も三ノ輪の稽古場で、ほんの小さな子どもから旦那衆まで、数えきれないひとたちに踊りを教えてきた。昔ほどは生徒を取らなくなったいまも、月火水の3日間は稽古の日。あとの4日でいろんな用を足す、忙しい日々を送っている。

お芝居などの舞台にも顔を出す。それは「お楽しみ」。あとはデパートで買い物するのと、夕方空いた時間の銭湯通い、そうして一杯飲み屋で傾けるビールのグラスが楽しみだという。

「飲み友達っていうのはずっといるけどね。友達が言うの、『三奈鶴さん、彼氏いないの？』って。『いるよ』って。飲み友達ね。『ちがうのちがうの、そういうんじゃなくて』って言うけど、そういうのあらたまってつくったら大変なの。幼友達とか、古い友達はけっこういましたよ。だけどやっぱり、踊りやってると結婚まで行かないのよね。まぁ男次第じゃない？　わかる？　男次第だから（笑）。けっきよく、あたしが尽くしたいほうだからダメなの。靴下まで履かせてやりたい

「一番気に入っている」という雪女郎を踊ったときの写真

ってぃうほうだから。ベッドに運ばれたいっていう夢があったの。お姫様だっこ。そしたらお友達に笑われてね(笑)。1カ月か2カ月よ、結婚してごらんなさい、そんなの冗談じゃないわよ、なんて言われてさ(笑)。靴下だって『めんどくさい、ひとりで履きなさい』って言いたくなっちゃうわよって、言われちゃった。でも夢だったの!

だって変な話、もらい手がないわけじゃないけど、いたら介護になっちゃうもん。靴下履かせたり、だっことか(笑)。冗談じゃないわよ、自分もガタが来てるのにね。だから、お金じゃないわよ。でも、うちのお弟子見てると、結婚して子供つくって、大学卒業させて。かつ踊りもやってるんだから、偉いわぁ。これはあたしには真似できない。

本当にね、長く通ってくれているお弟子さんたちのおかげなの。人間っていうのはひとりでは生きられません。毎年、新しい座布団持ってきてくれたお弟子さんのお母さんとか、おかず作って届けてくれるご近所の人とか……いろんな知り合い、お弟子さんたちに囲まれてるから、今日まで来たわけよ。この道で来て、よかったなあと思うわ」

子どものころから76歳の現在も、病院に行くときに洋服を着るくらいで、三奈鶴さんはずっと着物姿が基本だ。すっと決まった立ち姿と真っ直ぐな背すじも、そのおかげかもしれない。お茶をいただいて、どら焼きを頬張りながら楽しい一代記を堪能しての帰り際、こちらの背中をポンポンッと叩いて、ここがすっきりしてると5つぐらい若くみえるわよ、と教えてくれた——。「帯を締めてるっていうのは、コルセットがわりだから。こんな着物着てちょっと出るじゃない? 普段着なのね、こんなの。なのに『どこへお出かけですか?』って(笑)。どこへって、家へ帰るんですよって(笑)」

粋《いき》とは「媚態」と「意気地」と「諦め」によって成り立っている、と分析してみせたのは九鬼周造だった。そんなふうに難しく言わなくても、三奈鶴さんのようなひとがちゃんといる。いくつになっても可愛らしくて、ちょっとはずしていて、しゃんとして。

独り身でいていいことってなんでしたか、とお聞きしたら彼女は即座に「気楽、でしょうね」と答えてくれた。

台本なんかいらねえ、
ぶっつけ本番でやっちゃうもん。

三代目長谷川栄八郎

津軽三味線奏者／民謡歌手

〽俺は田舎のプレスリー
百姓のせがれ
生まれ　青森　五所川原
いっぺん来てみなガ
田んぼで鍛えた　この声と
親に貰った　この顔は
村じゃ人気のプレスリー
田舎のプレスリー♪

（『俺はぜったい！プレスリー』作詞／作曲・吉幾三）

青森県津軽半島の付け根に位置する五所川原《ごしょがわら》市。なにより太宰治の故郷として、近年では実業家兼万年泡沫候補の羽柴秀吉の、また吉幾三の生まれた地として有名でもある。さらに五所川原から半島の先端部に北上すれば、そこは三上寛の故郷・小泊《こどまり》村だ。

見方によっては海峡を隔てた北海道よりも、さらに辺境である時期が長く続いたこの地にあって、「田舎のプレスリー」は東京に出て苦労を重ねた末に、『俺ら東京さ行ぐだ』を歌ってようやく全国区の存在になった。しかしそのはるか前に三味線を抱えて東京に出て、いまも現役で活躍する94歳の民謡歌手・津軽三味線弾きがいるのを、どれくらいのひとがご存知だろうか。

三代目長谷川《はせがわ》栄八郎《えいはちろう》さんは１９１９（大正８）年生まれ。リンゴ農家でありながら、旅芸人としての生活も長く送ったのち、40歳になったころに東京へと出てきた。いまは駒込のマンションにひとり住まいしながら、ステージにも立ち、お弟子さんたちに稽古もつけて、充実した日々を送っている。

長谷川栄八郎さんはお父さんが三味線の名手、お母さんが川山千鳥の名で一座を組む芸人という「兼業芸人」の家に生まれた。春から秋までは田畑で働き、秋から春にかけて旅興行に出るというスタイルだった。

「青森はね、冬はなんもすることできねえから、冬は三味線やったり、歌さ歌って楽しんでるわけだよ。冬は冬で仕事はあるけどね、夏より半分も仕事ないよね。だからみな、それぞれ芸があるわけだよ。吉幾三の親も鎌田稲一っていう歌い手だったんですよ。

うちはおふくろと、父親が芸能人だったから。父親は三味線弾き、おふくろは歌っ

「台本なんかいらねえ、ぶっつけ本番でやっちゃうもん。言ってるうちに、次のセリフがずっと頭んうちに入ってくる。覚えてなんかいねえよ」

てるから。だから子供たちっていうのは、親父とおふくろとうちで稽古したりしているときは、聞いてるわけだ。なにをやってるかわからねえけどね、なんやかんややってるのを聞いてるわけだよ。耳で覚えちゃう。三味線、教えなくともね、音をとるわけだね、一（の糸）、二（の糸）、三（の糸）とね。教えなくとも、三味線の音、ちゃんと入るわけだ、頭に。

だから学校行くのがいやでね。学校行くと、カバン持っていくわけだね。学校行くのいやだから、縁の下さカバン放り込んで、友達ふたり来て、山へ行って遊ぶわけよ。山さ遊びにゆくんだ。そういうんで、だからはあ、字の書けねえはいまでも、全然ダメだから。ああ。ひらかなとカタカナは書くけどもね、漢字だったらはあもう、全然、嘘ばっかり書いてるよ（笑）。

なので（学校は）尋常6年まで行って、あとは行かねえもん。昔は尋常高等小学校、そのあとは、いまで言えば高校だよね、五所川原っつうとこの、町場に行くんだけれどね、オレはいやだからね、尋常6年生終わって。だからいまでも書かせれば、ほそっとわかんねえ。

（興行に関しては）まあ、楽しいほうが多かったね。芸はもう、さんざん自分勝手にやってるから、舞台に出る、そんなことは簡単ですよ。子供の時分からずっと見てるから。だからほとんど、習ったことはないね。私の初代長谷川栄八郎先生っていうのがね、『習えばだれでもできる』っていうの。ね？　習えばだれでもできる。人の芸を盗みなさい、そして自分のものにしなさい、という。芸を見て頭に入れておいて、あとで自分の芸にするんだと。そして自分の芸になるんだと。よくそう言われたもんですよ。だから（舞台袖の）暖簾《のれん》から、はあ、見たもんですよ。見れば、はあ、それを真似したもんですよ。うちの初代は手をとって教えるなんてことは絶対なかったです」

そのころの旅興行で栄八郎さんは、のちの三橋美智也とも舞台を共にしている。

「三橋美智也は北海道だからね、オレと一緒に舞台出ていたころは、金谷美智也って名前だったもんで、カナ、カナって言ったもんだ。おっかさんがついて歩いててね。それで、背がオレとおんなしで小さいもんだからね、舞台さ出て来ると、テーブルから顔がやっと出るくらい（笑）。なのでテーブルの上に座布団こ敷いてね、おっかさんがこっちの袖のところで見ていてね。ほいでいまはお花（ご祝儀）とか持ってくるでしょ。ところが昔はそうでねんだよ。舞台で投げたべな。それをお金だっつうことがわかってるもんだから、歌いながら拾うんだ（笑）。おっかさんが怒って、袖で唸るわけだ。お金拾いながら『うう〜〜〜〜んん！』と唸ってる。そういう男だったんだ。それが三橋美智也ね」

必要充分な調理器具が整然と並ぶ台所。94歳のいまでもきちんと自炊生活。足元にも炊飯器などが整えられていた

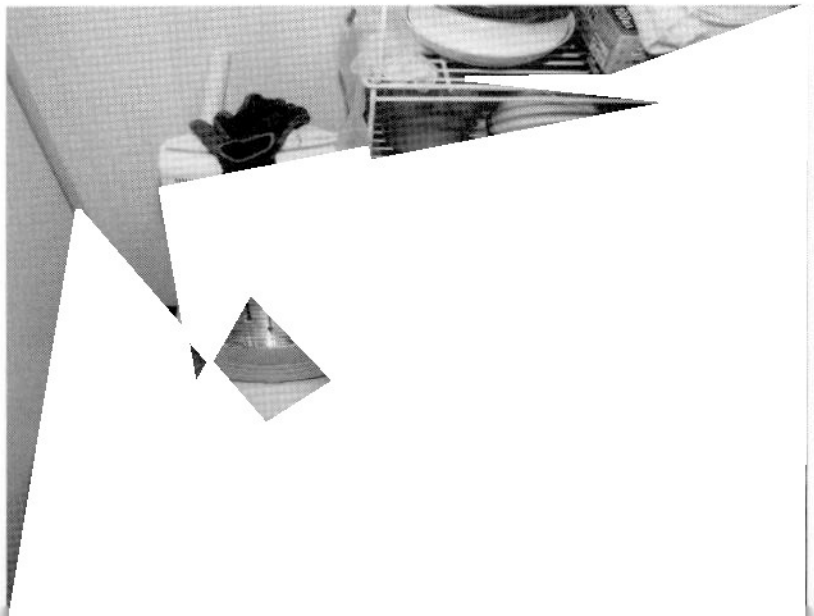

尋常小学校を終えた栄八郎さんは、両親といっしょになって田畑を手伝うようになるが、「オレ、体が小んこいからな、畑仕事が人よりこたえるのさ」ということで豆腐屋に奉公に出る。しかし「唄やりてえって思い」を抑えきれなくなって、20歳になるころ美人民謡歌手として知られた工藤美栄子の『陸奥家美栄子一座』に入ることに。おもに樺太、北海道、青森県内を巡業先として、旭川や釧路といった大きな町から、当時景気のよかった炭鉱町までを回る日々が始まった。そしてその陸

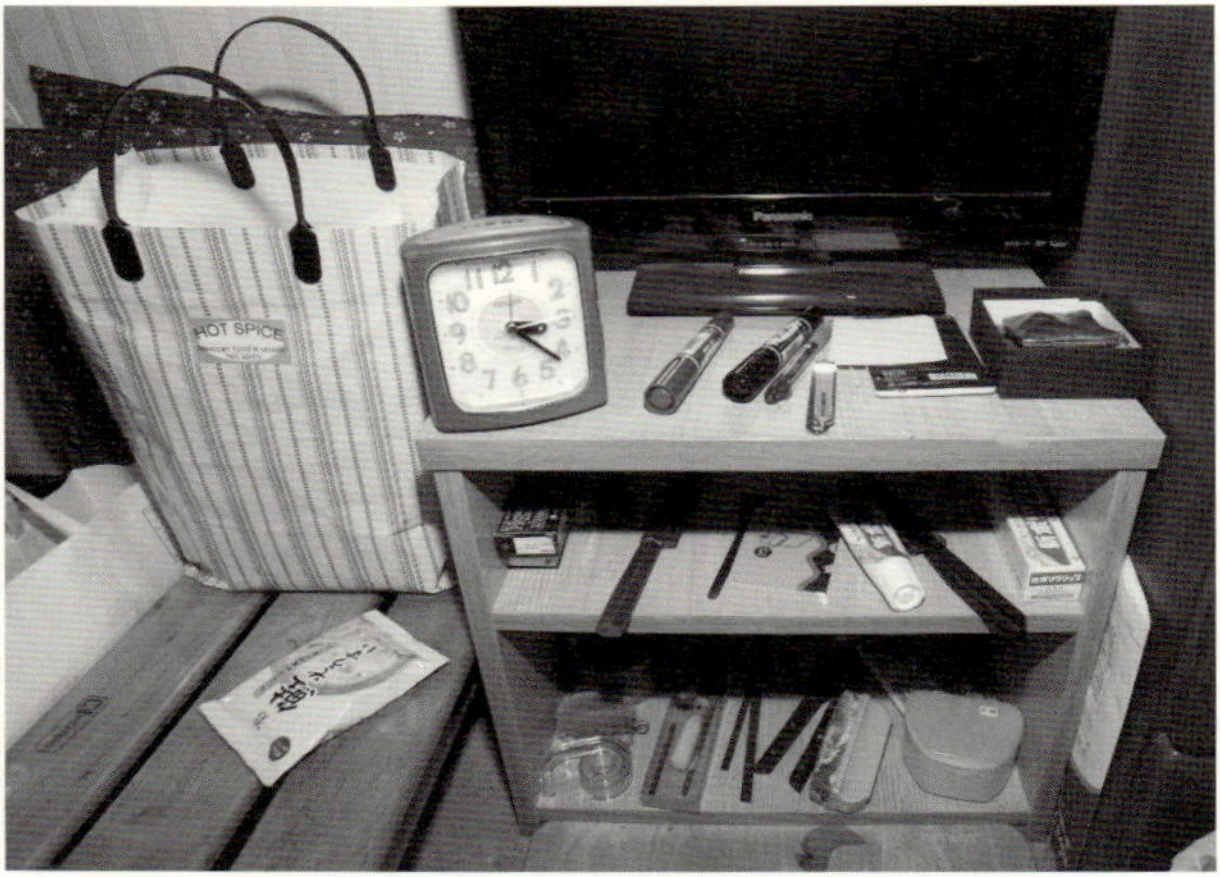

テレビ棚も整理整頓が行き届いている。下の棚の右端の容器は入れ歯ケース――「入れ歯だからね、とれるとだめだから、舞台の前にはぐわっと入れ歯くっつけて、そして出るんですよ。うちんなかはいいけどね。だけど舞台はそういうわけにいかないから、絶対落ちないようにね、ぴたっとくっつけて。いまいい薬あるから」

奥家美栄子一座には、のちに津軽三味線の第一人者となる名手・白川軍八郎がいた。栄八郎さんは舞台で自慢のノドを披露するかたわら、名人白川軍八郎の技を舞台袖から見聞きし、覚えていく。しかしまもなく太平洋戦争勃発。若き栄八郎さんは室蘭の軍需工場で働くようになった。

「北海道は室蘭がいちばん大きい町で、室蘭に輪西《わにし》という部落があったの。そこが軍需工場だったの。室蘭は海岸で、ニシンとか魚が多くとれる。そこがアメリカの艦砲射撃にやられた。そこにわたしはいたんですよ。

そんときにね、昔のひとは奥さんもらうの早かったからね。わたしは25歳過ぎでおっかあもらったからね、おっかあとふたりで北海道輪西にいたっぺな。ほいで艦砲射撃くらって、軍隊は防空壕に入ってた。艦砲射撃のときは、軍隊は出ないんだよね。防空壕に隠れろって命令が来たのね。輪西っていうのは山に囲まれているところで、ぼーんと、山すれすれに弾を撃ってくるわけだね。ぼーんって来れば、ぐーーーんと頭の上に来るでしょ。そうすると、向こうの山にぼとん！　と落ちるわけだ。頭の上をふーーーーっと通り過ぎて、向こうの山の上へぼしゃーーーんっ！　て落ちるわけだ。山から炎がばあーーっと上がるわけですよ。防空壕っていうのは山さ掘ったもんでしょ。だから防空壕に入ったひと、みんな死んじゃったの。どーんと来ると、揺れるでしょう。防空壕が潰れちゃうわけだ、土で。わたしはそのとき、逃げ遅れて、助かったの。運命ってもんはすごいもんですよ。

おっかあが脊椎カリエスになって、痛がってるのを背中にしょって逃げ回ったのよ。向こうの山に防空壕掘ってあったから、そこを目がけて走ったんだけど、みんなのほうが早いのさ。とてもかなわない。ところが防空壕が崩れて、みんな死んじまったでしょう。で、田舎にいたころ聞いた、日露戦争に行ったことのあるジイサマの話を思い出したんだ。砲弾はいちど落ちたところには、もう落ちないって。カカア背負ったまま、向こうの山の崩れた防空壕まで必死で走ったよ。それで助かったんだ。防空壕に入る間がなかったから助かった。女房のおかげで命拾いしたんだ」

それからまもなく、栄八郎さんは奥様の君江さんを脊椎カリエスで失う。1年にも満たない、短い結婚生活だった。そのとき栄八郎さんは「あんな若くして死んじまったのが、かわいそうでな。もう二度とおっかあもらわね」と、それから70年近く経つ現在まで独身を貫いてきた。

戦争が終わった年、栄八郎さんは26歳。郷里の青森に戻り、春から秋まで農作業、冬は旅興行という日々が戻ってくる。

「うちは農家だから。リンゴつくる商売だから、冬になると仕事がないから、興行に出たわけ。ほいで、北海道へ出ると1カ月くらい帰ってこない。北海道はまだ景気がよかったの、炭鉱で。あと、ニシン獲れるしね。はやあ、どこ行ったってニシンばっかり干してる。猫でも犬でも食べないよ(笑)。猫が無視するよ、飽きちゃってるんだよね」

若くして死別した奥様・君江さんの写真が飾られていた——「このときはもう、脊椎カリエスっていう病気だった。背骨が痛い痛いって、我慢させて写真撮ったんだよ。だから、腰のばすわけにいかないから、手をついて、真正面で撮らねえでけれっていうんで、横から撮ったわけ」

戦争が終わり、最愛の妻は失ったものの、平穏な日々が戻っていた栄八郎さんの生活に、次の転機が訪れたのは40歳近くになってのことだった。

「田舎ではじょんがら三味線ね、これがう

黄桜のカッパで有名な清水崑による色紙

まかったの。そしてね、わたしの三味線で歌った女のひとがいたわけよ。青森県では民謡……いまではコンクールっていうけど、昔は民謡大会っていうんだよ。それで歌のうまい女のひとがあってね、民謡大会出るわけだね。そのときオレの三味線、頼まれてた。そしてその、女のひとが東京へ出て、歌うたうから、オレに三味線弾いてけれって。『東京さ行けば、うんと銭っコさ入るよ』って言われて（笑）。

それが佐藤りつっていう名前でね、オレも佐藤松雄ってんだ、本名は。オレは三代目の長谷川栄八郎だけど、初代の長谷川栄八郎先生っていうのは、青森県では右に出る人がいないくらいの芸人なわけだ。その二代目が北海道で、三代目は津軽なわけだ、オレが。その前は『松美家抱月』っていう名前で、テーブルかけかけて浪曲のまねごとをひとりでやったもんですよ」

東京に出てきた栄八郎さんは、そのころ売春防止法の制定・施行に伴い、女郎屋が転身した民謡酒場のひとつ『七五三』に津軽三味線弾きとして住み込みで働き始める。当時、吉原を中心にたくさんの民謡酒場が店を開いていたが、『七五三』はそのなかでも最大級。もともとは女郎屋だった建物をそのまま使い、建てなおしてからは「東洋一」と称された、収容客数３００人規模の大店だった。

「(七五三は) 最初は女郎屋だよね。そのまんまでやったんですよ、そのまんま。女のひとが顔見せるところ、そんな家のまんま。そのところへわたしは泊まったわけだ。それから民謡酒場っていう店が何軒もできた。津軽の三味線、そいから津軽の唄も、聞くほうも覚えてくるんだよね、民謡好きなひとは。だから忙しかったよ。まあ、じょんがら三味線、歌と両方だから。そこで店が閉店するまで、オレは勤めたよ。芸能部長になって。20年近くいたんじゃねえか」

空前の民謡ブームのなかで、松美家抱月→二代目木田林松栄《きだりんしょうえ》→三代目長谷川栄八郎と芸名を変えていった栄八郎さんは、始まったばかりのＮＨＫテレビの人気番組『それは私です』にも出演している。

「ＮＨＫでもって『それは私です』っていう番組があって、あの２回目にオレが出てるんです。それはね、ニセ者が２人出るわけだよ、オレと。九重佑三子さんているでしょ、女優さんで。そのひとと桂小金治が出て、審査するわけだよ。本物はだれかっていうんでね。それをやったわけだ。おんなし着物着せられて、言葉もおんなし言葉、津軽弁で。そうすっと、こんどね、でっかい犬が、黒い犬で、控室に来てオレのことなめるのよ。なじょにオレのことなめさせたかっていうとね、においを覚えさせるわけだ、犬に。その犬がまた、よくなついてぺろぺろなめるんだよね（笑）。ひて、こんどはスタジオ行くでしょ。それで犬とね、九重佑三子さんがオレを当てたよ（笑）。

『それは私です』出演場面

そんときわたしは松美家抱月じゃなくしてね、名前が木田林松栄で、二代目やったんだ。そのとき初代がアメリカでロサンゼルスとかへ行って、それでオレが出たわけだ、初代木田林松栄の代わりに。オレが身代わりになったわけ（笑）。

それでね、オレこんだ喧嘩したんだよ。テレビ出てから忙しくて忙しくて。そのころはカラーでねえ、白黒のテレビだよ。そのころ『東京キューバンボーイズ』というバンドがあったんだよ。あの中さ、オレが入って……『東京キューバンボーイズ』がオレを頼んだわけよ。オレが三味線真ん中でやるでしょ。で、バンドが数人いるわけだ。オレのじょんがら三味線の、型をつくってしまうわけだ。型をつくってしまうと、やっぱりさすがバンドのひとたちで、譜面とってしまうわけだ、うん。ほしてオレ、舞台で稽古やるとね、後ろのバンドの連中が譜面とってしまって、さあこんだ、ぶっつけ本番だよ。ぶっつけ本番だって、その連中は楽譜わかるもんだから、大丈夫だべ。ばーんと合うですよ。

そいでキューバンボーイズの事務所で、オレにギャラもらいに来いって言ったですよ。ギャラもらってきたわけだ。初代がロサンゼルスさ、アメリカさ仕事行って、オレがこんだ働いたもんだから、もらってきたわけだ。そのもらってきたのが悪いってことだよ。それが悪いってことで、喧嘩になったんだよ。池袋の白雲閣というところで、オレと初代と働いていたわけだ。白雲閣の楽屋でね、そこへもらった金と、二代目木田林松栄の免許、『お世話になりました』って持ってってった。まさかと思ってたでしょう。オレがしぶしぶ『お世話になりました』って、そのギャラと免許持っていったもんだから、やっぱりね……がっかりしちゃったよ、うん。それからこんだオレ、一本立ちでやったんだ」

民謡酒場は全盛期だし、テレビにも出た栄八郎さん。当時はさぞモテたろうと思い、そのへんをうかがってみると——。

「はあ、惚れられたよ。若いときだから、男っぷりよかったからね。あのね、女が男に惚れるのはね、芸惚れするんだよね。舞台惚れね。舞台出ると、貫禄が出るわけだよね。ところが惚れられて、いちばん怖いのがアレですよ。舞台出て、一回楽屋さ入ってきたときにね、女のひと、挨拶に来るわけだ。それが、いちばんおっかないですよ。

おっかないってことは、なれなれしくなってくるってこと。常識のない女のひとは『アンタ』って言ってくる女のひといるわけだよ。それがいちばん怖いの。『アンタ』

って自分の亭主くらいしか言わないでしょ。まわりから彼女のように思われるわけだ。楽屋にいっぱいいるわけだよ。オレがいちばん奥のところで座布団敷いているけど、やっぱり外のほうで戸をあけてきて挨拶するけどもね、『アンタ』っていうひとが、田舎もんだからいるんだよね。それがいちばん怖かった。

でもわたしはね、若い女はいくら来ても惚れなかったね。なんとなくね、人妻がいるほうが……うん。若い女がぺーぺーに見えちゃってね。人妻はね、なんとなく落ち着いてるでしょ。そういったひとはなんとなく、色っぽいんだよね。そのころから、目が高かったからね（笑）。惚れる女はみんな人妻だからね、どうしょもないですよ」

40歳で東京に出てきてから、もう50年以上。長

ピシッと糊の利いたシャツにカフスボタン――「オシャレって、我々芸能人は、見られるアレだからね、やっぱりきちっとして歩かないとね、どこでだれに会うかわからないからね。噺家は噺家のようにして、ふだんからきもの着て、角帯締めて歩いてるけども、わたしらは、ふだんはああいう恰好じゃヤだね。ふだんは一般の人とおなし。噺家たちはね、『オレは噺家だよ』て恰好つけて歩いてくけどもね、わたしはああいうのヤだから。外歩くときは一般の人だよね、舞台は舞台だよね、うん」

く勤めた民謡酒場『七五三』を閉店とともに退いたあと、長谷川栄八郎さんは水戸黄門から赤穂浪士などさまざまなテーマを、自分で台本を書いて漫談に仕立てた「長谷川節」のじょんがら漫芸をうたい、三味線を弾いて、現在も立派に現役として舞台をつとめている。お酒もタバコもたしなまず、ひとりで家事もぜんぶこなし、まったく年齢を感じさせせない。

「わたし、自分で自分のことをしっかりするの。他人がやってくれて気に食わないとね、うまくないでしょ。やってくれたひとも、い

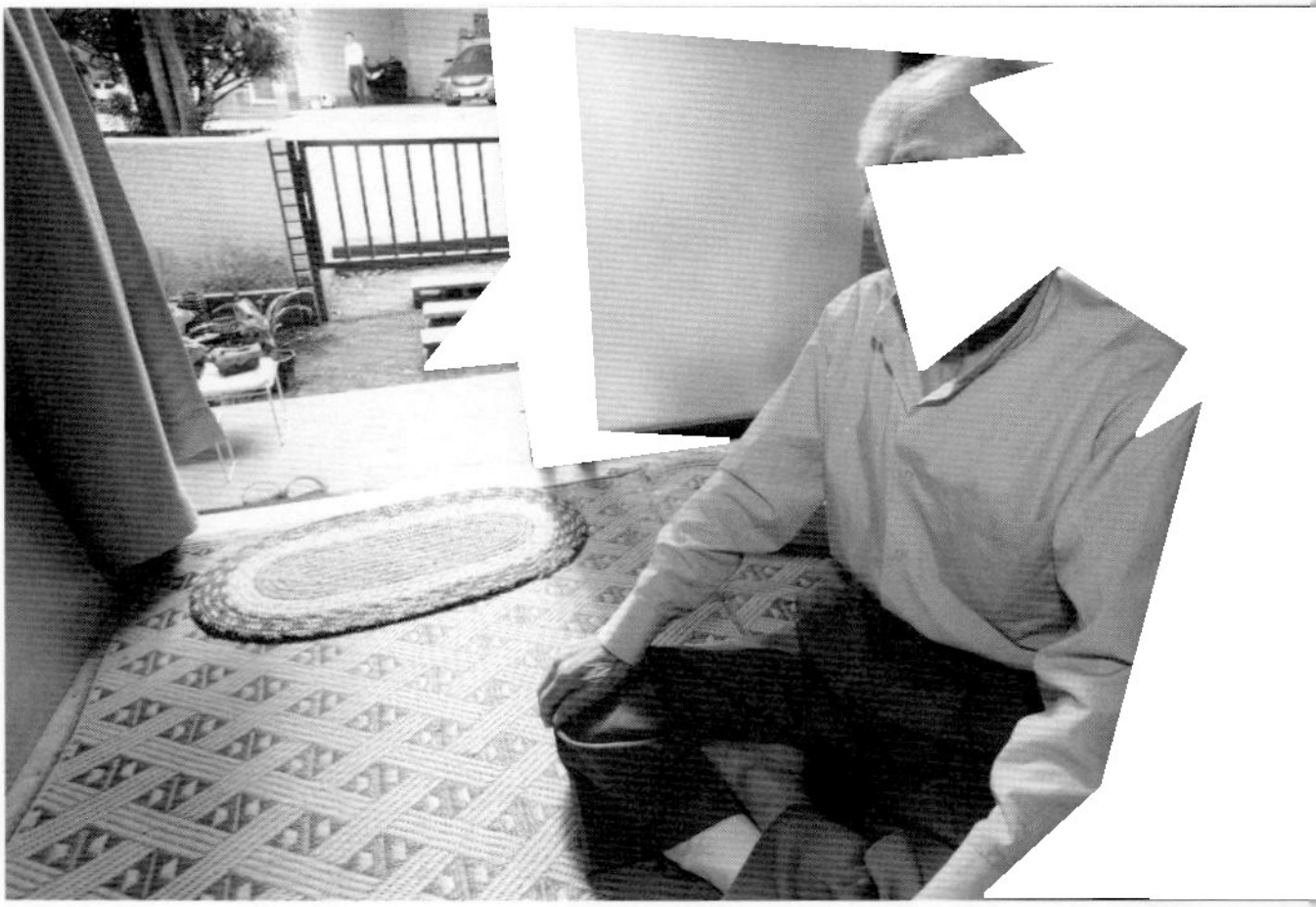
「お弟子さんはね、たまに挨拶に来るけどね、わたしはここでは絶対に教えないの。出稽古ですよ。ここじゃあ絶対やらない」

い気持ちしない。食べ物も自分流で作って食べる。いまもそうですよ。自分でなんだかんだ買ってきて、ひとりで作って食べる。ぜんぶ自分流だよ。洗濯して、掃除して。大きいものは洗濯屋だけど、ワイシャツと下着はぜんぶうちで洗濯。ねじればお湯出てくるから。

三味線弾く人はコレ（手の動き）が大事でしょう。だから、手を動かさなきゃだめでしょ。寝ててもね、手足動かす。ベッドに入ってもね、すぐ眠らねえで体操する。寝てて足あげて、動かす。ヒマさえあれば、手足動かして。自己流の体操だね。

わたしはね、お酒もタバコも飲まない。うちの初代先生はね、酒でもって失敗した。酒だけでは物足りない人だったの。酒にウイスキー混ぜて……それで、命とられたわけよ。身体壊すわけだ。病院に入院しねんだよね、うちの中で寝てるわけだよ。初代はね、一升瓶、冷酒がおいしいんだっていうのよ。燗するとおいしくないって。冷酒はあとで効くわけだよね。飲んだ一升瓶、ずーっと並べて楽しんでるわけだ。そいで寝てるわけ。だからわたしは、絶対、酒もタバコも飲まないです。酒もタバコものまないけどね、恰好つけるほうで、マドロスパイプをくわえてね。飲まねえけどね、恰好だけ。あとは若いときから、ベレー帽が好きでね、いまでも出るときは必ずかぶって出る。

三代目 長谷川栄八郎
初代・栄八郎の恩師ともいうべき川山千鳥を母親として、大正九年十一月三日、青森県五所川原市川山町で生

ベレー帽にマドロスパイプのダンディな出で立ち！

それで箱根の山さ、仕事で行ったことあるんですよ。そこで1週間泊まってね、仕事したですよ。そのときに、女のひとが外に白い砂利をずーーーっと敷いててね。なにするんだろうと思っていたら、いまの天皇・皇后両陛下が、そのときまだ皇太子ご夫妻ですよね、そのひとたちが来たわけですよ。それで山の上さ白い砂利を敷いてね、その上を歩かせたわけだよ。オレはその山の上でパイプくわいて、『ああ、いいとこだな〜』って見てたら、『油絵の絵描きですか?』って言われた（笑）。油絵でも描くのかと、お客さんが言うんだ。それでオレが晩さ舞台出たら、『なんだ、民謡歌手か！』と指さすわけよ（笑）」

民謡界ではおそらく最長老の現役芸人であり、旅芸人という生き様を語れる数少ない人間でもある三代目長谷川栄八郎さん。去年（２０１２年）は四代目が長谷川栄八郎を襲名。「まだまだだな」と言いながら、後進の指導にも余念のない毎日である。

先日、惜しまれつつ94歳の大往生を遂げた田端「バタやん」義夫さんと、栄八郎さんは同い年。現役最長老のブルースマンのひとりであるのは間違いないＢ・Ｂ・キングは１９２５年生まれだから、栄八郎さんより６つも年下だし、フォーク界の最長老であるピート・シーガーは同い年生まれなものの、栄八郎さんより４カ月ほど年下。そして演奏活動では栄八郎さんのほうが、はるかにアクティブだ。

これほどの芸歴を誇るアーティストが、民謡界以外ではまったく無名で、もちろん勲章なんかにも縁のないまま、小さなアパートの部屋でひとり暮らしつつ、きょうも70年以上前と同じように三味線を弾いて、歌

「調子悪いとこはないね、いまんとこね。まだ大きな声出るからね。まだなんぼでも舞台で、大きな声で『水戸黄門』の唄。ウケるよ。『しずまれ、しずまれ、しずまれ〜〜〜〜〜！　このお方をどなたと心得る、畏れ多くも先の副将軍、水戸光圀公にあらせられるぞ、この紋所が目に入らぬか〜〜〜〜！控えおろう〜〜〜〜！』ってやるとね、お客さん、『ははあ〜〜〜〜〜っ！』って。はははは！」

い続けているという驚くべき事実。その「生のちから」に畏怖するとともに、それを可能にさせた「音楽のちから」にも、僕は感動せずにいられない。

（取材協力・山村基毅）

ようするに好きなんだね、
女性が。

川上四郎

日曜画家

電車とバスを乗り継いでたどり着いた、横浜の郊外の大きな団地街。冬の陽が明るい畳敷きの一室で、目の前にずらりと絵画作品と写真プリントを並べて、ニコニコしている小柄な老人。絵も写真もずっとアマチュアでやってきた彼の作品を、名前を知るひとはいないだろう。

でもいま、こうやって畳に座ってお茶を飲みながら見せてもらっている絵にも、写真にもオリジナルとしか言いようのない感覚があふれていて、画用紙やプリントをめくる手が止められない。だれも知らない場所で、だれも知らないひとが紡ぎ出す、だれも見たことのない世界……。

川上四郎《かわかみしろう》さんは1930（昭和5）年、浅草清島町《きよしまちょう》（現在の稲荷町駅周辺）に生まれた。現在、82歳。お父さんは石川県から出てきて運送屋を開業、水戸出身で蕎麦屋で働いていたお母さんと結婚する。ちょうど荷車から自動車に移る時代で、「オヤジが荷車を引っ張って、おふくろが後ろから押して御茶ノ水の坂を上がってたのを覚えてます」。しかしその激しい労働がたたって、お父さんは結核に冒され、40代の若さで亡くなってしまう。お母さんのほうは90歳まで長寿を全うし、「わたしが看取りました」。

戦争まっただ中に少年時代を送った川上さんは、10代の多くの時間を学校の教室で

はなく、工場で過ごさなければならなかった――。

「わたしは戦時中、ずっと共同印刷で働いてたんですね。空襲にも工場で遭って怖かったですが、なんとか生き延びました。ただ、工場内で友達の靴がなくなったのを自分のせいにされた『濡れ衣事件』というのがありまして……それで終戦直後に知人のつてを頼って化粧品屋に勤めるんですが、そこは長続きしませんでした」

小さいころから絵を描いたり、飛行機の模型づくりが大好きだったという川上さんは、戦争が終わってまもなく、画家になることを夢見て埼玉県蕨市の画塾に通い始める。その画塾は洋画家の寺内萬次郎、金子徳衛らが教える本格的なものだったが、1年間ほど通ったところで退校、18歳にして上野図書館に勤めることになった。

「とにかく勤めに出て、おふくろを見なきゃいけなかったのと、自分には絵は向いてないと思っちゃったんですかね。それで上野の図書館で働き出すんですが、上野が国立国会図書館と合併することになったので、国会図書館で働くようになったんですね（上野図書館は正式名称を帝国図書館といい、戦前まで唯一の国立図書館だった。1949年に国立国会図書館に統合され消滅、建物は現・国際子ども図書館に——著者注）」

川上さんにとって図書館という環境は、職場であるとともに、またとない勉強の場であり、趣味を楽しむ場でもあったようだ。

「書物の分類の仕事をずっとやってたんですが、作業台がありまして、そこに読みたい本を並べて、読んでたんです。ゲーテからダ・ヴィンチから、ヒマを見ては濫読しましたねえ。特に哲学系を読んでたんですが、『ゲーテみたいなひとになりたい』と思いまして……自分で（学習の）プログラムを作ってたんです。数学、哲学、経済学……と科目を決めて、勉強を進めていきました。それで、ちょっと目も悪くしちゃったんですが。
あとはコーラスも好きだったんですが、作業室の隣が芸大の音校（現・音楽学部）で、窓の外からピアノの音とかが聞こえてくるんですよ。それにあわせてひとりで声楽の練習したりね」

勤めに励みながら、自分の趣味や知識欲も満たし、通信教育で法政大学経済学部を卒業もして、忙しくも充実した毎日を送っていた川上四郎さんが、写真の世界にのめり込んでいくのは30代になってからだった。

「図書館で働いてたころに組合運動で、基地反対闘争で横田基地なんかに行くようになりまして。それで記録のためもあってカメラを始めるんですが、やっぱりそういうものよりも、裏町や女性の写真のほうがおもしろくなって……（笑）。新宿をぶらぶら歩いて、花園神社でアングラ（の芝居）やってるのを見て、2丁目のヌードスタジオに寄って帰る、みたいな」

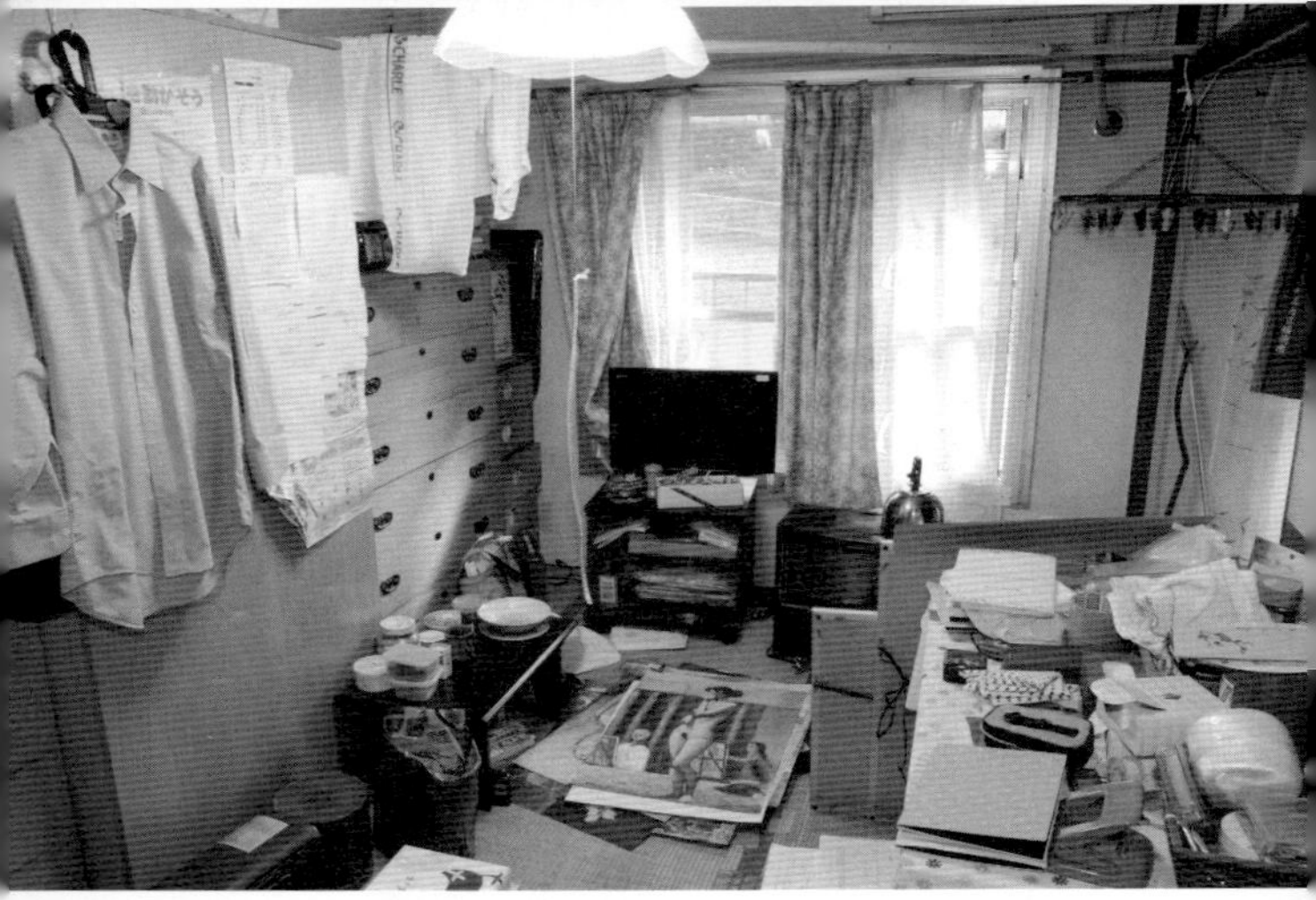

標準的な３DKの団地に、趣味の本や絵があふれんばかりに詰め込まれている（写真上２枚）
本のセレクションからも趣味の広さがうかがえる（左）

窒息するオフィス
イタリア語四週間
神奈川

キャンバスにコラージュを組み合わせた、部屋いっぱいの大作

興味深いディテール

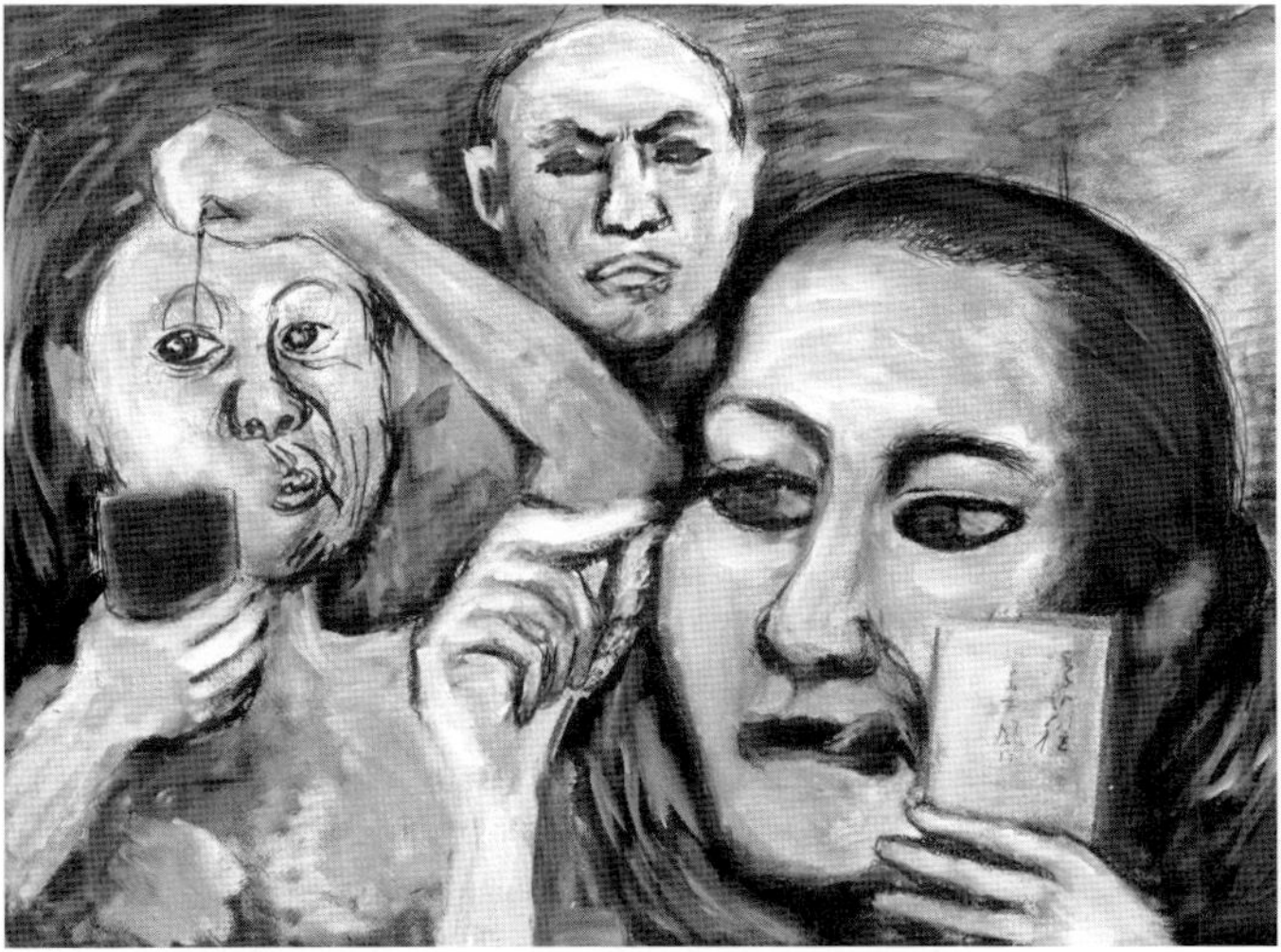

au au
au

図書館の仕事が終わったあと、東京綜合写真専門学校の夜間部に通い、1963年創設、いまも800人以上の会員が全国にいるという『日本リアリズム写真集団』にも、すぐに参加。みずから撮影するだけでなく、写真展覧会評、評論を『カメラ毎日』、『アサヒカメラ』などの雑誌に寄稿するようになって、評論家として注目されるようにもなった。

「アマチュアは浦安と浅草が好きだったのね、なぜか（笑）。それで浅草は生まれ故郷ですし、浦安もよく撮りに行ったりして、個展も70年代初めごろから5回ほど開きました。家でも部屋を暗室にしたりして。わたしは32歳で結婚してるんですけど、昼間は仕事で、夜は写真学校とかだし、ほんとにワガママいっぱい、やりたいほうだいで、よく許してくれたと思うんですよね。ほんとに『良き奥様』でした」

そんな川上さんの写真歴でも、やはり圧倒的に多いのは女性写真、それもヌードだった。

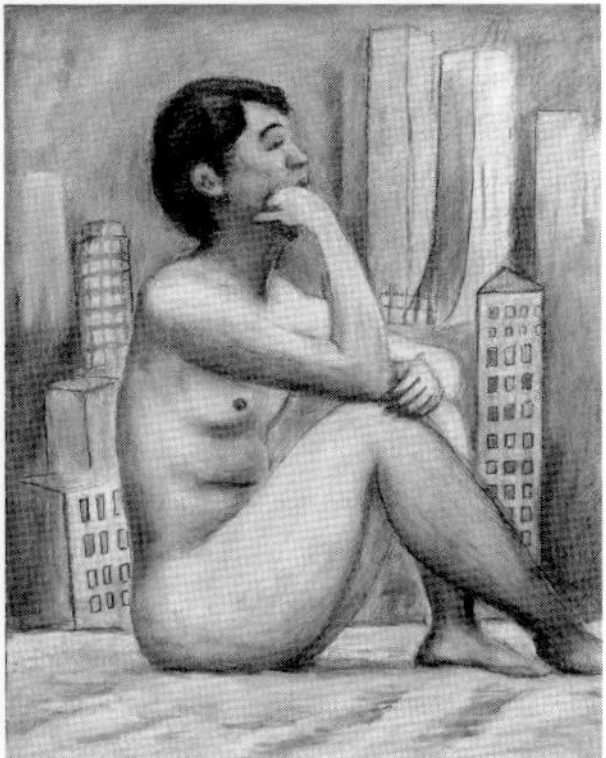

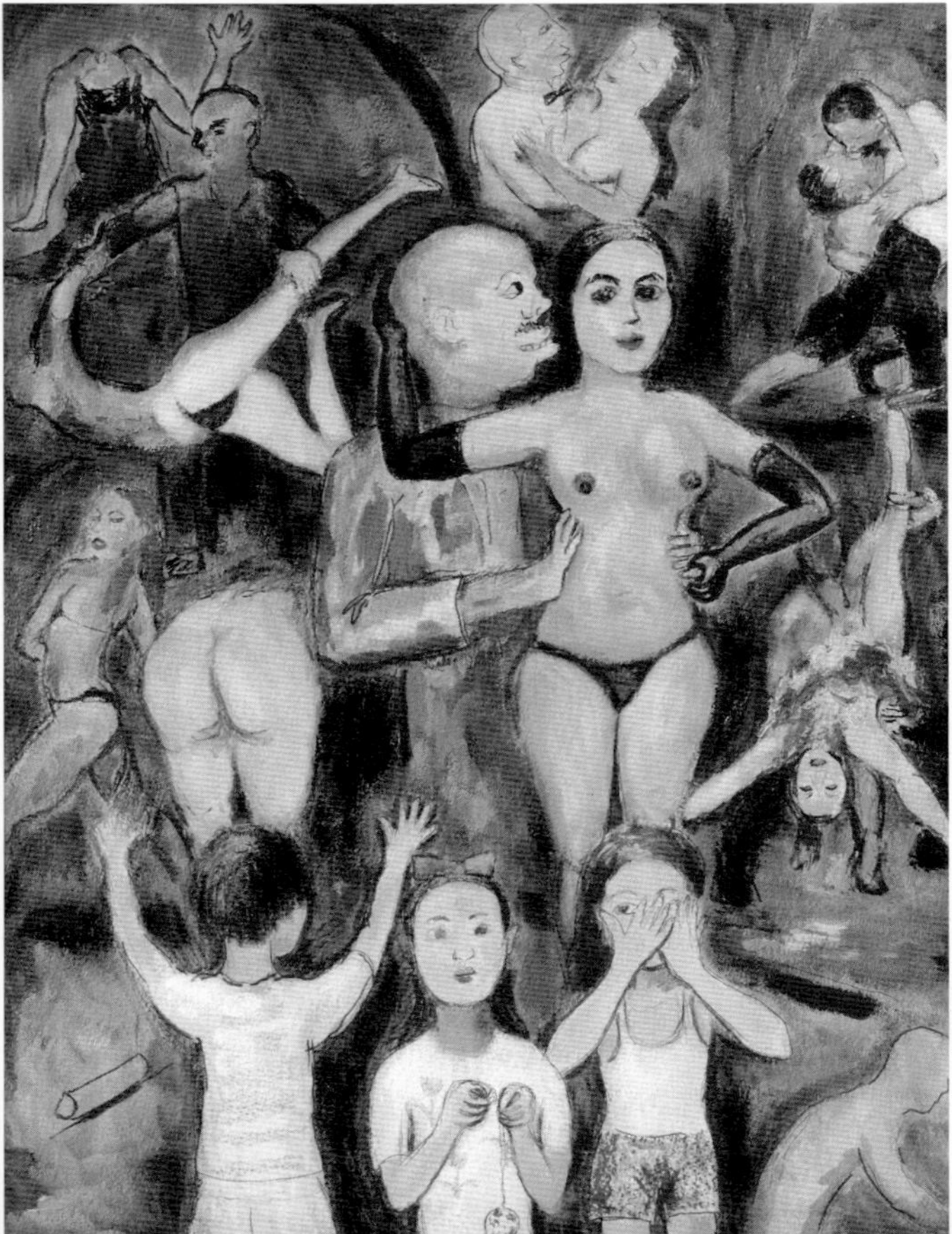

「ヌード写真は、まだ図書館にいるころ……40歳ぐらいから始めました。最初はキャバレー遊びをしてたんですよ、実は。新宿、高田馬場あたりで。お気に入りができると、その子を荻窪あたりの店にまで追いかけていったり。そのうちに、そのエネルギーがもったいないから、写真を撮ろうと思ったんですね。写真ならあとに残るし、飲んでばっかりじゃ体によくないし（笑）。

40歳ぐらいから62、63歳ぐらいまでやってましたから、写真もずいぶん溜まりましたねえ。ようするに好きなんだね、女性が。でも僕の写真はポルノとかじゃなくて、女性崇拝というのか、憧れですから。女好きというよりは、フェミニスト？　女性史

個展の案内状（写真上）。写真評論の著作群（下）

の研究会にも入ってたぐらいで。だから昔もいまも、自分にとって女性は恋人であり、妹であり、母親であり、仕事の仲間でもあるんです」

合唱にも力を入れている。どこにいるかわかりますか？
右から２人目の、金髪のカツラを被っているのが川上さん！

国立国会図書館を61歳で定年退職した川上四郎さんは、「写真雑誌が評論じゃなくて、新製品紹介みたいなのばかりになって、おもしろくなくなっちゃった」と、40代から始めて五段の段位を持つようになった書道に打ち込むようになった。一時は自宅を書道教室に、とも考えたが、「部屋の中が墨で黒く汚れるから」と奥様に言われて断念。横浜のカルチャー教室までおさらいに通っているうちに、長らく封印していた絵の道を再開することになる。

「書道は白と黒の世界でしょ、それで色彩と女体に飢えちゃったんですね（笑）。それまでずーっと、絵は自分には難しすぎるだろうと思ってたんですが、8年ほど前から教室に習いに行くようになって、やってみたらけっこううまくいくんですよね。それですっかりおもしろくなっちゃった」

2010(平成22)年12月に最愛の妻・千恵子さんを亡くしてから、川上さんは横浜郊外の団地でずっとひとり暮らしをしている。最近よくマスコミでも報じられる「買い物難民」そのまま、高齢化と過疎化が進むエリアで、川上さんも「買い物が大変なんだけど、運動を兼ねてなるべくマメに出るようにしてます」と言いながら、炊事、洗濯などの雑用もぜんぶ自分で済ませ、絵の教室、書の教室、合唱の集まりと、忙

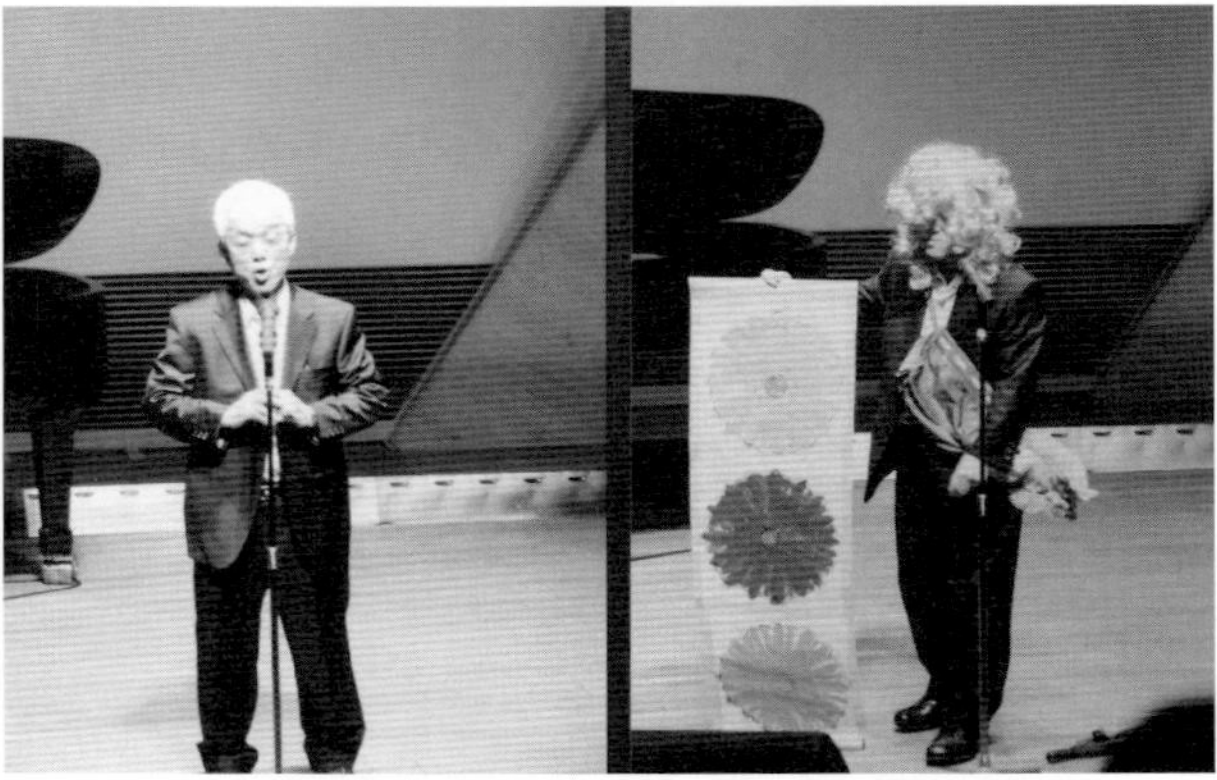

ノーマルな独唱(左)と、カツラ姿でのパフォーマンス(右)

しく動き回っている。

世間が簡単にひとくくりにする「独居老人」の寂しさも、侘びしさもそこにはまったくない。定年後に無理やり始める「趣味」とは次元のちがう、若いころから貫いてきた「好きなもの」の道がちゃんと見えていて、余生をすべてその道に捧げて悔いのない日々。

やっぱり、つくるものがユニークなひとは、生きかたもユニークなのだ。

川上四郎写真館

「たいしてよくないのはずいぶん捨てちゃいました」と言いながら、いまも数百枚を手元に残している、川上さんの女性写真プリント・コレクション。それまでは現像引き伸ばしも「奥さんに現像液の温度計らせたりしながら」自宅でやっていたが、ヌードを手がけるようになってからは「奥さんに手伝わせるわけにもいかないので、写真弘社《しゃしんこうしゃ》（神田にあるプリント工房）に出すようになりました。こんなに焼いて大丈夫か、とよく社長に心配されましたよ」と笑う。ちなみにモデルの調達は、まず撮影会に参加、気に入った子が見つかったら直接交渉、次からは個人的に雇ってこころゆくまで撮影する、というやりかただったそう。

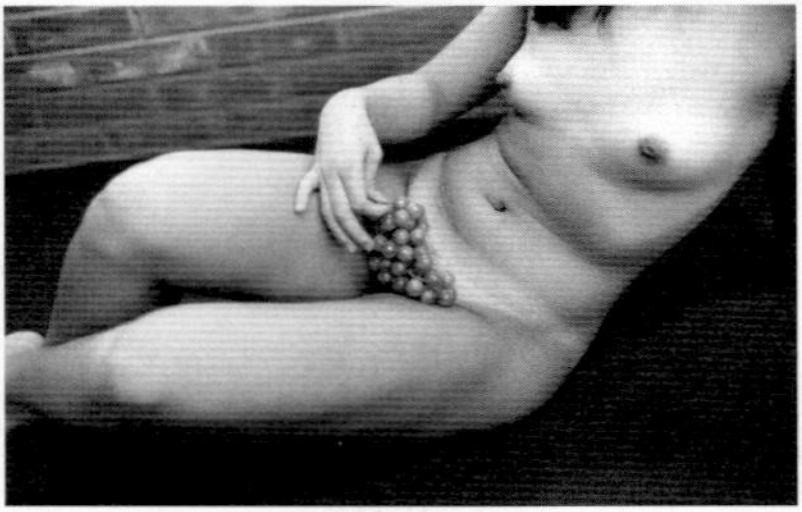

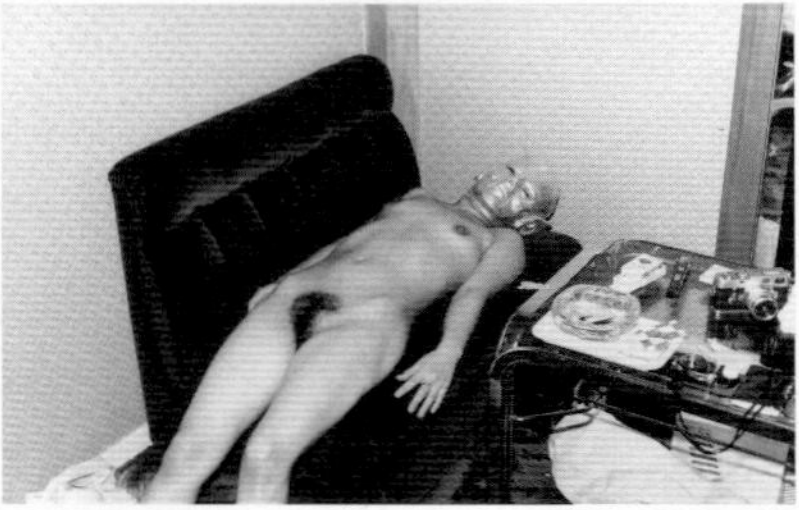

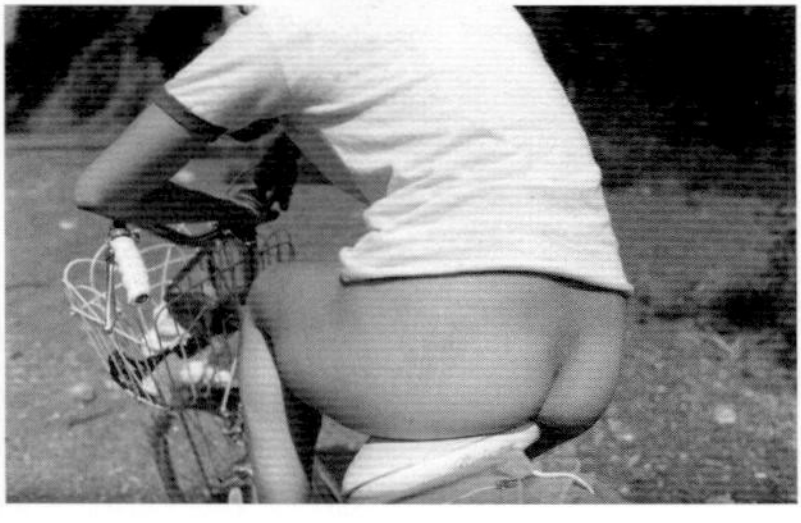

あとがき

いかに生きるか、なんていちども考えたことないけれど、いかに死ぬか、はときどき考えてみる。

いかに生きるか、なんて考えるヒマもないほど毎月、毎週、毎日締め切りに追われながら、いままでいろんなひとに出会ってきた。

自分が若いときは、同世代の人間と会うのがいちばん楽しかったけれど、そのうち自分より若い友達ができるほうが楽しくなって、50歳を過ぎたぐらいからは自分より年上、それもずっと年上のひとたちと会うほうが、はるかに刺激を感じるようになった。『珍日本超老伝』『演歌よ今夜も有難う』『天国は水割りの味がする――東京スナック魅酒乱』『東京スナック飲みある記――ママさんボトル入ります!』……ここ数年のあいだに出版した単行本を並べてみても、じいさま・ばあさまを取材した本ばっかりだ……年下をテーマにしたのは『東京右半分』(の半分)と『ヒップホップの詩人たち』の2冊だけ!

別に狙ってそうなったわけじゃない。自分自身が60近い歳になって、いやおうなく老化してきたこともある。いろいろな死を見てきたこともあるし、変な言いかただが

「死んでもいい歳なのにしつこく死なない」、いろいろな生きかたを見てきたこともある。

ついこのあいだ、厚生労働省の調査で「100歳以上の高齢者が5万4000人」（2013年9月1日現在）という、考えようによっては恐ろしい数字が明らかにされた。戦前が40歳代、戦後すぐが50歳代、昭和30年代でようやく60歳代だった平均寿命も、いまや女性が86・41歳、男性が79・94歳。世界有数の超高齢者国家となったいまの日本で、「どう老いるか」「どう死ぬか」は、「どうやって若さを保つか」よりも、はるかに切実な問題かもしれない。

先日、熊本県荒尾市で「日曜画家」（本人曰く）をしている江上茂雄さんとお会いした。明治45（1912）年に大牟田で生まれ、子どものころから画家に憧れたが、家が貧しく15歳で働きはじめ、休みのたびに絵筆を取り、定年を迎えてからは「元旦と台風の日を除いた毎日」街を歩いて写生する「路傍の画家」となり、足腰が弱ったいまも自宅で版画制作に没頭する、101歳の現役アマチュア画家である。

子供が生まれたときですら、「絵を描く時間が減っちゃうから、あんまりうれしくなかった」という江上さんは、ふたりの息子さんに「いっしょに住もう」といくら誘われても、「絵を描くにはひとりがいいから」と、100歳を超えてひとり暮らしを続けている。

絵を描くことが生活の糧となるプロならばともかく、傍からは趣味としか思われないまま、小学生時代から数えれば90年間も絵筆を離さないできた江上茂雄さん。自分のメールマガジンに掲載した江上さん訪問記の最後に、僕はこんなことを書いた――

これまでたくさんの取材を通して、たくさんのお年寄りと出会ってきた。ものすごいお金持ちもいれば、ものすごい貧乏人もいた。見るからにハッピーなひとも、哀しいひともいた。そうして思い至ったのは、前にも書いたかもしれないが、人生の「勝ち組」と「負け組」というのはけっきょく、財産でも名声でもなんでもない、死ぬ5秒前に「あ～、おもしろかった」と言えるかどうかだという、単純な真実。どんなにカネや部下や大家族やたくさんの奴隷に囲まれても、「ほんとは音楽やりたかったのに」とか「絵を描いてたかった」とか、最後の瞬間に頭に浮かんでしまったら、それは「負けの人生」だ。

けっきょく「老いと戦うこと」に意味なんかないのだろう。だれも「死」を出し抜くことはできないのだし。それよりも「世間の思う老いかたと戦うこと」のほうがずっと重要なのだと、僕が会ってきたじいさま・ばあさまたちはみんな、身をもって教えてくれている気がする。

……と、ここまで書いて思い出したのだが、いまからちょうど20年ほど前、『知識人99人の死に方』という荒俣宏さんが監修されたムックで、僕は稲垣足穂の死に方について書かせてもらったのだった（現在は角川ソフィア文庫に収録）。

当時37、8歳だった僕にとって、「傲慢イングマイウェイ老人」の見本のようなタルホ大人の生き様は、ただただ眩しいものだったが、それでは60歳にもうすぐ手が届く歳となったいま、傲慢イングマイウェイ老人たちは多少なりとも身近になったかといえば、やっぱりいまでも眩しいままだ。

明治33（1900）年に生まれて、49歳というから当時としては立派な老人領域に入るまで独身を通し、それから突然結婚して死ぬまで20数年間、独身時代と変わらぬヤンチャ人生を送ったタルホ大人（1977年に死去する2年前に、志代夫人は亡くなっている）。僕があと10年、20年と生きられるのだとしたら、やっぱり世間並みに「老成」してしまうのだろうか。それとも大人のように世間から外れて、老いるだけでなんにも成らないままに、耳をふさいで突っ走っていけるだろうか。先はまだまだ長い……。以下、記事を再録しておくので（少しだけ短縮版）、よろしければご一読いただき、死ぬまで「気配りベタ」で「空気読まない」変わり者のじいさま・ばあさまとして寿命を迎えられるよう、お互い精進しようではありませんか！

筆極道の本懐

別にそう長生きしたいとは思わないが、もしジジイになるまで生き延びたとしても、歳とって急に悟っていいヤツになるような、ぶざまな真似だけはしたくない。いくら悪いことをしても、結局最後には〝いいおじいさん〟になって帳尻を合わすなんて、虫がよすぎる。〝経験と洞察に満ちた好々爺〟になるよりも、〝扱いにくいジジイ〟のまま走りつづけて、前のめりに倒れてしまうほうが、ずっと素敵だ。

『虚空　稲垣足穂』という本を読んだ（昭和55年、六興出版刊）。著者の折目博子さんは、足穂晩年の京都時代に薫陶を受けた小説家。昭和25年に突然、長い独身生活を破って結婚、京都に移住して周囲を驚かせたタルホ入道の、死にいたる後半生のめちゃくちゃな私生活が描かれ、抜群におもしろい。異常なまでにストイックな生活が、家庭を構え文学賞を取り、有名な〝先生〟になっても本質的にちっとも変らなかったこと。なにより最後までものすごい扱いにくい、呆れるほど性格悪い、どうしようもないオッサンで通したところが、僕はすごく気に入っている。

　牛込横寺町の飯塚縄のれんでトグロを巻いているころから、いや、その前23歳のころから足掛け10年間、アメリカ帰りの姉妹が巣鴨に開いたダンス教室の居候用心棒をしていたころから、このオッサンは「酔豚《すいとん》」などと呼ばれて、どうにもならないアル中だったらしいが、この本で語られる晩年の足穂も、仕事は確かに最高だが、世話を焼く周囲のものにとっては関西弁でいう〝ヘンコ〟（＝偏屈）と、極度のわがままとさびしがりと酒癖の悪さを全部足して巨体に膨らましたような、とんでもなくめんどうなオッサンぶりを遺憾なく発揮している。

『少年愛の美学』で足穂は昭和44年、第一回日本文学大賞を受賞して一気にメジャーな存在になるのだが、そのときのコメントが、

「選考委員に感謝の念なんておきませんよ。アイツらもよくここまできたなァという感じですな。まあ、川端を選んだノーベル賞委員よりもイナガキタルホを選

んだ日本の委員のほうがエライ！　ノーベル賞もメーテルリンクのころはよかったけどチャーチル以後は信用せんね」

　とまずぶちかましたあと、

「小林秀雄なんてのはニセ者だ。いうなりゃテキ屋、夜店のアセチレンのニオイがしてます。川端は千代紙細工、石川淳なんてコワもてしてるけどなにいってるかサッパリわからん。漱石、鷗外は書生文学、露伴は学者、荷風は三味線ひきだよ。スネもんでね……」（『週刊文春』S44）

　もう文壇バーの泥酔ジジイ状態だ。「がんばって書いてきた甲斐がありました、みなさんありがとう」なんて口が裂けても言わないとこが、実に偉い。

　芸術はダダ以降でなければ問題にならないと口癖のように言うから、折目博子が「シュールレアリズムというと、アンドレ・ブルトンなんかからですか」

　と問えば、

「アンドレ・ブルトンなんて駄目だ。オブジェということが解っていない。ぼくはライプニッツとか、カントとか、ショーペンハウエルなんか好きですよ。レオナルド・ダ・ヴィンチなんてのは偉い。芸術は人を救わなければ嘘ですよ。しかし、ピカソなんか、ぼくに言わせりゃ三文人情派だ。チャップリンと同じで甘い」

と来るし、昭和47年に伏見桃山の家が火事になったときには、避難したとなりの家でウイスキーを呷りながら、お見舞いに駆けつけた人たちに「家は焼けるもの、人間は死ぬものと決まっている」と怒鳴りつけたりする。

毒舌だけでなく、言ってることとやってることが全然ちがうのも、またいい。「『あの人に子供を生んで貰いたいと願うのでなければ、女性など相手にすべきでない』こういうことを私がさとったのは、もう十年以上の昔である。今日、人が、『君が吹聴する十年間とやらに何物がもたらされたのか』と問うならば、私は答えるであろう。『それは性慾の克服である』と」（東京遁走曲）

などと書いておきながら、書肆ユリイカの創始者伊達得夫に「五十人の不良少女の面倒を見るより、稲垣足穂の世話をしたほうが、日本のためになりますよ」と言われて結婚してしまった京都の児童福祉司・篠原志代さんに、大亭主関白よろしく世話をさせておきつつ、ほかの女を平気で家に上げるわ、何日も女の家に泊まったあげくからだ中に口紅の跡をつけて帰ってくるわ、志代さんが子宮ガンの後遺症でおなかが痛いと顔をしかめれば、メシがまずくなるからほかの部屋へ行けと言うし、入院しても一度も見舞いに行かず、死んでお棺が帰ってきたその横で、

「あれは人の心の少しも解らぬ、外面的なことだけしか興味のない女だった。男が黙ってじっと一人でいるような気持ちを少しも理解しなかった。自分はこの結婚は失敗だったと思っている。三ヶ月も入院し、家に小さい子供二人、猫二匹残して先に死んで、やかましくてたまらぬ」

などと、周囲のものがいたたまれなくなる調子で罵倒する。自分のために尽くして、尽くし疲れて死んでいった妻に、普通そこまで言うか？

これだけやなヤツに、どうしてあんな美しい文章が書けたのだろう。自分がこんなに人から嫌われるタイプの人間だと、タルホははたして自覚していただろうか。それとも純真無垢なアーティスト神話の例にならって、形面下の瑣末事など気にもとめず、創作に没入していたのだろうか。

どんどん性格が悪くなることが自分でも分かっていて、それでも止まりようがなくなにかに引きずられていくのだとしたら、その大きな力とはなんなのか。

優れたアーティストとは決まってつきあいにくい、やなヤツなのかという問いには、けっこう芸術の本質的な部分にかかわるものがあると思うが、それをここで考えている余裕はない。稲垣足穂は死ぬまでの最後の2年間ほど、それはちょうど志代夫人の死から、みずからの死にいたるまでの期間に相当するのだが、足腰が弱ってほとんど寝たきり、お酒も飲めなければ創作もできない状態だった。お酒がないから機嫌は悪いし、ますます人嫌いになってだれにも会わない。それでいて東京にいる熱心な女性ファンの家に引っ越す計画まで着々と立てたりしていたと言うから、まったく懲りないオッサンだ。

東京移住計画は直前に取りやめになったが、それでは最後の2年間、一日中布団の中でなにをしていたかといえば、なんと『少年愛の美学』や『一千一秒物語』など自作の収められている文庫を、何度もくりかえし読みふけっていたのだという。ほかの人間が書いたものはいっさい読まず、自作だけを、表紙が手垢でボロボロになるまで。筆極道の本懐ここにあり、凡人はもはや呆れて口を開けたまま脱帽するのみである。

稲垣足穂は昭和52年10月25日、京都で死んだ。墓は谷崎潤一郎、九鬼周造、内藤湖南、河上肇なども葬られている鹿ケ谷法然院にある。享年76歳の大往生であった。

文庫版へのあとがき

「乱雑な部屋に住んじゃいけないの？」「東京以外に暮らすのはダサいわけ？」「ラブホテルが好きとか言っちゃダメ？」……これまでつくってきた多くの本は、怒りを含んだ疑問が出発点になってきた。

『独居老人スタイル』の単行本が出たのは２０１３年12月だったが、もともとは筑摩書房のウェブマガジンで２年近く連載してきた記事をまとめたものだった。当時は50代で「独居老人予備軍」だった僕も、63歳のいまは立派な「前期独居老人」。読み返してみると、取材させてもらった「年齢だけちょっと多めの元気な若者」たちの生きざまが、ひときわ眩しく映る。こんなふうに、自分も「おのれ」を貫いてきたろうか。

お会いしてから10年近くが経っているわけだから、16人の登場人物にもいろいろあった。こちらの不精で連絡が取れなくなってしまったかたもいらっしゃるので、いまわかっている近況を書いておくと、パフォーマーの首くくり栲象さんは２０１８年３月31日、肺癌により死去、70歳だった。流しの新太郎さんは２０１７年８月19日、肝臓癌で死去、75歳だった。

ダダカンさんは１９２０年生まれなので、いま99歳でまだご存命！　さすがにあの家でひとり暮らしは無理になって、いまは施設で静養されている。もとはといえば１９６４年の東京オリンピックで、「祝　東京オリンピック」のタスキを掛けて「赤フンドシ聖火」を掲げ、全裸で銀座四丁目の交差点を疾走。そのまま逮捕→精神病院に１年間強制入院という輝かしい経歴の持主なので、ぜひ２０２０年のオリンピックでも、百歳を前にした病床パフォーマンスを期待したいところ。

秋山祐徳太子さんはいまも精力的に制作を続けていらっしゃるし、美濃瓢吾さんもいちど病を得たものの回復、いまは故郷の大分県臼杵に居を移して静かな日々を送っておられるはずだ。

『ラスタ』の水原和美さんはあいかわらず意気軒昂。ついこないだも、やっぱり若い男の子を運転手に、鳥取市から広島県福山市で開いたトークイベントに遊びに来てくれた。本宮映画劇場の田村修司さんも、テレビや新聞

個展で購入した秋山さんのブリキ彫刻＆ブリキ絵

美濃さんの「俳画」

などメディアへの出演が増え、築百年を超えた劇場とともに、いまや地元の有名人である。

戸谷誠さんはいまもあの家で絵を描き、個展やグループ展への出品も続けているし、川崎ゆきおさんは公式ｗｅｂサイトに「日誌」を毎日アップ。飄々とした日々の記録を読ませてもらうのが、すごく楽しい。

プッチャリンさんはいまも浅草に出没中。取材させてもらった住処は引き払って、郊外から浅草に通っているとか。

京都祇園の大好きなバー『舶来居酒屋いそむら』店主の「いそやん」こと礒村遜彦さんも、ずっとひとりでカウンターを守ってきたが、店が入っていた骨董品のような建物「コッキ会館」がついに取り壊しとなって、多くのファンに惜しまれつつ2018年いっぱいで閉店。こないだバーのあった場所に行ってみたら、もう更地になっていた。地面だけ見れば「こんな狭い場所にあったのか」と驚くが、聞けばホテルが建つそうで、いったい京都はどれだけ観光客を呼び込むつもりだろうか。

そして今回もカバーに作品（ゴッホの自画像）を使わせていただいた川上四郎さんは、今年（2019年）6月に4回目の個展を開いたばかり。その訪問記をメールマガジンに書いたので、ちょっとだけ引用すると——


川上四郎さんは1930（昭和5）年、浅草清島町（現在の稲荷町駅周辺）生まれ。今年89歳ということになりますが、あいかわらず衰えを見せぬ創作欲！トランプ大統領や北朝鮮や原発問題などの時事ネタや、お色気も盛り込んだ絵画

横浜関内ギャラリー・ミロにて、ファンのみなさまと談笑

ドイツ歌曲から唱歌までのアカペラの独唱タイム

作品がずらり。いっぽうの壁にはメルマガでもたっぷり紹介したモノクロのヌード。さらに見事な書の作品群。そして別室にはかつて出版・発表された著書、研究論文の原稿がドサドサと置かれて、なんというか多方面のエネルギー大放出という状態でした。

ギャラリーでは毎日、合唱団で鍛えたノドを披露する、お得意の歌唱タイムもあり。年齢をまるで感じさせない美声で、詰めかけた女性ファンたちをうっとりさせていました。

来年はいよいよ90歳！「独居老人の星」として、いつまでもお元気で、またとんでもない作品見せてください！

いろいろあったと言えば、そもそも『独居老人スタイル』単行本の担当編集者だった筑摩書房の長嶋美穂子さんだって、最初に知り合ったころは打ち合わせに大きなカバンを持ってきたりして、なにそれ？と聞いたら「趣味で浪曲の三味線やってるんです」とか言ってたのが、『珍世界紀行　ヨーロッパ編』から『東京右半分』まで長い付き合いだった僕を捨て（笑）、いつのまにか「浪曲師・玉川奈々福」になってしまったし。いろんなことの展開がどんどん急になって、でもだんだん動じなくなるというのが、歳を取るということなのかもと思ったり。

20代のころに50になった自分を想像することは不可能だったけれど、60を超したいまの自分には、これから大した病気もせずにいられるとしたら、70歳になるころには「ご近所からはなんとなく不審な目で見られ、金銭的にもラクにならず、本人だけはハッピーだと思ってる」独居老人になってるんじゃないかという予測、いや確信に近い気持ちがある。そしてこんな本をつくってしまい、意外にも文庫本になるていどの支持もいただいたとなれば、そういう地味な未来がぜんぜん怖くなくなる。

『TOKYO STYLE』で狭くて汚い部屋に住むのを恐れなくなったり、『珍日本紀行』で東京を離れて地方に住むのも楽しいと思うようになったり……自分の本はいったい自分の人生に良い影響、悪い影響のどっちをもたらしたのか。だんだんわからなくなってきたけれど、考えてみればこんなふうに、僕は取材し本をつくりながら、人生の優先順位というものを見つけてきたのかもしれない。

次に会うひとは、僕をどこに連れて行ってくれるのだろう。

カバー・本文デザイン　倉地亜紀子
カバー絵　川上四郎

本書は二〇一三年十二月に筑摩書房より刊行されました。

ちくま文庫

独居老人《どっきょろうじん》スタイル

二〇一九年十二月十日　第一刷発行

著　者　都築響一（つづき・きょういち）
発行者　喜入冬子
発行所　株式会社　筑摩書房
東京都台東区蔵前二―五―三　〒一一一―八七五五
電話番号　〇三―五六八七―二六〇一（代表）
装幀者　安野光雅
本文レイアウト　倉地亜紀子
印刷所　凸版印刷株式会社
製本所　凸版印刷株式会社

ISBN978-4-480-43626-9　C0195